大学生职业规划与就业创业指导研究

刘　韧◎著

中国出版集团　中国民主法制出版社
全国百佳图书出版单位

图书在版编目（CIP）数据

大学生职业规划与就业创业指导研究 / 刘韧著.
—北京 ： 中国民主法制出版社，2023.5
ISBN 978-7-5162-3207-1

Ⅰ. ①大… Ⅱ. ①刘… Ⅲ. ①大学生—职业选择—研究②大学生—创业—研究 Ⅳ. ①G647.38

中国国家版本馆CIP数据核字(2023)第066983号

图书出品人：刘海涛
出版统筹：石　松
责任编辑：刘险涛

书　　名/大学生职业规划与就业创业指导研究
作　　者/刘韧

出版·发行/中国民主法制出版社
地址/北京市丰台区右安门外玉林里7号（100069）
电话/(010) 63055259（总编室） 63058068 63057714（营销中心）
传真/(010) 63055259
http://www.npcpub.com
E-mail:mzfz@npcpub.com
经销/新华书店
开本/16开　787毫米×1092毫米
印张/14.75　**字数**/237千字
版本/2023年5月第1版　2023年5月第1次印刷
印刷/廊坊市源鹏印务有限公司

书号/978-7-5162-3207-1
定价/68.00元

前言

近年来，大学生就业成为全社会关注的热点。高校就业指导工作要支持大学生在校期间制定职业规划、生活成长规划和社会实践规划，树立正确的职业和就业观念。使大学生在充分认识自己的前提下，自我探索，自我规划，有针对性地提升自己的就业与创业能力，同时结合专业学习，选择自己今后的发展方向，从观念、心态、知识、技能等方面做好应对职业挑战的准备。帮助大学生顺利就业，较快地完成职业过渡和走上职业发展的良性轨道是目前高校就业指导工作的重点。

中国正处于飞速发展时期，面临着全球化背景下新一轮科技转换的机遇和挑战，我国各行各业都在呼唤有创新、创业能力的人才，同时也呼唤我国高校教育尽快转型，培养出时代需要的创业型人才。大学生创新、创业不仅是解决大学生就业的有效途径，更是高等教育改革的新目标，是关系到我国经济发展的大事。

面对国际化的激烈竞争形势，中国若想在稳定中发展，创造发展新高潮，首要任务是培养更多的科技、经济、建设、管理型人才。由此，高等院校作为我国培养全面人才的基地，强化实践教学环节，推进创业教育，改变传统教育形式，结合创新驱动发展战略思想，创新创业教育理念，培养全面发展的高素质人才任务迫在眉睫。面对时代发展的新机遇，高校应该以最快的速度适应经济及社会发展的新模式，深化教育改革，探索新的教育模式，推进新型创业教育模式更快发展，为社会培养高素质创新型人才，最终实现战略目标。

本书在撰写过程中，借鉴、参考了部分职业发展与就业创业指导方面的书籍及大量的文献资料，以及一些专家学者的理论和观点。由于时间仓促，加之作者水平有限，书中难免有疏漏与不妥之处，真诚欢迎广大读者提出宝贵意见，以便更好地修订与完善。

目录

第一章 大学生就业形势与程序

第一节 大学生就业的形式

漫漫就业路，大学生就业途径在何方？其实对于大学生难找工作的问题，完全可以通过参加职业技能培训的方式提高自身实力来解决，同时还要掌握最新动态，了解人才市场的需求，做到知己知彼，方能百战不殆。

根据国家对大学生就业的有关规定和大学生就业现状，大学毕业生的就业形势一般可分为以下几种。

一、到党政机关就业

今后国家政府机关从应届高校毕业生中录用公务员，一律实行考试考核的办法。

（一）报考国家公务员的条件

报考国家公务员的条件包括：

具有中华人民共和国国籍，享有公民的政治权利。

拥护中国共产党的领导，热爱社会主义；遵纪守法，品行端正，具有为人民服务的精神；报考省级以上政府工作部门的，一般应具有大学本科以上文化程度。

报考市（地）级以下政府工作部门的，文化程度由省级录用主管机关规定；报考省级以上政府工作部门的，须具有 2 年以上工作经历，国家有特殊规定的除外；身体健康，年龄为 35 岁以下；具有录用主管部门规定的其他条件。国家规定，某些专业毕业生，如，外语、计算机、财会专业应届毕业生，可以经过考试直接进入中央和省级政府机关工作。

（二）国家招考、录用公务员的基本程序

1. 用人单位编制录用计划

录用计划的主要内容包括用人部门的名称及其编制，缺编人数及拟增加总人数，拟录用职位名称、专业、人数及所需要的资格条件，报考对象、范围及采取的考试方法。

2. 报名与资格审查

报考之前，组织人事部门会在新闻媒介发布招考公告，公告招考对象与条件，报名时间、报考地点及报名时政府审查的证件，报考部门、录用人数及专业，考试录用的原则与方法，考试时间和内容，报考费用及其他必须向报考人说明的事宜。

3. 考试

对资格审查合格者，进行笔试和面试。笔试分公共科目和专业科目两项。公共科目一般包括邓小平理论、马克思主义哲学原理、社会主义市场经济理论、法律基础知识、行政管理学、公文写作与处理、社会调查报告等。专业科目内容，因拟聘任职位的不同而有所差异。面试是通过面谈、情景模拟或心理测试等方法，对考生的口头表达能力、应变能力、交际能力、言谈举止、仪表等方面进行测试。

4. 考核

在笔试、面试的基础上，还要对考试合格者的政治思想、业务能力等工作实绩及需要回避的情况进行调查考核。

5. 录用

由各用人单位、部门根据职位要求以及应聘者的考试、考核与体检结果，公布录用人员名单，进国家政府各工作部门的，报地市级以上政府人事部门备案。

（三）国家对新录用的公务员的基本要求

新录用的国家公务员，要有 1 年的试用期，试用期满合格的，才予以正式任职；不合格的，取消录用资格。在试用期间，新录用的公务员要接受岗位培训，合格者方可正式任职。新录用的没有工作经历的公务员，应安排到基层工作 1 ~ 2 年。录用考试参照国家公务员考试录用的有关规定办理。

二、到军队就业

中央军委为实现“科技强军”战略，将进一步增加接受地方高校毕业生的数量。

（一）军队接收的地方高校毕业生应符合的基本条件

拥护党的基本路线，忠于祖国、热爱军队，志愿献身国防事业，符合公民服役的政治条件；在校期间学习成绩平均在“良好”以上。

本科毕业生的年龄不超过25周岁，硕士毕业生不超过30周岁，博士毕业生不超过35周岁；接受专业类别以理工类为主，兼顾部分文史类毕业生。

身体健康，具体条件参照《中国人民解放军院校招收学员体格检查标准》执行。到专业技术岗位的毕业生视力和身高条件，在不影响工作的前提下可适当放宽。

（二）军队接受高校毕业生的程序

在毕业生所在学校推荐或毕业生自荐的基础上，军队用人单位按照专业要求对初选合格的毕业生进行考核。考核的主要内容包括政治审查、面试、体检。考核合格后到协议单位报到。

（三）毕业生到军队工作后的待遇

报到后即享受军队干部待遇，从报到之日起发给当月相应职务薪金，实习期满后，即定职定队。本科毕业生定副连职，授中尉军衔；硕士毕业生定正连职，授上尉军衔；博士毕业生定正营职，授少校军衔。入伍后的医疗保健、保险、住房分配、家属随军、休假等福利按国家和军队的有关规定执行；家属享受国家有关军属待遇。

三、到企业就业

（一）到国有企业就业

因为机关事业单位用人有限，所以大中型国有企业一直是我国吸纳、使用、培养和储备人才的重要方面。这些地方不仅有资金、政策、设备、市场、管理等多方面的优势，而且待遇也有绝对的保证。工作稳定，前途光明，保障齐全，福利丰厚。到国有企业就业，也是很多大学毕业生的主选目标。但人们发现，大学毕业生越来越多了，大中型国有企业招人却越来越少了。而且越是热门的单位，在招聘会上露脸的就越少。有些热门国有企业，本来拥有大量的就业岗位，但他们却总是用临时工来代替。一来可以降低成本；

二来可以保住少数“正式员工”的高薪待遇。

（二）到民营企业就业

民营企业现已成为解决下岗失业人员再就业、转移农村富余劳动力、帮助城镇新增失业人员、大中专毕业生实现就业的主渠道。民营企业乐观的发展前景，灵活的体制和对人才的渴求使其在人力资源配置市场成了最具吸引力的“买家”。许多高校毕业生把民营企业作为主要的事业起飞点。

几年前，无论是高校毕业生还是技术工人，对到民营企业工作顾虑都很多，他们认为民营企业规模小、不规范、没保险、市场风险大；现在，甚至很多国有企业职工都纷纷跳槽到那些薪酬待遇好、用工规范的民营企业，认为这里具有活力，个人发展空间大。目前，新增就业岗位大量来自民营企业，毕业生须及时转变择业观念，不要抱着“重国企、轻民企，完美就业在机关”的思想，应根据自己的实际情况，有的放矢地参加应聘，才能加大成功就业的把握。

（三）进入“三资企业”

“三资企业”是指中外合资经营企业、中外合作经营企业和外商独资经营企业。毕业生到“三资企业”工作，必须通过双向选择，签订就业协议书，还要到企业所在地的县级以上人才流动机构办理人事代理手续。进入“三资企业”至少应具备以下几个基本条件。

1. 教育背景

“三资企业”一般要求应聘者受过大学教育，除主管、经理职位以及特殊岗位有时对学历、专业要求高一些外，一般职位对学历和专业要求并不十分严格。

2. 掌握外语和计算机操作的程度

如应聘管理人员，因管理人员需要经常与外国人沟通，要开会，要做报告，英语的听、说能力应达到较高水平；计算机操作方面，必须会使用 Word 和 Excel。应聘初级职位，外语的会话水平应无大碍，但对计算机的操作应当熟练。

3. 综合素质要求

“三资企业”要求应聘者沟通能力好，注重团队合作，语言能力高，充满自信，个性独立自主，学习意识强，有很好的创新能力。同时，企业要求员工可以持续加班，身体健康。

四、灵活就业

灵活就业包括自主创业、自由职业和其他灵活就业形式。

（一）自主创业

自主创业是指大学生毕业后不是向社会“寻求”工作，而是用自己所学知识进行自主创业，毕业生通过科技创新、社会服务或在某一方面有特长，进而自己或与他人合作创办企业，成为新企业的所有者或管理者，这不仅解决了自己的就业问题，而且也可以为他人创造就业机会。自主创业目前已成为大学毕业生一种新的就业途径，它作为一种新的就业渠道，无疑对大学毕业生的知识、能力和综合素质等提出了更高的要求。

（二）自由职业

自由职业是指以个体劳动为主的一类职业，如，作家、自由撰稿人、翻译工作者、中介服务工作者、某些艺术工作者等。

（三）其他灵活就业

其他灵活就业是指毕业生与一家或多家用人单位建立不定期、不定时的劳动就业关系，如，技术主管、技术顾问、技术员、产品推销员和管理人员等。

第二节 大学生求职的途径

当前大学生求职面临寒冬，很多毕业生抱怨自己“生不逢时”，而另一方面，用人单位却找不到满意的人才。面对严酷的就业环境，在巨大的就业压力之下，即将毕业的大学生们渴望杀出重围，找到心仪的工作，他们希望能够出奇制胜。选择怎样的路线以及一个好的起点就是胜出的关键。当前，大学生的求职途径主要有以下几种。

一、校园招聘

高校作为一个巨大的人才储备库，可谓“人才济济，藏龙卧虎”。学生们经过几年的专业学习，具备了系统的专业理论功底，尽管还缺乏丰富的工作经验，但其仍然具有很多就业优势，比如，富有热情、学习能力强、善于接受新事物，而且没有家庭拖累，可以全身心地投入到工作中。更为重要的是，他们是“白纸”一样的“职场新鲜人”，可塑性极强，更容易接受公司的管理理念和文化。正是毕业生身上的这些特质，吸引了众多企业的眼球，校园招聘成为企业重要的招聘渠道之一。

（一）校园招聘的特点

1. 时间集中

用人单位到高等学校招聘毕业生的活动应安排在每年 11 月 20 日以后的休息日和节假日进行。由于次年 1 月之后，很多学生就要面临研究生入学考试，而五六月又是毕业生的论文杀青与答辩时间，因此，对于企业而言进入校园开展招聘活动一般都集中在 11 月底至 12 月以及春节过后的三四月这两个时间段进行。为了避免撞车，越来越多的企业将其校园招聘活动尽早推广开来，抢得获取优秀人才的先机。

因为校园招聘的时间相对集中，而且也被往前一提再提，所以，用人单位必须拟定一个中长期的人力资源规划，以免出现“临渴掘井”而丧失招聘良机，或“临终突变”而无法安排事先已经招到的毕业生。一家跨国企业的深圳子公司新录用的 30 多名应届毕业生，就遭遇了在报到当天接到“解约通知书”，被当场炒掉的尴尬局面。当时公司给出的理由就是“因近期战略性业务调整，原有的部分储备职位现已不复存在”。尽管事后经过多方协调，雇用双方已经和解，但企业形象已经受到极大的损害，被业内称作“伪招聘”。

2. 范围较广

由于高校扩招等诸多方面的原因，大学毕业生就业压力大已成为不争的事实。为了找到理想工作，毕业生们一般都采取“全面撒网、重点培养”的策略。用人单位也逐年扩大自己的招聘范围。每逢进入金秋时节，毕业生们便开始奔波于各大公司宣讲会之间，行色匆匆，有些甚至不远千里跨省参加招聘会。简历更是通过网络从全国四面八方涌来，充斥着企业的招聘邮箱。对于企业来说，这无疑加大了筛选、面试的工作量，而如何合理安排全国各地应聘者的笔试、面试，如何从众多应聘者中挑选出适合企业的毕业生就成为校园招聘团队的一大挑战。

因此企业要想取得校园招聘的成功，就必须对自己所在的行业、地区、企业的综合实力有个充分的定位，有的放矢地在全国范围内选择，锁定若干所学校和专业，使招聘工作更有针对性，进而保证应聘者的基本素质，减少不必要的资源浪费。

3. 对象具有特殊性

应届毕业生相对于社会人员有其自身的缺陷。

首先，他们缺乏工作经验，而企业又很难仅凭其专业方向和专业成绩就确定其是否具备某项职位所要求的基本素质。其次，他们缺乏明确的职位定位和规划。“象牙塔”里的单调生活很难激发学生对自己的性格特征、职业倾向、人际交往模式等方面的全面了解，这就导致很多应聘者自己也不清楚自己能够胜任，或者适合从事哪些类型的工作，更谈不上对于今后职业发展的长期规划。最后，当代大学生基本都是独生子女，往往存在着责任心不强、承受能力弱，团队意识较差等问题。

以上这些特性使得企业必须有针对性地制定专门的校园招聘策略和笔试面试方法，也对企业的晋升机制和培训体系提出了更高的要求。

4. 兼顾企业品牌营销

由于校园招聘的受众广泛，一次成功的校园招聘活动意味着不仅能够招募到优秀的人才，同时还可以在众多低年级学子心目中树立起良好的企业形象，从而为未来的人才争夺打下基础。相当一部分进行校园招聘的用人单位都将其品牌的校园传播放在与校园招聘同等重要的战略地位，其策略与手段往往经过缜密整合，并制订有系统的校园传播与招聘计划。

企业品牌主要包括雇主品牌和产品品牌两个方面。

校园招聘作为展示企业形象的一种方式，相当于企业的一张名片，通过规范的招聘流程设计、招聘过程中对应聘者的人性化关怀、企业高层的个人魅力、员工代表的责任心与活力等，能够让在校学生感受到企业文化，人才理念、管理水平等深层次的内容，从而树立起良好的雇主品牌形象，广泛吸引人才。这相比于大动干戈刻意的公关宣传来说，成本较低，而且给人的感觉更为亲切、自然。有些公司更是在校园中展现其产品品牌，将应聘学生变成公司的消费者或客户。比如，雀巢公司在招聘会上会邀请到场的学生品尝自己品牌的咖啡。

（二）校园招聘的流程

进行校园招聘也是有一定流程的，整个招聘过程可分为三个阶段，第一阶段是准备阶段；第二阶段是招聘实施阶段；第三阶段是毕业生接收与跟踪阶段。

1. 第一阶段

准备阶段要做的工作有确定招聘职位和人数，成立招聘小组，联系招聘学校，准备相关资料。

（1）确定招聘职位和人数

这是招聘应届生的前提，就是要招哪些职位的储备人才，要招多少名。只有明确了这两样，才能确定去哪些学校招聘，招聘哪些专业的学生。

（2）成立招聘小组

招聘小组最好由人力资源部经理负责，或主管人力资源的副总负责。不要以为招聘应届毕业生相对比较容易而忽视，其实不然，就像前面提到的，如果安排一个刚毕业两三年的招聘专员负责面试，学生们会以为企业不重视招聘工作，企业不重视人才，而对该企业打了负分。招聘小组主要职责是准备招聘前期资料、制订招聘计划和政策、招聘实施、面试等。

（3）联系招聘学校

招聘小组根据公司批准的招聘计划、历年各校的接收毕业生情况、本年度各校生源状况和各校往年毕业生在企业的表现等情况，选定相应的高校，在招聘工作具体实施前，将招聘计划发送给各高校的毕业生分配办公室，并与学校保持联系。

（4）准备相关资料

包括制定招聘政策（包括招聘整体实施、招聘纪律、招聘经费等）、明确小组内部分工、准备面试相关的表格、准备企业宣传资料等。

2. 第二阶段

招聘实施阶段要做的工作有发布招聘信息，收集和筛选应聘资料，测试与面试，录用。

（1）发布招聘信息

通常招聘信息的发布方式包括以下三种，供招聘人员选择。

①在公司网站（包括各子公司网站）和校园网站上刊登招聘信息，介绍公司本年度应届毕业生的需求、用人标准、招聘程序、人力资源政策以及应聘方式等；②在校园内部张贴海报，宣传企业；③在校园举办招聘推介会，

加强毕业生对公司的感性认识，并树立良好的公司形象，吸引潜在的应聘者（在校生）。招聘推介会所用资料，事先公司统一制定，并且在推介会演讲的人员必须事先经过培训。

（2）收集和筛选应聘资料

对应聘者的资料进行初审和筛选是招聘工作的一个重要环节，它可以迅速从应聘者信息库中排除明显不合格者，提高招聘效率。同时，也可将所有求职资料进行记录归档，为人力资源部的事后分析工作提供素材。应届毕业生自己提供的资料也许有虚假成分，招聘人员需要通过多种渠道证实其真实性，比如，到所在院系核查分数、奖励情况等。

（3）测试与面试

测试既要准确有效，又要简便易行，常见的测试方式有以下几种。

①专业知识测试

招聘小组需在出发之前准备好各专业的测试试卷。

②分析能力测试

事先准备一些案例，要求几分钟以内答完。

③无领导小组讨论

这是一种对应聘者集体面试的方法，对于应聘者较多，最适宜采用这种方法，每一次选 5 ~ 7 人为一组，每组 20 ~ 30 分钟的时间。通过让应聘者平等地集体讨论给定的问题，考察每个应聘者的综合素质，主要包括：口头表达能力、处理人际关系技巧、灵活性、适应性、情绪控制、自信心、合作精神、性格特点等。

有些职位人员可能通过测试能够判断，但是绝大多数职位还是需要借助面试来判断。面试前要准备好每个职位的面试考察要素、面试题目、评分标准、具体操作步骤等，并且统一培训面试人，提高评估的公平性，从而使面试结果更为客观、可靠，使不同应聘者的评估结果具有可比性。由于应届毕业生没有工作经验，因此对他们的面试重点在于考察基本素质，即对潜质进行考察。

（4）录用

面试合格的人员可以确定为录用对象，根据应届生招聘的相关规定签订协议。但是，不是签订协议后就万事大吉，还需要做好后期跟踪，因为优秀应届生很有可能被其他的企业相中，因此需要通过后期跟踪，打消他们另谋其他企业的念头。

3. 第三阶段

（1）应届生接收

人力资源部需要在网页上或者通过其他方式，通知毕业生公司位置，乘车路线，如有可能，需派人去车站出口设接待点。到企业后，要热情接待，安排好他们的食宿，毕竟他们对社会还有陌生感。同时，尽快安排入职培训，让他们了解企业，了解企业的运作，使他们更快地融入社会。

（2）跟踪阶段

人力资源部要定期了解应届生的心态，听听他们的声音，及时给予帮助与引导。不能用对待社会招聘人员的方式对待应届生，他们需要更多的时间熟悉企业与本职工作，需要更多的理解与引导。企业始终要思考的一个问题是“如何让应届生在短期内完成从学校到企业的转变”，因为转变所花的时间越短，企业支付的培养成本越低，应届生也会越快为企业创造价值。

二、网络求职

利用网络进行招聘和求职以其速度快、效率高、成本低、费用省、覆盖面广等特点正在吸引着大量企业和高校毕业生。它通过信息技术来降低沟通成本，使信息双向更加对称，提供给劳动就业者公平、便捷的服务平台。传统的集市型人才市场通常受时间、地域等因素限制，不利于统一开放的人才大市场的形成，而网上就业市场则突破了这些局限。它通过四通八达的网络将各地人才市场连接在一起，打破了市场信息封闭的局面，实现了市场信息的共享。

对于应届毕业生来说，招聘网站已经远远超过校园招聘会，成为获取就业信息的主要渠道，其优点在于能及时获取职位信息，可供选择的职位数量也较多，能节省大量时间和精力。而校园招聘会的优点主要在于针对性强，这与企业会针对学校开展专场招聘会有关，因此应届毕业生从这一渠道求职的比例也相对较高。

（一）网络求职的优势

1. 网络功能强大，传递信息速度快

目前高校传统的校园招聘会，招聘与求职信息呈低速、窄幅流动，其时效性、有效性、传递性较差，不能最大限度地使用需求信息，这对于毕业生、用人单位、学校和社会都是一种损失，而利用网络就业市场就可以很好地解决这个问题。

2. 网络交流便捷，可节约成本

毕业生可以在网上查询信息，可以进行简历投递，还可以订阅电子邮件定期通知你最新的职位信息。这大大减少了毕业生的通信费用、路途费用以及住宿费用等找工作的成本。同样，对于企业来说，利用招聘网站所提供的多个电子信箱，可以有效地降低通信费用和差旅费用，减少了招聘成本。

3. 网络招聘比较公平公正

网络就业市场给了每一个有意应聘的毕业生充分的机会，有利于用人单位选拔优秀的人才。此外，有些企业将招聘的规则、要求、实施进度、招聘结果等信息在网络上及时公示，这样就给所有毕业生一个公开、透明的环境，增强应聘者对企业的认同度。

4. 网络招聘针对性强

网络招聘是一个跨时空的互动过程，供求双方都是主动行为，用人单位和个人都能根据自己的条件在网上进行选择。这种积极的互动，减少了招聘和应聘过程中的盲目行为。目前，一些大型的人才招聘网站都提供了个性化服务，如，快捷搜索方式，条件搜索引擎等，这进一步加强了网络招聘的针对性。同时，网络招聘具有初步筛选功能，通过上网，面试官就已经对应聘者的基本素质有了初步的了解，相当于已经对他们进行了一次计算机和英文的简单测试，对应聘者做了一次初步筛选。

（二）网络求职的劣势

1. 信息处理的复杂性较大

招聘信息发布后会引来大量的应聘者，其中，有些人虽不适合此项工作，但也抱着侥幸心理应聘，这样不仅影响正常的招聘工作，也增加了筛选工作的难度和强度。同时，用人单位可以从网上获得大量的求职信息和优秀的应聘者，在一定程度上造成应聘者成功率低。

2. 过于模式化，缺乏个性

网络提供的简历都非常模块化，千篇一律，不利于突出个人的独特之处，而有些网站要求填写的信息非常烦琐而不实用，不能针对岗位要求让应聘者填写，不利于展示应聘者的个人优势和特长，也不利于企业挑选合适岗位的人才。

3. 招聘网站良莠不齐，存在风险性

网上就业市场蓬勃发展，使得招聘网站犹如雨后春笋般迅速发展。但政府部门既没有专门的法律法规予以规范，又没有相应的制度加以约束，所以，如此众多的招聘网站必然良莠不齐。就业是大学生一生中的重要转折点，如果由于招聘信息或者行为等无法认证和有效保障，带来的后果将可能影响个体的前途和未来发展，所以对网络风险的担忧制约了招、应聘双方的信任程度。

4. 招、应聘双方的随意性很大

因为只要点击鼠标，应聘者就可以轻松地将简历发给多家招聘单位，容易加大求职过程中的随意性，形成“多角恋爱”，使得一些有意求才的企业无所适从。同样，招聘单位也可能在多家网站同时刊登相同的信息，这就意味着信息的极大泛滥。

三、社会途径

除了校园招聘和网上的信息之外，直接通过社会就业是大学生在求职过程中经常使用的一条途径。

（一）人才招聘会

人才招聘会是指在本行政区域内由人才中介服务机构为用人单位和人才之间双向选择提供交流洽谈场所和相关服务的中介活动。如果说校园招聘是专门针对高校毕业生的“专卖店”，那么省会上的人才招聘会则可以比喻为人才供需的“超市”。金国各大城市都会举办各种类型、规模的招聘会，如，大型综合的招聘会、中小型的专业招聘会以及专门为毕业生举办的专场招聘会。

这些招聘会规模庞大，招聘单位众多，行业范围广泛，给应聘者很大的择业空间。但社会人才招聘会的用人单位往往以寻找有工作经验的人才为主，即使是毕业生专场招聘会也可能混杂一些并不招聘应届毕业生或只是借机做宣传的单位。大学生参加这类招聘会，即使不能找到心仪的单位和工作岗位，也可以借此了解就业行情，丰富自己的经验。

毕业生参加这类社会招聘会应注意哪些问题呢？

1. 会前要明确自身条件，对自己有个正确的定位

不要眼高手低，也不能自卑。事先制作好简历，把自己的工作经历及求职意向清晰表述，在简历中注明自己的联系方式，使用人单位能及时与你取得联系。

2. 参会时最好不要带过多的证件原件

带上复印件，因为参会人非常多，用人单位没有时间当时验证，而主要是初次面试和看其简历。同时免去在大会中人多手杂保管不当丢失证件，造成损失。

3. 充分利用招聘会的会刊

在招聘会入口处领取免费的会刊，上面刊登了参会所有单位及用人情况和条件。毕业生应仔细地查看会刊，把自己感兴趣的公司画下来，然后直接去其所在场馆，这样能够节省大量时间体力，提高应聘的效率。

4. 争取良好的第一印象

参加招聘时应着装得体，最好着正装，保持良好的个人形象。说话时不卑不亢，表示出对招聘代表的尊重。简单明了地把自身情况介绍一下并表示对那项工作的兴趣，非常希望能够加入其公司，做出一份自己的贡献。不要太着重提到薪金，因为这只是初次面试，如果用人单位满意，还会与你联系的。

5. 要充满自信，敢于表达自我

参会时不要被用人单位列出的条件吓倒，首先要充满自信，敢于表达出自己的条件和愿望。敢于争取，不怕失败。表示你能很快地适应工作，在试用期间，发奋努力，创造出业绩来的信心。

（二）新闻媒介的招聘广告

留意报纸、电视、广播电台经常刊登、播放的招聘广告。这是一种省钱又省时间的收集就业信息的方法，而且信息量大、覆盖面广、选择机会多。缺点是广告篇幅有限，用人单位又大多谢绝来访和打电话，只是要求应聘者寄出个人简历和各种证明复印件，使应聘者对招聘单位了解甚少，而且因用人单位的知名度和所用媒体的影响面，有些广告虽然只招聘几个人却能收到成百上千份简历。

应聘者可采用“广撒网”的方式，向多个登广告的招聘单位发出简历，

到回函的单位参加面试，并借机深入了解这些单位的情况，再做出自己的择业决定。通过报纸媒体来求职包括以下两种方式。

1. 在报纸上搜索招聘信息

我们平时可以通过一些专业的招聘报纸或其他一些报纸的招聘栏目来搜索适合自己的一些招聘信息，然后根据上面的联系方式打电话咨询。当然还有一些单位仅留了电子邮箱，我们可以把简历发过去，如果你是对方正要找的人他们会主动通知你去面试，这时候你一定要做好面试的思想准备，因为在报纸上登招聘信息的公司需要招的人不多，所以就没去招聘会；另外，报纸上招聘的企业一般也不是太大，成功率也比较高。但是也会有一些骗子公司，这一点一定要注意。

2. 在报纸上刊登求职信息

大学生也可以通过一些免费的求职报纸来刊登自己的求职信息，这样也容易受到一些企业的关注。当然在一些地方没有免费刊登的报纸，但是一般情况下的招聘报纸也都对应聘者制定了一个收费的标准，费用不高，尝试一下，可以能会有意外的收获。

（三）自荐或他人推荐

自荐是指应聘者可以直接到用人单位采访或写信给用人单位，也可打电话给用人单位的人事管理部门。这种方式的主动性强，但盲目性大，可能被回绝。然而，拜访和观察是全面了解用人单位的情况的重要手段，特别是已初步选中的个单位，而对此单位所知甚少的情况下，访问这个单位是十分必要的。这种访问，既可以正式拜访，也可以非正式拜访，还可以在门口等下班出来的职工，礼貌地向他们求教，并观察此单位的内、外环境以及宣传栏等。通过这种方式得到的信息往往既准确迅速，又真实可靠。

他人推荐也是求职的重要途径。这种方式得到的信息往往既准确，又真实可靠。在请人推荐时，首先要把自己的简历交给对方，并较详细地介绍自己，特别是简历上难以反映的兴趣爱好、特长优势等；其次对被委托人要态度诚恳，不论事情办成与否，都应向对方表示诚挚的谢意。如果所托之人就是你所求职单位的领导或与单位领导熟悉的人，对提高求职成功率大有帮助。有些外资或中外合资单位，鼓励本单位职工引荐新员工，并专门设立“伯乐奖”，前几届毕业的已晋升到某个职位校友，往往能成为你最好的推荐人。

无论你采用什么方式自荐，除了准备简历外，还应恰到好处地展示自己的长处。

第一，不要一条条地口述自己的成绩，以避免让对方觉得你夸夸其谈，要让能说明问题的文字、实物“替你说话”，如，各种能证明你技能的证书、学习成绩单、奖状、参加比赛所获名次，以及一些作品如书法、照片、文章等。

第二，根据你对用人单位的考察，讲一些如果被录用后的设想和打算，即使这种设想有些幻想成分，也能让对方感到你有理想、有抱负。不要只说自己学过什么，能干什么，还需要讲将来干什么、怎么干。

第三，如果能结合你对该用人单位的了解，提出一些中肯而实在的建议，既可以展示自己的才能，又能表达你对用人单位的关注和热爱。

第四，除了介绍自己在学校里担任的社会工作外，在可能的情况下，用恰当的方式展示一下自己的特长，比如，你的硬笔书法好，就可以在介绍自己时，顺手写个姓名、地址或其他字词，很自然地让对方看到你的长处。一般来讲，用人单位希望员工有比较强的组织能力、公关能力，而且是多才多艺的人。

第五，借助与用人单位关系密切或有一定知名度的人推销自己。请此人写个条子，打个电话，并在交谈时恰当地把你所借助的人的身份、与你的关系告诉对方，要让用人单位感到你所借助的人对单位有感情，对用人单位的领导很尊重。例如，告诉用人单位：

某某老师向您问好，他实在太忙不能陪我来。我是他的学生，他说您的公司发展很好，说我如能在您领导下工作一定会进步得很快，并说他与您的关系很好，让我直接来找您。

不管自荐还是请人推荐，都有失败的可能。当你向三四个单位表达求职意向，这些用人单位在拒绝你的同时却接纳了别的毕业生时，你应暂停求职，冷静思考自身原因，大致有以下四个。

一是职业理想脱离了现实，自己的综合就业竞争力不符合用人单位要求，如，学历、性格、社会实践经历、身体相貌以及能力等方面。

二是在求职谈话中，对用人单位流露出好高骛远或其他不妥之处；

三是在面谈时，礼貌不周、衣冠不整、目中无人；

四是表达能力欠佳，没有把自己的长处恰当地展示。

此外，在求职遭到挫折时，请周围的人帮你分析一下会有进步。找到原因之后，应调整目标，制定新的求职方案，重新踏上求职之路。

第三节 大学生就业的程序

就业程序不仅指就业管理部门的工作程序、用人单位的招聘程序，同时也包括毕业生求职择业过程中所应遵循的合理过程。了解就业程序，有助于毕业生顺利就业。

一、就业管理部门的职责与工作程序

大学生就业管理机构，大致由三个部分组成。

国家教育部，主管全国大学毕业生就业工作；各省、自治区、直辖市和中央有关部委，分管本地区、本部门的大学毕业生就业工作；高等学校和用人单位，负责高校毕业生就业的具体工作和招聘接收毕业生工作。

（一）就业管理部门的工作职能

1. 省、自治区、直辖市高校毕业生就业办公室的工作职能

随着高等学校毕业生就业体制的不断改革和完善，各级地方政府的教育主管部门都成立了高校毕业生就业办公室，负责本地区毕业生就业的服务管理工作。其主要职能如下：

（1）制定实施意见和指导服务工作

根据国家有关毕业生就业工作方针、政策，制定切合本地区实际的毕业生就业工作实施意见，指导本地区的毕业生就业工作，并提供服务。

（2）日常管理和组织工作

负责当地毕业生生源信息、需求信息的收集、发布。

组织管理毕业生招聘活动；负责当地高校毕业生就业方案的审核和上报；负责当地高校毕业生就业《报到证》的签发、就业改派和接收手续办理等；协调当地高校毕业生就业过程中的争议；组织开展对毕业生就业工作的研究。

2. 高校毕业生就业工作部门的工作职能

（1）学校毕业生就业工作领导小组职责

贯彻执行国家有关毕业生就业方针、政策和规定，根据教育部和自治

区的毕业生就业工作精神，制定学校毕业生就业工作具体实施意见；定期召开专题会议，研究解决学校就业工作中的新问题、新矛盾、新困难；审批学校毕业生就业工作的计划；审核学校毕业生就业指导服务中心上报教育厅的有关材料。

（2）学校毕业生就业指导中心服务工作职责

根据国家和自治区的就业政策以及学校有关规定，制订年度毕业生就业工作计划；组织开展毕业生就业咨询、指导及就业指导课实施工作，加强毕业生思想教育，使毕业生树立正确的人生观、价值观和择业观，为毕业生提供优质服务；积极向用人单位宣传学校，推荐毕业生，拓宽和稳定毕业生就业市场；加强与用人单位联系，收集需求信息、开展毕业生就业供需双向选择活动；负责毕业生的资格审查，及时向教育厅就业指导服务中心报送毕业生生源信息；负责毕业生就业情况的统计、审核、上报工作，建立毕业生就业信息库；负责毕业生《就业协议书》及《毕业生推荐表》的发放、审核和管理；按规定时间做好毕业生的《报到证》办理和档案托管迁转等工作；负责就业网站的建立、完善和更新。定期浏览其他各就业方面网站，收集与就业有关的各种信息资料；组织开展毕业就业社会供需调查分析工作及毕业生跟踪服务、质量调查、回访工作等。

（二）就业管理部门的工作程序

教育部对年度国民经济发展和国家重点建设工程情况开展调查研究，制定相应的政策，从而确定年度的就业工作；各高等学校和各用人单位负责本校毕业生就业的具体事宜和接收安置毕业生等事宜。他们的工作程序大致分六步：

第一，教育部根据国民经济发展和国家建设情况，召开教育部就业工作会议，制定就业政策，确定年度全国高校毕业生就业工作实施意见。各省、自治区、直辖市和中央有关部委根据教育部的要求制定出本地区、本部门所属高校毕业生就业工作的具体意见。各高校根据上级文件精神，制定出结合本校实际的毕业生就业工作具体实施办法，召开就业工作会，布置就业工作。

第二，教育部在每年 10 月左右向各地区、各部门提供下一年度的毕业生生源情况，各用人单位向教育部提供需求信息。教育部负责向社会及时通报毕业生生源和需求情况。

第三，各地区、各部门和各高等学校的就业管理机构在每年 11 月下旬开始，采取多种形式，通过多种渠道（信函、新闻媒介、电子媒体等），提供双方供需信息，信息内容包括需求信息、毕业生生源信息（毕业生人数、专业、教育教学情况、培养方向）等，为毕业生和用人单位搭建服务平台。

第四，积极组织开展双向选择活动。学校在毕业生毕业学年的 11 月下旬开始给毕业生下发《就业协议书》和推荐表，社会有关部门与学校开始组织不同类型、多种形式的招聘活动，如果毕业生与用人单位双向选择确定，可签订由教育厅统一印制的高校毕业生《就业协议书》或劳动合同，各高校根据生效的毕业生《就业协议书》，在教育厅为毕业生办理就业《报到证》，编制本校毕业生就业建议方案，并于次年 6 月报上级主管部门，毕业生持就业《报到证》到用人单位报到。

第五，毕业生毕业离校时，各级就业管理机构对仍未签订《就业协议书》的毕业生办理将档案、户口迁转到生源地人才交流机构的迁转《报到证》及迁转接受登记手续，并为其继续提供就业服务，直至就业。

第六，就业主管部门对当年毕业生就业情况进行认真总结和研讨，教育部汇总全国高校毕业生就业情况上报国务院。

目前，各高校均设有负责大学毕业生就业日常工作的部门——学生就业办公室或学生就业指导办公室。绝大多数学校设立毕业生就业指导办公室，承担毕业生就业工作领导小组办公室职责主要职能。

大学生在择业期间，打交道最多的要数学校的就业工作机构。这里是信息的集散地，是学校与用人单位建立联系与沟通的桥梁和纽带。建议每一位大学生在择业阶段，多留心一下学校的学生就业工作部门在校园内设立的公告栏和就业信息网站，在那里你可以及时得到用人单位的需求信息，就业招聘活动以及新的就业政策规定等。同时，你在求职择业中所遇到的问题，也可以在那里得到解决，并能得到相关的就业咨询和服务。

二、用人单位的招聘流程

了解用人单位的招聘程序，并把自己的择业活动调整到与用人单位的招聘活动较为一致的步调，有利于择业活动的有效进行。一般而言，用人单位的招聘活动要经历如下程序：

（一）确定需求和招聘计划

用人单位根据自身的建设和发展情况，确定当年需要招聘毕业生的岗位、人数和条件等，同时将根据要求制订详尽的招聘计划。

（二）发布就业信息

用人单位在确定了需求信息后会及时向外发布，并通过各种渠道传递给大学生。其主要渠道有：①向政府教育主管部门所属高校毕业生就业指导中心登记；②向高校毕业生就业工作部门登记；③在自己的网站上发布信息，供学生上网浏览；④通过电视、报纸、广播等媒体发布需求信息。

（三）举行单位说明会

为在大学生中进行广泛宣传，一些用人单位（主要是企业单位）还会到学校举办单位说明会，介绍单位的发展情况，人才需求情况及发展机遇、用人制度和企业文化等，并回答大学生们关心的各种问题。单位说明会是大学生全面了解招聘单位的好机会。

（四）收集生源信息

用人单位要招聘到优秀毕业生，需要广泛收集学生信息。收集学生信息的主要渠道有：①从政府教育主管部门所属高校毕业生就业指导中心及学校就业处获取学生信息。②参加供需洽谈会（招聘会或就业市场），搜集学生信息。③通过学生的自荐获取学生信息。④有的学生通过报纸杂志等媒体所刊登的“求职广告”，也是用人单位获取学生信息的渠道之一。⑤在网站上搜集毕业生信息。

（五）分析生源材料

对搜集到的学生信息进行分析处理，初选出符合自己条件的学生，以便进行下一轮筛选。一般而言，用人单位注重的学生材料包括：性别、专业、知识水平、综合能力及素质。

（六）组织笔试

为了考核学生是否具有在本单位工作所需要的基本知识、能力和素质，一些用人单位以笔试的形式选拔学生。笔试的时间、地点、出题范围用人单位会提前通知。

（七）组织面试

面试是许多单位考核学生综合素质的最后一关。有的用人单位还要组织几次面试，每次面试参加人员及考核的侧重点是不同的。

（八）签订协议

用人单位经过各项考核，决定录用毕业生，这时必须签订就业协议书。有些用人单位会同时与毕业生签订劳动合同，明确双方的责、权、利。

（九）上岗培训

每一个用人单位对新员工都有一套培训计划。培训内容因用人单位而异，但其目的都是相同的，即通过培训，让你明确单位的创业精神、规章制度和企业文化，让你掌握成为一名称职工作人员的知识和技能，以使你尽快适应新的工作和生活环境。

三、大学生择业流程

对大学生来说，走好择业的每一步，对成功实现自己的职业理想十分重要。

（一）收集信息

收集信息是就业活动的第一步。大学生在择业过程中，需要通过各种渠道收集的信息大致包括五个方面的内容。

1. 当前大学生就业市场的供需形势

当前大学生就业市场的供需形势通常包括：社会经济发展形势、社会各行业、各类企事业单位经营状况和对毕业生的需求等。尤其要重点了解本校、本专业的社会需求情况，用人单位对毕业生的基本要求等。

2. 政策和法规信息

例如，国家及学校有关毕业生就业政策及规定，《中华人民共和国劳动法》《中华人民共和国劳动合同法》《中华人民共和国反不正当竞争法》、《中华人民共和国国家公务员法》等。

3. 就业安排活动信息

比如，什么时候召开企业说明会，什么时候举办招聘会或供需洽谈会等。

4. 成功择业的经验、教训的信息

“择业过来人”的择业经验、教训，就业指导教师的体会和建议等，都会为毕业生的成功择业助一臂之力。

5. 具体用人单位的信息

例如，自己所学专业哪些用人单位需要，需求数量是多少？用人单位经营状况、文化背景、发展前景、工作条件、福利待遇、对人才的重视程度及对毕业生的具体安排等。就业不仅取决于一个人的知识、能力、体力、社会和经济的因素，而且取决于就业信息。谁能获得更多更有效的就业信息，谁将能赢得择业的主动权。

搜集就业信息应该力求做到“早”“广”“实”“准”。通常来讲，就业信息的搜集主要包括以下几种途径。

（1）高校主管大学生就业的部门

就目前的就业机制看，高校是连接大学生就业工作所涉及的有关对象的核心环节，它们既与毕业生就业工作所涉及的各级主管部门之间保持着密切联系，同时也是用人单位选录毕业生所依赖的一个主要窗口。这一特定的位置，使它们对就业信息的占有量大于任何一个部门，同时其所掌握的准确度、权威性也没有任何一个部门可以与之相提并论。就政策而言，全国的、行业的、地方的，在它们这里都有完整的收集；就需求信息而言，它们接触到的所有信息都是用人单位针对学校的专业设置而来的，可信度最高；同时它们所接触的各部门、各单位正是毕业生就业工作所涉及的就业机构。因此，就它们所提供的就业信息，无论是质量还是数量都具有明显的优势，是毕业生获得就业信息的主要渠道。

（2）各级政府主管部门和就业指导机构

主管部门和就业指导机构的主要职责，就是制定所辖区的毕业生就业政策，交流毕业生和用人单位的供求信息，为毕业生就业提供各种咨询与服务，他们每年都要通过各种形式为毕业生提供各种真实的可靠的就业信息。

（3）亲朋好友及老师

高校的老师在每年的社会实践教学、科研协作以及校外兼职中，都与一些专业对口的单位关系密切，通过他们了解需求信息，联系社会实践、实习单位以及推荐到相关单位求职，对毕业生择业成功是很有帮助的。校友大多是在专业对口的单位工作，他们对所在单位引进人才还有一定的影响力，他们提供的就业信息往往更具有准确性，通过他们引荐往往可信度高，成功率高。再者，许多毕业生的家长或亲友在多年的工作与社会交往中，与社会各方面有着广泛联系，由于家长，亲友与毕业生的特殊关系，在帮助了解就业信息或推荐就业机会时更加积极主动，不遗余力。

（4）社会实践和毕业实习

毕业生在求职择业过程中，很大的障碍是供求双方缺乏了解。而毕业生的社会实践——实习，可以说是其了解用人单位，并让用人单位了解自己的最好途径。毕业生在参与社会实践和毕业实习、毕业设计时，应该力求做到单位的选择和就业意向相挂钩。如果你的毕业设计乃至毕业论文正是实习单位要解决的技术攻关难题，极有可能成为你择业成功的机遇。

（5）各类“双选”、招聘活动

各地方、高校或用人单位举办的规模不等、形式多样的“双选”活动或招聘会，往往具有时间集中、信息量大、针对性强、双方了解更直接等优点，是毕业生了解信息、成功择业难得的机会。特别是以学校为主体举办的“双选”、招聘活动，专业更对口，用人单位更有选才的诚意，更应该格外地予以重视。

（6）各种有关的新闻媒体

大学生就业是近年来社会关注的问题之一。毕业生可以通过各种新闻媒体如电视台、报纸、专刊等，了解有关的就业信息。

（二）自我分析

在收集信息的基础上，毕业生要联系自身实际，理智地进行自我分析。自我分析包括以下四点。

1. 自身综合素质、能力的自我测评

如，学习成绩在本学院中的名次，自己的兴趣、特长、爱好是什么，有何出众的能力。

2. 分析自己的性格、气质

一个人的性格和气质对所从事的工作有一定的影响，如果能从事与自己的性格、气质相符合的工作就易出成绩。可以用一些测试表对自己的性格、气质进行一定的分析。

3. 自己具备的优、劣势

自己在择业过程中，具有哪些优势，哪些劣势，应该如何扬长避短。

4. 问问自己究竟想做什么

即自己想在哪一方面有所发展，想成为什么样的人。换句话说，即自己的“满足感”是什么，价值标准是什么。

（三）确立目标

自我分析的结果是为了确立自己的择业目标。从大的范围来说，大学生首先需要确立的择业目标包括以下三个方面。

1. 择业的地域

首先要确立是在沿海城市就业，还是在内地就业；是留在本地，还是去外地就业。此时，既要考虑是否符合政策规定，同时还要考虑生活习惯以及今后的发展等因素。

2. 择业的行业范围

必须确定是在本专业内就业，还是跨出本专业到其他行业就业；是从事本专业范围内的技术工作、管理工作、社会工作，还是从事教学工作、科研工作等。此时应多想自己的综合素质、能力以及兴趣、特长等。

3. 择业的单位

必须确定是去大企业，还是去小公司或应聘公务员；是选择国有企业，还是选择三资企业或民营企业。在这些单位中，有哪些前来招聘，自己是否符合条件，自己最希望到哪一家企业工作。择业过程中，当然会遇到许多不可预测的变化。但是，事前给自己的择业确定一个比较明确的目标，可以使整个就业活动有的放矢，有条不紊。

（四）准备自荐材料

在确定了择业目标之后，大学生接下来即可准备自荐材料。自荐材料包括：学校推荐表、导师推荐信、个人简历、自荐信及有关的辅导证明材料。这几种材料虽然都能单独使用，但各自的侧重点不同。自荐信主要表明自己的态度，个人简历主要说明自己过去的经历，证明材料强调自己所取得的成绩，学校推荐表和导师推荐信体现学校和老师对自己的认可。缺了任何一个方面，自荐材料都不完整。

（五）参加招聘会（投寄材料）

在大学生就业活动中，招聘会或就业市场在用人单位与大学生之间架起了见面、沟通的桥梁。从某种意义上说，大学生参加招聘会或到就业市场，大多数仅完成了一项材料递交工作。为了提高效率，毕业生可以有选择地去几个招聘会或就业市场，没有必要为“广种薄收”而盲目地去“赶场子”，今天去一个招聘会，明天进一次人才市场，这样既浪费时间和精力，效果又不会太好。另外，毕业生可以将自己的自荐材料通过邮寄等方式寄给用人单位，用人单位可以依据此材料进行分析，决定是否通知你参加面试或笔试。

（六）参加笔试

不少用人单位在招聘过程中，采用笔试的方式考核应聘者的知识，能力与素质。笔试主要检验大学生运用所学知识和所掌握技能去处理实际问题的能力。当然，笔试不仅在卷面上考核你的知识和能力，同时也在考核你其他方面的素质。比如，书写是否工整，卷面是否整洁，答题是否细心等。因此，你应该珍惜并认真对待笔试。

（七）参加面试

面试是众多用人单位考核大学生综合素质的重要手段。通过面对面的沟通、交流，用人单位可以了解大学生的表达能力、思维能力、处事能力、仪容仪表，以及对一些问题的看法和其他一些不能通过笔试反映出来的综合素质。因此，大学生在面试之前要做好充分准备，适当进行形象设计。

（八）签订协议

用人单位通过自荐材料和供需见面、笔试、面试等招聘活动，选拔出自己合意的毕业生后，便向被录用的学生发放录取通知书。毕业生在接到录取通知书后，如果愿意到该单位工作，则双方签订就业协议书。就业协议书一旦签订，就不得随意更改。如果有一方提出毁约，须征得另外两方同意，并缴纳违约金。

（九）报到上班

与用人单位签订好协议，并得到学校、政府教育主管部门的审核同意后，接下来大学生要做的事便是以优异的成绩完成学业，等待发放就业报到证，做好毕业离校的各项准备工作。至此，毕业生的求职择业程序完成，毕业生可在领取报到证，办理离校手续后，按照报到证规定的时间期限和指定的地点去单位报到上班。

第二章 角色转换与职业生涯规划

第一节 角色认知与角色转换

人的一生，面临着各种不同的社会角色转换。就大学毕业生而言，由学生角色到职业角色的转换，在其一生经历中具有十分重要的意义。在向职业角色转换这个关键的时刻，大学生应当以积极、正确的态度，认知新的角色，接受新的角色，促使角色转换整个过程的顺利进行。毕业生由学生角色转换为职业角色，还要学会职业适应，并对整个人生的职业生涯做好规划。

一、角色认知

（一）学生角色

大学时期，是一个人一生中增长知识、发展智力、求学成才的关键阶段，大学生的中心任务是努力学习以专业知识为主的多方面知识，培养以专业能力为主的各种能力。可见，大学生在校期间是以学习为主，是一个以接受教育、储备知识、培养能力为目的的过程；同时，经济上主要依靠家庭。因此，将其界定为学生角色，即一个人以学生的身份在社会教育环境的保证和家庭经济的资助下学习知识，培养能力，全面提高自身素质，努力使自己成长为社会的合格人才。

（二）职业角色

职业角色的个性表现非常具体，但是千差万别的职业角色却有其共性；职业角色扮演者具有自己的社会职位和一定职权；相应的职业规范；一定的基础知识和业务能力；履行一定的义务；经济独立。因此，可以这样定义职业角色，在某一职位上，以特定的身份，依靠自身知识和能力并按照一定的规范具体地开展工作，在行使职权、履行义务为社会做出贡献的同时取得相应的报酬。

综上所述，学生角色与职业角色的不同在于：一个是受教育，掌握本领，接受经济供给和资助，从而逐步完善自己；一个是用自己掌握的本领，通过具体的工作为社会付出，以自己的行为承担责任，并取得相应的报酬。

二、学生角色向职业角色的转换

根据社会心理学的角色理论，大学毕业生从学生角色到职业角色的转换，必然伴随着角色冲突、角色学习和角色适应等一系列过程。在这个过程中，只有尽早做好准备，形成职业角色观念，提升职业角色技能，增强职业角色能力，才能使自己的职业生涯有一个良好开端。因此，充分把握好毕业前后的两个阶段至关重要。

（一）毕业前夕的角色转换

在正常情况下，我国大学毕业生在每年 7 月初离校，奔赴工作岗位，但是求职工作一般从前一年的 11 月就开始了，前后共有半年多的时间。可以说，这一时期是毕业生转换角色的重要阶段，主要表现在以下两个方面。

1.“双向选择”的过程即是角色定位的过程

毕业前夕，毕业生通过与用人单位“双向选择”的过程，能够比较全面地了解到用人单位的基本情况，切身体会到社会对自己的认可程度，并依据自身感受调整职业期望值，实事求是地定位自己的职业，进而通过签订就业协议书来确定自己的职业角色。

这是从学生角色向职业角色转换的第一步，为大学生的职业角色确定了一个基调，对角色的转换有重要的作用。

2. 提前奠定良好的心理基础和知识技能基础

一般来说，在校学习期间的学习环境、学习条件、时间和精力对于知识的学习和技能的训练都是最为理想的，而从就业协议书签订到毕业离校这段时间，是针对性地学习知识、培养能力进而转换角色的最佳时期。这段时间内，除了按照学校正常教学计划完成课程的学习、实习实践和毕业论文外，还应该进行如下学习和训练。

（1）学习与未来工作岗位有密切联系的专业知识和专业技能

大学的课程设置总体上偏重于基础知识的学习和基本技能的培养，而学习和训练特定岗位上所需要的专业知识和技能，可以加深对未来职业岗位的认同，培养职业兴趣。

（2）进行非智力技能的训练

大学毕业生智力上的相差并不太大，而非智力方面的技能却是影响毕业生就业和创业的重要因素。毕业生要敢于表现自己，克服在公众面前"害羞"和"胆怯"等心理方面的不良表现，这是给人留下良好印象的前提和关键。毕业生还要善于表现自己，同步提高书面表达能力和口头表达能力，在与人交往的过程中要诚恳而不谦卑，自尊而不倨傲，不急不躁，以富含感染力的幽默语言来展示自己的意图和信誉。

（3）进行必要的心理准备特别是"受挫准备"

大学毕业生都很有才华，但并非都能在自己的工作岗位上一帆风顺。过硬的职业技能对职业成功固然重要，充分的心理准备更是不可缺少的，特别是要有"受挫"的心理准备。如果心理准备不足，就会产生过激情绪，导致能力低下，在愤世嫉俗的言行中使自己的才华泯灭。因此，在校期间要调整心态，充分做好心理准备。在事业顺利的时候不沾沾自喜，以平常心对待工作上的平淡和不被重用，在屡试屡挫的境地中屡挫屡试、不懈追求，在似乎一文不名的地位上奋发向上、一鸣惊人，这是事业成功者的必备素质。

（二）实习期内的角色转换

大学生参加工作后的一年或半年为实习期，之后转为正式人员，有人形象地称之为"磨合期"初到工作岗位，生活和学习环境与大学相比，都有很大的区别。从大学学习环境到职业环境的变化，往往会加剧角色冲突，为此，大学毕业生应该加强实习期内的角色学习，使角色转换顺利实现。

一般来说，大学生要在较短的时间内获得同事的认可和领导的肯定，应当从以下三个方面提高和锻炼自己。

1. 要善于展现自己的知识

大学毕业生因为具有新知识而受到同事的青睐和尊敬，但为此也使一些人与同事之间产生一定的距离。因此，大学生在同事面前一定要表现得谦虚、随和，在尊重同事丰富经验的同时，适时适度地展现自己的知识。例如，可以利用工作机会，特别是当同事在工作中遇到麻烦时，以谦虚诚恳的态度从理论上提出自己的见解，共同商讨，共同解决问题。也可以利用业余娱乐机会，发挥自己的知识优势，在交流中让同事了解你的为人和性格，表明自己的世界观、人生观和价值观，缩短与同事间的距离，成为大家的朋友。要切忌以文凭自居自傲，那样只能使得同事对你产生反感，使得自己越来越脱离群众，变得孤立无助。

2. 要树立工作责任意识

大学生对未来都有美好的愿望，都想大干一场，建功立业，但是多数人在走上工作岗位之初，一般不会被委以重任，而是先从最简单的辅助性工作做起，这也符合人才成长的基本规律。有不少人凭着对工作的新鲜感和学识上的优越感，认为自己被大材小用了，对一些工作不愿意干，甚至开始闹情绪，这是缺乏责任意识的表现。当然，干任何一项工作，都要有足够的热情，但更要有丰富的经验和随机应变的能力，这种经验和能力的获得并非一朝一夕之功，它需要在平时的工作中来积累和训练。因此，不管工作的大小，分工的高低，大学生都要以满腔的热情、高度的事业心和责任感认真对待，圆满完成。

3. 要培养实事求是的工作作风

大学毕业生具有较强的自尊心和独立意识，在工作上总想独当一面，取得成就，尽管很多人对待工作的态度是认真谨慎的，但在很多时候，工作中还是难免出现失误。工作失误并不可怕，可怕的是不能正确地认识失误，不能实事求是地去承认失误。工作中一旦出现了失误，要敢于向领导和同事承认，开展批评和自我批评，并勇于承担责任，以获得领导和同事的理解，并虚心学习、请教，认真分析原因，总结经验教训，避免类似失误再次发生。

另外，大学毕业生要重视岗前培训这样的重要环节，这对于刚刚走上工作岗位大学生的角色转换是非常重要和必要的。岗前培训是让新员工了解单位的基本情况，熟悉规章制度和工作程序，更重要的是可以帮助新员工树立集体主义观念，培养人际协调能力和奉献精神。从某种意义上讲，岗前培训的效果可以直接反映出新员工的素质高低，因此单位都非常重视，并依此择优录用，分配岗位，因此，毕业生一定要以认真的态度把握好这样一次充实自己、表现自己和提升自己的良机。

三、积极促进角色转换

积极促进角色转换，就是主动地分析问题、寻求方法，并通过实践不断地总结、探索，以积极的心态与行动来获得领导与同事的认可，顺利并迅速地完成职业角色的转换。

所谓“冰冻三尺，非一日之寒”，学生角色向职业角色的转换，往往是一个艰苦而漫长的过程，对此，毕业生应有充分的思想准备，在行动中需要以积极的态度，坚持不懈地努力来实现职业角色的转换和适应。

（一）摆正心态

步入工作岗位，心态是很重要的，只有摆正心态，才能消除陌生感，充分发挥自己的聪明才智。摆正心态，一是要摆正自己的位置；二是要充满信心。

摆正位置，就是要正确地认识自我和评价自我，既不能目空一切，骄傲自大，眼高手低，又不能自惭形秽，畏缩不前。刚毕业的大学生应该把自己当作社会大学的小学生，树立终身学习的理念，把实践的过程看成是不断充实完善自己、增长才干的过程。

充满信心，就是要相信自己的能力与毅力，树立战胜困难的信念。当遇到困难或挫折时，要冷静地对待问题，分析原因，寻求方法，从而战胜困难。

（二）善于观察，勤于思考

要进入职业角色，还要开动脑筋，善于观察，勤于思考。只有善于观察，才能发现问题，并运用自己所学得的知识努力实践加以解决问题，从而获得大量的第一手资料，进而掌握职业对象的内部规律。同时，只有勤于思考，才会在工作中有自己的见解，逐步具备独立开展工作的能力，更好地承担角色责任。

（三）大不惧大，小不厌小

步入工作岗位，需要完成的工作，总是有大有小，既有很重要的大事，也有微不足道，甚至鸡毛蒜皮的小事。

对于重要的工作，不要心存畏惧，而应拿出应有的勇气和工作热情去完成，应该知道，任何人都不会强求一个新手在工作的初始阶段就会有非常出色的表现。如果表现得好，就会脱颖而出，即便表现不好，也不必负担太重，因为你还有机会，只要正确调整，从失败中吸取教训，你就会离成功更近。

对于小事，同样应该重视，不能按照自己的兴趣与意愿去挑剔或选择，而应该遵照领导的要求去做。强迫自己去做自己所不喜欢的或不感兴趣的事情，并做得很好，才是一个人走向成熟的标志，也体现了一个职业人严谨的工作作风。当认真努力地将别人不愿做的琐碎小事做得很好的时候，领导的赏识与发展的机会也会随之悄悄降临。

（四）学会沟通与尊重

在工作中要学会尊重他人，尊重你的同事，也包括一些地位相对较低的人。别忘了见面打个招呼，离开道声再见。尤其要尊重你的上级，多请示、多请教，学会沟通与汇报，及时反馈你工作的进展情况。

（五）做好第一件事

步入工作岗位，总是从第一件事做起，要想快速地适应工作环境，那么，就必须以积极的态度把交给你的第一件事做好。领导往往会从你所做的第一件事来判断你各方面的能力，包括工作态度与品质，并且会以这种判断作为以后任用你的依据。所以，做好领导交办的第一件事，对于领悟职业角色的内涵，顺利适应工作岗位是至关重要的。

要想做好第一件事，首先要仔细聆听领导指示，并领会其意图，没有听清听懂一定要虚心请教，直到弄清为止。其次，要了解工作对象的情况和特点，多设计几种方案，虚心学习，多求助于他人，这一点尤为重要。最后，一定要以百分之百的热情来做好第一件事，把握机会，才能创造更多的机会。积极地做好第一件事，是完成角色转换的第一步，也是至关重要的第一步，并为职业适应打下坚实的基础。

第二节 职业适应

获取职业是大学生走向社会、全面独立、进一步成熟的唯一道路，而能否适应职业决定了这条道路能走得多稳、多远，进而也决定了大学生未来职业发展的方向和高度，对于其一生来说都显得尤为重要。

一、职业适应的概念

职业适应也称工作适应，是指个体在职业认知和职业实践的基础上，不断调整和改善自己的观念、态度、习惯、行为和智能结构等，以适应职业实践的发展和变化，包括个体对工作环境，工作任务、工作活动的适应，以及对自身行为和新的工作需要的适应。具体地说，就是人在工作生活环境中根据职业工作的性质和要求，对自身的身心系统进行评价，对职业行为进行自我调适，并努力达到自我与经验相互一致的心理过程。职业适应包括人对工作环境和职业行为规范的同化与顺应，对职业工作价值和职业生活意义的评价，以及对自身工作能力、工作状态和工作压力的体验与认知。职业适应不是简单的在工作情境中的反应，而是个人心理发展水平的综合表现。

二、职业适应的影响因素

（一）职业期望

目前，大学毕业生的职业理想在很大程度上受到利益取向的影响，这种趋势是和当下市场经济条件有关，是我国由计划经济向社会主义市场经济转轨的反映，是社会进步的表现。大多数的大学生经过了十几年的寒窗苦读，急欲显露自己的才华，以期待能更好地回报家人和社会，因而他们对未来职业有很高的期望。

（二）职业心态

很多大学生在职业生活中已摒弃了“铁饭碗”的观念，转向对实现自身价值的追求，希望专业对口，在事业上有所作为。大学生在就业时既追求精神上的满足感和事业上的成就感，又希望在物质上有足够的保障，这是职业心态务实化的表现。

（三）职业待遇

随着社会的进步，大学生比较看重经济待遇，关注生存条件，这成为相当一部分大学生职业适应的关键因素。

对于很多大学生而言，他们刚毕业，在物质上几乎一无所有，一旦进入社会就面临着一个生存的问题，生存问题解决之后，才谈得上发展。现在社会是开放的社会，流动的社会，大学生对进入社会后的流动的考虑必不可少，而较高的经济水平即是职业流动间接的物质保障，又是向高一层职业流动的筹码。

（四）人际关系

美国成功学专家卡耐基曾说，人的成功 85% 取决于人际关系。这或许过高评价了人际关系的作用，但在强调团队精神的今天，和谐的人际环境对职业适应的作用举足轻重。有些大学毕业生虽然能力很强，但因为与领导、与同事相处不好而陷入困境，影响了职业适应的顺利进行。

（五）性格

性格外向，相对容易与人相处，工作适应也更快一些。性格好的人，在受到挫折时能积极调整好心态，能很快从逆境中奋起，再创辉煌。

（六）就业准备程度

就业准备越充分，职业定位越准确，在同等条件下，找到的工作相对也越好，符合自身的期望，在步入工作岗位之后，也就适应得越快。

除此之外，大学期间从事的社会实践活动、兴趣爱好、工作单位领导的作风、工作效率等职业要素，也影响着大学毕业生的职业适应。

三、职业适应的内容和方法

一般来说，职业适应包括以下两方面。

一是适应新的工作，主要和“物”打交道；二是适应新的人际关系，主要是同“人”打交道。而对于大学生而言，在做好岗位工作的同时，还要兼顾和规划自身职业的发展，因此，促进和适应自身的职业发展也是职业适应的重要方面。

（一）对工作岗位的适应

1. 做好充分就业准备，以达到入职匹配

在就业之前，对自己的心理品质、个性特点有所明确，对社会提供的职业特性、职业信息有所掌握，经过必要的咨询指导，并且有恰当的机遇，所找到的工作符合自身职业期望，便称得上是最称心的了。这就容易使个体抱有积极的态度和良好的心态走上工作岗位，而由于对该职业的情况原本就有所知晓，因此在从事该工作时也就更容易适应了。

2. 保持积极的工作心态

对乏味单调的工作能安心适应，获得满足，秘密之一是保持积极的心态，即把那些烦琐的例行事务，看作是通往目标进程中的一些“踏脚石”。国外许多专家信奉良好、积极的心态，认为在同样的环境中，与消极心态相比，积极心态能产生特殊的效果。他们认为，常常真心真意地对自己说：“我觉得健康，我觉得快乐，我觉得好得不得了！”这类的激发词，也会增进人的适应性和满意度——这是信念的魔力。

3. 要积极树立岗位意识

作为职场新人，大学毕业生要想较为全面地认识和把握工作岗位，就必须首先树立岗位意识。

（1）独立意识

尽管大学毕业生对社会不够了解、缺乏工作经验，存在一定的依赖性，但他们在工作后依然需要承担一定的社会责任，做一个独立的社会人。因此，需要在工作中有意识地培养自身的独立意识，学会自己分析和解决问题。

（2）责任意识

在步入工作岗位后，多数大学毕业生都要参与实践活动，部门与单位承担相应的社会责任和义务。大学毕业生只有具有强烈的责任感，才能获得用人单位的认同和信任。责任意识主要表现在以下两个方面：

一是对所选择的工作有着强烈的责任心，自觉地遵守工作纪律，任劳任怨，善始善终；二是对自己的行为和决策负责，在工作前认真考虑，在工作中勇于承担责任。

（3）团队意识

在当今社会，任何一个生产过程的组织和管理，都需要团体相互配合、相互协作才能够顺利完成。因此，刚刚步入工作岗位的大学毕业生也需要树立团队意识，与同事进行密切配合和协作。

（4）主人翁意识

大学毕业生要以所在部门和单位的兴衰为荣辱，树立起主人翁意识，自动自发地做好本职工作。

4. 熟悉岗位的工作内容

第一，熟悉该行业的规范，包括技术规范、纪律规范、道德规范，迅速掌握工作技能，提高工作效率，积极参加职业培训，虚心求教于师傅同事，端正工作态度。这样，有利于自己尽快投入新的工作，也容易得到他人的帮助和认同。

第二，明确自己所在岗位的工作所需要的基本技能、责任和义务、处理事务的工作权限以及工作的执行程序，并依据程序办事。

第三，以饱满的热情、认真的态度和最大的努力完成自己所在岗位规定的任务以及领导交办的其他事情，及时将事务的办理和进展情况或是结果汇报至有关部门或人员。

第四，要对有助于改进本部门工作效率的问题以及单位的生存和发展问题提出自己的合理化建议。

5. 适应岗位的工作要求

大学毕业生实现职业适应，最重要的途径就是对岗位的工作要求进行适应。

（1）建立工作上的自信心

一个人如果相信自己的能力，认为自己是优秀的，就会使周围的人能够感觉到自己价值的存在，还能更好地在工作中发挥自己的优势。因此，刚刚进入工作岗位的大学毕业生建立工作上的自信心具有非常重要的意义。

（2）严格遵守所在岗位的规章制度

作为一个职场新手，大学毕业生必须严格遵守并适应新的作息制度，自觉用工作单位的规章制度来约束和规范日常行动，养成良好的习惯。

（3）提高自身素质

培养广泛的兴趣，能使人摆脱狭隘的职业观念，拓宽职业视野，在人们面临职业或专业转向时，有更大的选择余地，并以此作为必要的心理动力，从情感上给予肯定和支持，有利于人的职业适应。

一定的文化知识、职业知识或专业知识，是一切职业活动的必要基础，是人们能按照客观规律从事职业活动的必要保证。具有广博的知识可以使人们在不同职业中有更多的迁移可能，具有更大的变通性，也可增强人们的职业适应能力。

6. 用工作成就强化职业适应

工作成就与职业适应间是互为条件、相辅相成的关系。真正掌握广泛深厚的职业技术，具有一定广度和深度的基础知识，并在此基础上结合需要，能够较为迅速、及时地掌握从事某种工作所必需的知识，人们就能够做好工作，达成职业目标，取得一定的成就，获得工作满足感。享受成功的快乐，也为职业适应性的提高和增强提供了正能最，而随着职业成就水平的提高，其职业水平也会不断地提高。

首先，人在工作中都有做好本职、有所成就的需要，这种需要的满足会激励人去积极地参加职业活动，会激励人们勇于克服困难并排除干扰，从而提高适应能力。

其次，人的工作成就是职业适应性的外部标志。人在职业中，良好的适应会排除掉许多不必要的内损外耗，更易取得工作中的较高绩效。

另外，在取得了一定的工作成就后，人们会认识到自身的进步，会从来自社会和外部群体的反馈信息中得到赞许，从而正向促进职业适应的完成度和完美度。

（二）对职场人际关系的适应

人际关系是人与人之间心理上的关系和距离，是以一定的群体为背景，在相互交往的基础上，通过认识调节、感情体验、行为交互等手段形成的，是人们长期交往的结果。人际关系是社会关系的一部分，在交往的过程中，需要得到满足时，则产生友好、亲近的关系，得不到满足时，就会产生疏远、厌恶的关系。

职场中的人际关系比较复杂，对于刚刚走上工作岗位的大学毕业生而言，适应新的人际关系，进而建立和谐的职场人际关系是必须要学会的一项基本技能。

1. 建立和谐职场人际关系的重要意义

对于刚刚步入职场的大学毕业生而言，建立和谐的职场人际关系是积极适应社会、提高合作意识和团结精神，进而为自己创设良好的外部工作环境的需要。建立和谐的职场人际关系，有助于大学毕业生尽快消除陌生感，适应人际环境，从而顺利度过试用期。

有助于大学毕业生和其他同事坦诚相待，并全心全意地投入工作；有助于大学毕业生工作愉快，心理健康，提高工作效率。可见，积极建立和谐的职场人际关系，是大学毕业生顺利地完成职业适应，充分发挥个人才华，进一步促进职业生涯发展的重要基础。

2. 建立和谐职场人际关系的内容及方法

建立和谐的职场人际关系，需要大学毕业生主动地去适应环境，遵循主动原则、协作原则、尊重原则、谦虚原则、宽容原则、自我批评原则，端正工作态度，积极主动地做好本职工作，提升自身职业素质，加强个人职业道德修养，并正确地处理与同事、领导之间的关系。

（1）端正工作态度，做好本职工作

大学毕业生进入工作岗位后，给人留下印象最深的就是工作态度，即是否热爱本职工作、是否认真工作等。工作态度决定着人生态度，要爱岗敬业，做好自己的本职工作。同时，要不断钻研与本职工作相关的业务知识，提高自己的业务能力，以便更快地适应工作环境，做出工作成绩，这是大学毕业生建立和谐的职场人际关系的基本前提。另外，也要注意在自己的工作岗位上保持扎实谦虚的工作作风，从基层做起。

（2）提升职业素质，加强职业道德修养

在做好本职工作的前提下，大学毕业生还需不断学习，勇于实践，做到活学活用，努力提高自身职业素质。与此同时，要将岗位的职业道德规范与原则内化为自己的坚定信念和内心的要求，逐步养成良好的职业行为习惯，加强自己的职业道德修养。

（3）正确处理与同事之间的关系

同事是与自己一起工作的人，与同事相处得如何，直接关系到自己的工作、事业的进步和发展。如果同事之间关系融洽、和谐，人们就会感到心情愉悦，有利于工作的顺利进行，从而促进事业的发展；反之，同事关系紧张，相互拆台，经常发生摩擦，就会影响正常的工作和生活，阻碍事业的发展。正确处理与同事之间的关系，应注意以下几点。

①真诚待人

同事之间应该是相互合作的关系，而不是相互竞争的“敌人”。很多人会把同事当作阻挡自己前途的人，先入为主地开始尔虞我诈，甚至敷衍欺骗，如此将难以在办公室立足，更难以发展。只有互惠互利的关系才可能长久，这是你融入集体也是集体接纳你的一个基本前提。

②相互尊重

相互尊重是处理好任何一种人际关系的基础，同事关系也不例外。同事关系不同于亲友关系以亲情为纽带，亲友之间一时的失礼，可以用亲情来弥补，而同事之间的关系是以工作为纽带的，一旦失礼，创伤难以愈合。所以，处理好同事之间的关系，最重要的是尊重对方。

③保持距离

“距离产生美”，处理好同事关系也需要保持一定的距离。大家来自五湖四海，为了一个共同的目标走到一起来了，心往一处想，劲儿往一处使，团结互助当然是好的，但是切记同事之间拒绝过于亲密。同事就是同事，不能对同事有过高的期望值，否则容易惹麻烦，容易被误解，适当的距离能让你跟他看起来最好的。当然，不少公司都在实施人性化管理，尽力打造家一样和谐亲密的工作氛围，上司可以和下属谈心，同事之间也能亲如姐妹兄弟，但身处职场，竞争不可避免，彼此留点空间，不至于出现问题后不可收拾。

④善解人意

你有自己的善恶，对很多事物的看法和观念都带有自己强烈的感情色彩，但是要记住切勿将此带入办公室当中，你的新同事可能有和你喜恶一致的，但也有可能与你观念完全不同的。对于和你看法不一致的，你可以保持沉默，不要妄加评论，更不能以此为界，划分同类和异己。为了工作，最好能多点“兼容”和包容，理解和体谅他人，会赢得同事们对你的尊重与支持。

⑤关心同事

人们有困难，通常首先会选择亲朋帮助，但作为同事，应学会主动问讯和关心。对力所能及的事应尽力帮忙，可以增进双方之间的感情，使关系更加融洽。

⑥低调做人

野心可以有但不可露。在办公室大谈人生理想显然滑稽，在工作岗位上就安心工作，雄心壮志同去和家人、朋友说。在公司里，要是你没事整天念叨“我要当老板，自己置办产业”，很容易被老板当成敌人，或被同事看作异己。

如果你说“在公司我的水平至少可以当副总”或者“35 岁前我必须干到部门经理”此类的话，很容易把自己放在同事的对立面上，因为野心人人都有，但是职位有限。你公开自己的“进取心”，就等于公开向公司里的同僚挑战，僧多粥少，树大招风，何苦被人处处提防，被同事或上司看成威胁。做人要低调一点儿，是自我保护的好方法。在该表现时表现，不该表现时就韬光养晦，将你的价值体现在做多少事上，而不是大放厥词。

⑦积极参加集体活动

在闲暇之时，可以与同事一起参加娱乐活动，借此增进彼此间的了解与亲密。这不仅能让你获得更多的快乐，稀释内心的压力，更有助于促成和谐的人际关系。

（4）正确处理与领导之间的关系

进入工作岗位后，还要学会与领导相处。从某种意义上说，与领导相处的好坏直接影响着自己的工作环境、奖励和晋升的机会。因此，处理好与领导之间的关系无疑是至关重要的，应注意以下几点。

①虚心请教

老板找你谈话时，恭恭敬敬地掏出笔记本和钢笔，真心诚意地请他指出你应该如何努力，向他取经，这样做会引起他的好感，使他认为你是一个对他真心钦佩、虚心学习、很有发展前途的人，切忌不懂装懂和大吹大擂。

②拥护尊重

永远不要忘记老板的时间比你的更宝贵，当他交给你任务时，不管你正在忙什么，都应把老板交代的工作放在第一位。

有些上司能力平平、成绩寥寥，没有引以为豪的地方，但不要认为这样的上司就是不中用的人，他一定有某种优点，所以他的上司才会提拔他。总之，不论他是否值得你敬佩，你都必须尊重他、拥护他，在这种类型的上司心里，也会强烈地希望得到部下的拥护。

③要有主见

凡事都向老板请示，不负责任或害怕负责任的人，通常都缺乏创造力，所以他们对于企业的发展没有什么好处，更不可能为老板分担工作，甚至去做一些富有建设性和创造性的事情。而那些在工作中有主见，勇于开拓创新的人，才是有创造潜能的人，他们给老板们带来的收益是高附加值的。

④任劳任怨

将“那不是我分内的工作”这句话从你的字典中删掉。当老板要你接手一份额外的工作时，请把它视为一种赞赏，这可能仅仅是一个小小的考验，看看你是否能承担更多的责任。那些不愿做额外工作的雇员，事业将会停滞不前或被那些任劳任怨、热情而勤奋的同事所淘汰。千万不要对你的老板说“不，我没时间”，那听起来就像你不愿服从他，你应用“我真的很想做这项工作，但是你想让我先完成哪一项工作呢？”来回答。

⑤乐观开朗

没有人喜欢满腹牢骚的人，人们更愿意同乐观开朗、生活态度积极的人交往。在你最沮丧的日子里，也要向老板和同事显示你最快乐的一面。

（三）对自身职业发展的适应

虽然大学毕业生在学校学到的知识和技能，能够使其具备获得职业的基础条件，但进入工作岗位的大学毕业生，还需要依据自己所从事的职业的性质、特点及工作程序等，不断学习新知识，开阔自己的视野。只有这样，才可能获得更大的职业发展空间，适应和促进自身的职业发展。为此，大学毕业生需要做到以下几个方面。

1. 学会科学有效地进行工作

每一份工作的内容都是十分复杂的，大学毕业生要想有条不紊、科学有效地进行工作，首先要制订自己分步发展的工作计划，使工作有计划性。

其次，要紧张有序地开展工作，使工作有组织性。

最后，要掌握一定的工作技巧，缩短工作时间，提高工作效率。

（1）工作要有计划性

在工作安排上，要按照轻重缓急做周密细致的安排，制订自己的长远计划及短期计划，切忌胸中无数。

（2）工作要有组织

要合理地安排好自己的工作时间及进度，使其紧张而有序，繁多而不琐碎，张弛有度。

（3）工作要有技巧性

要通过不断地探索和总结，深入了解工作的特点和规律，并在把握规律的基础上采用一定的方法和技巧，达到事半功倍的效果，切忌蛮干。

2. 保持高度的工作热情，并在工作顺境时避免不良情绪

大学毕业生取得事业成功的基础是全身心投入工作中并保持高度的工作热情，而要做到这一点，需要有信念的支持、情感的投入以及一定的艺术技巧，同时还要做到勤于思考。

另外，大学毕业生在工作进展顺利时，也要认真审视自己仍存在的不足，并以积极的态度去进行改造、提高，切忌沾沾自喜、自以为是、不思进取。

3. 要树立终身学习的理念

学习是伴随整个职业生涯的重要任务，大学毕业生要想在职场中立足，就必须树立终身学习的理念，不断地在工作中接受教育，进行学习，吸收新知识，掌握新技术。

4. 对自己的职业要乐于奉献

对于大学毕业生来说，在实现自身价值的同时，还应具有奉献精神，

这有利于所在单位对自身的肯定和赞赏，更有利于促进职业适应，尤其是对于刚步入职场的新人而言，有重要的意义。要做到这一点，既要有情感的投入，也要有信念的强力支持，还得有技巧等方面的支撑。

在思想观念上，要视自己的职业为人生的支柱；

改变职业心态和心境，干一行，爱一行，专一行，把压力变为自己在工作中不断进取的动力；

培养热爱本职工作的高度热情；

深入挖掘工作中的问题。学习用辩证的观点观察问题、分析问题、解决问题，并把问题的解决当作一种艺术享受，当作一种乐趣；

在工作中学会扬长避短，不能因为工作中出现困难而止步不前。

5. 培养良好的职业品质和职业习惯

（1）职业品质直接影响人们的工作态度、工作热情和行为方式

职业人要想在事业上取得成功，就必须树立正确的职业理想、职业价值观和人生观；要具有忠于职守、献身事业的乐业和敬业精神；坚持实事求是、严肃认真的劳动态度和刻苦钻研、精益求精的工作作风；严守在职业活动中团结协作和全心全意为人民服务的精神。在职业活动中，无私、正直、勤奋、诚实、守信、坚定、勇敢等优秀职业品质，是人们在工作上做出成绩的必要条件。

（2）良好的职业品质是处理好各种人际关系所不可缺少的

比如，一个对人热情友好、乐于助人的人能得到同事的好感；一个具有强烈事业心和责任感的人能得到领导的赏识；一个谦虚好学、踏实肯干的人能得到师傅的赞扬。反之，很难想象，一个不讲奉献、自私自利、贪图安逸的人，如何能得到领导、同事的青睐。

（3）职业习惯是影响成功的要素之一，利用职业习惯来增加工作效率

良好的职业习惯包括如下：

准时——不浪费光阴；

恒心——工作始终如一；

果断——不坐失良机；

主动——不怠慢懒惰；

高效——快捷而有力；

勤奋——不断加强学习。

6. 充分挖掘个人的潜能和创造力

（1）潜能即是一种潜在的能力

能力是人适应生活和创造生活的一种手段，是知识的一种转化物，是人们创造财富的源泉。生理学和人类学表明，每个人都有一部分自己并未意识到的潜力，能做一些自己都意想不到的事情。在工作中，应利用自己所学的专业知识和掌握的专业技能，充分挖掘自己的潜能，发挥自己的创造力。只有这样，才能创造性地开展工作，开创工作的新局面，从而实现自己的人生价值。

（2）创造力就是开拓创新的能力

创造力是一种综合能力，它是各种智力因素和能力品质在新的层面上融为一体而形成的一种合力。人在职场上面对新资源的开发、新技术的发明与应用、生产工具的革新、生产组织的改革和管理水平的提高，这些都要求我们不仅具备更高的科学技术知识和操作技能，而且要打破旧的观念，解放思想，开拓思路，树立时间观念、效率观念和合作观念，适时地调整自己与外界的关系，不断地提高自己的职业素质，创造性地工作，以适应不断发展的职业需求。社会的进步需要创新，市场需要能解决问题的人才，有创造力的人将是未来职场上的热门。

第三节 职业流动

一、职业流动的含义

职业流动是劳动者在不同的职业群体之间的流动，是职业角色的变换过程，其结果是对劳动者的职业生涯发生影响。区域（或单位）流动是劳动者在不同地区（或单位）之间的流动，其结果是对不同地区（或单位）劳动者的人数比例发生影响。职业流动往往伴随着劳动者在区域间的流动，区域流动也往往伴随着职业流动。但职业流动并不一定引起区域流动，区域流动也不一定与职业流动相连。

职务变动主要指行政职位层级的变动，职务变动可能带来职业流动，也可能不引起职业流动。职务变动是否带来一次职业流动，主要看其工作性质和工作内容是否发生了质的变化。如果一个营业员被任命为某一个柜台的班组长，因工作性质和内容没有发生变化，就不是职业流动；如果他被任命为部门经理就可以说是一次职务流动，因为从营业员的角色变为管理和经营者的角色。

从人们对职业流动的一般性概念来说，往往把区域流动和职务变动与职业流动等同起来，因而弄清它们之间的区别与联系，有助于人们正确认识职业流动的性质，把握职业流动的行为。

二、职业流动的意义

（一）职业流动对社会的意义

1. 职业流动是社会发展的需要

随着科技的进步，社会生产力的逐步提高，新的服务领域不断产生，新的产业部门不断出现。与此同时，过去曾经兴旺的一些行业现在却不断萎缩，甚至一些旧有的服务领域也在逐渐消亡，这就需要大批劳动者不断从一个部门转移到另一个部门。党的十一届三中全会以来，经过四十多年的改革开放历程，我国已经实现了全面而深刻的经济体制改革，农村和城市经济结构发生了很大变化，客观上要求人才在地区、单位和部门分布上的变化。可见职业流动是社会生产发展的客观要求。

人力资源是蕴藏在人类机体中的知识和技能在形成与作用的过程中能力资本化的结果。人力资源作为生产要素，就存在一个配置问题，也就是配置的效益问题，这就需要根据市场、生产情况等因素，在供求总量、空间分布、结构层次等方面进行调配，实现优化，才能发挥人才的作用，提高人才的使用率，实现人力资本效益最大化。

人才从传统产业和部门流向新兴的产业和部门，促进了新的服务领域的开发，促进了社会分工的进一步发展，推动了社会生产力的发展。

2. 职业流动是企业发展的需要

企业是促进社会发展的重要因素，企业的发展对社会的稳定和发展具有重大的意义。

从企业来讲，员工既为企业创造价值，也需要企业付出成本。如果人才过剩，企业就要付出不必要的成本，背上沉重的包袱；如果人力资源短缺，企业的生产经营任务就无法完成。因此无论是人才的过剩，还是人才的短缺，都对企业的发展有相当大的影响。只有通过职业流动使有用的人才流入，使不需要的人离开才能保证企业的兴旺发达。

人才岗位固定化是企业内部人才使用效率低的重要原因。一岗定终身使一些人才不能发挥自己的兴趣、特长，工作积极性不高，工作效率大打折扣。所以，在企业内部人才也需要流动。

3. 职业流动是人才自身发展的需要

人是构成社会的基本元素，个人的发展也是社会发展的重要动力，人才自身的发展，带动了社会的发展。人才自身发展包括两个含义。

一方面，是指人才知识技能的不断提高。不同国家、地区、部门的人才相互交流，有助于大家取长补短，相互启迪，从而产生新思想、新认识。另一方面，通过职业流动可以使人才发挥更大价值。每个人未必能从一开始就知道自己适合干哪类工作，通过职业流动，可以逐渐找到适合自己的岗位。

人的价值除了需要通过自身的努力来实现，也需要社会的发现和利用。除了依靠伯乐，人才自身还需要通过多种途径来展现自我，职业流动为其展现自我提供了可能。当外界环境不佳时，人才表现自己的能力是有限的，通过流动寻找适合自己的舞台不失为一个好办法，俗话说的“树挪死，人挪活”讲的就是这个道理。

（二）职业流动对企业的重要意义

企业人才的成长之路不可或缺地要经历引进—培育—成长—成熟（发展）的过程，并通过这样的过程，加速人才和企业的共同发展。当企业或人才一方的标准与另一方发生较大的冲突时，人才的合理流动，就成为企业发展的一种必然。否则，就会造成人力资源的不足或浪费，影响企业持续、稳定、健康的发展。

1. 合理的人才流动，可以促进企业人力资源的优化组合

由于“人才标准”与其“薪资标准”产生联动关系，使得人与现代企业之间的关系成了一种纯粹的经济关系。在一定时期内，通过这种经济关系，维持着企业和人才双方各自的利益即双方的需求关系。当这种需求关系达到平衡时，就形成了企业人力资源的优化组合，反之，就会出现人才的流动（包括企业内部流动和外部流动）。一般情况下，企业会通过“加薪、晋级”方式，给所需要的人才提供新的发展机遇，但作为企业来讲，还有一个承受力

的问题，当企业的承受力不能满足内部人才所要求的加薪、晋级的要求时，就会忍痛割爱地把这样的人才推向市场，然后重新选拔和配置适应该职位的人选，以确保企业人力资源始终达到最佳的组合。

2. 合理的人才流动，可以对员工产生激励作用

保持一定的内部职业流动性，使岗位必须通过竞争获得，并且要不断进取、努力奋斗才不至于遭到淘汰。在这种压力下人员的能力提高很快，潜力得以挖掘，企业内部易形成进取、创新、向上的良好风气。同时，我们鼓励员工在工作中找到最符合自己的兴趣、最合适的岗位，最大限度地用好人力资源这种资产。可以说，这种内部职业流动是自我选择、自我完善机制的直接和良好体现。

3. 合理的人才流动，是企业发展不可逾越的客观规律

由于企业与人才相互之间始终面临着“适应”与“不适应”的问题，就必然会产生人才的流动。

如果企业不适应的人才长期滞留在某一职位上，而不进行合理的流动（包括在内部提供二次竞争机会或将人员推向市场），不仅不能促进人才的成长，甚至还会对企业的发展产生阻碍。所以，提倡和推动人才的合理流动，是企业发展过程中必须遵循的客观规律。

4. 合理的人才流动，关键在于“合理”；否则，就是“流失”

如果说，人才的流动是正常的、合理的，是企业生存与发展所必须的，那么，人才的流失，就是非正常的、不合理的，是企业生存与发展应该尽量避免的。如果企业的机制不能留住人才，不能最大限度地激活“人”的聪明才智，就会造成企业资源的浪费，就极有可能导致人才的流失，会对企业的发展前景产生不利的影响。

三、职业流动的特点及形式

（一）职业流动的特点

1. 与人力资本投入成反比

受教育和训练的时间长、人力资本投入大的劳动者，一般从业于职业地位高、声望高、收入高的职业，流动的数量少、频率低；而以体力劳动为主的劳动者，因为投入低、适应工作能力低，所以流动的数量多、频率高。

2. 与年龄成反比

年轻群体大学业流动的数量和频率远远超过中年和老年，这是跟不同年龄层次劳动者的职业需求、期望和能力相关的。

3. 男性多于女性

这一点和年龄因素相似，但略有不同，跟多年来的传统文化、企业的人才侧重点以及其他的一些原因有关。

4. 区域性差别

职业流动具有区域性的特征和差别。

一方面，从不发达地区流向发达地区；另一方面，不发达地区内职业流动较缓慢，发达地区内的职业流动的频率远远高于不发达地区。

5. 现代社会的职业流动与家庭背景的相关因素较少

现代社会的开放性和公正性，以素质、能力为本位，打破了父业子承的传统，竞争能力成为职业向上流动的资本。

6. 职业流动具有正常与非正常的区别

在职业流动中，凡是促进劳动者全面发展、发挥专长，使最大潜能得到挖掘并施展的流动属正常流动。

以某一方面的偏好或由于个别原因使劳动者从适合自己的岗位流动到不能发挥自己特长的岗位属非正常流动。

7. 自由与控制并行

在市场经济条件下，劳动就业契约关系的形成，有利于职业流动，但契约需双方信守合同，解除劳动的契约关系也需符合规范，这是职业流动的自由特性。政府和社会在职业流动方面仍然具有宏观调控的约束机制，以防止非正常结构性流动所带来的社会问题，这是职业流动所必要的控制机制。

（二）职业流动的形式

1. 水平流动和上下流动

以职业地位和职业声望为标准，可以把职业流动分为水平流动和上下流动。劳动者在同一职业地位和同一职业声望的职业体系中的流动就是水平流动；劳动者在不同地位等级和不同职业声望的职业体系中的流动就是上下流动，也称作垂直流动，从一种职业地位等级较低的职业流动到社会地位较高的职业就是向上流动，反之则为向下流动。

2. 代际流动

两代人之间从事的不同职业的变化可称之为代际流动。父亲是农民，儿子是工人；父亲是大学教授，儿子是企业经理，诸如此类状况就形成了代际流动。代际流动的状况和频率表征着一个社会的封闭和开放程度，并且受一定社会形态、人事管理制度和教育水平等多方面因素的影响。现代社会，代际流动显著，而且向上流动的频率明显加快，尤其是农民子女，子承父业的比例降低的速度加快，发达地区尤为突出。

3. 一生流动

以劳动者个人在整个职业生涯过程中，其职业地位的水平流动和垂直流动的总和来看，表现为一生流动。有人认为，在现代社会中，人的职业生涯要经历 6 次左右的职业变动，才能达到职业的成熟和稳定。

4. 结构性流动和个别流动

从职业流动引起社会职业结构性变化的情况来看，职业流动可分为结构性流动和个别流动。凡是职业流动引起和影响社会职业结构发生大规模变动的流动就是结构性流动。由劳动者个人自身因素引起而对职业结构的变化无足轻重的职业流动，就是个别流动。

四、职业流动的原因

在市场经济条件下，职业流动作为一种正常的社会现象，也有着深刻的社会背景和个人因素影响。

（一）职业流动的社会背景

1. 社会进步、科学技术水平的提高是促成职业流动的根本原因

大工业的本质决定了劳动的变换、职能的变动和工人的全面性流动。在科学技术迅猛发展的今天，面对信息时代的挑战，为了保证社会再生产的正常进行，就必须承认职业的合理流动，打破“从一而终”的传统就业观念。

2. 就业制度是促成职业流动的保障条件

劳动力市场是市场经济的基本要素，在市场经济条件下，市场机制不仅配置和调节着社会的物质资源，而且也配置和调节着人力资源。双向选择决定了契约性的交换方式和交换过程。一方面，对于劳动者而言，他（她）可以自由地寻找能够发挥自己的能力、专长、志趣的有发展前途的单位（或部门）及劳动岗位。

另一方面，对单位（或部门）而言，则可以自由地按职业需要来选择合适的劳动者。如果任何一方，甚至双方在双向选择中有了冲突，经过彼此同意便可以解除契约，或期满后不再续约，从而使冲突得以消除。

3. 就业的社会心理因素对职业流动具有指导和约束的作用

就业主体受其主观意识、情感愿望、价值取向、伦理规范以及社会习俗等因素对就业观念的影响，对职业流动往往做出好与坏的评价，而这种评价具有群体性和普遍性，对于相同就业群体的职业流动会起到指导和参考的作用，同时也具有一定的约束力。

（二）职业流动的个人因素

大学生频繁跳槽已经成为用人单位的心病。毕业后三年跳槽率达到70%，一场招聘会上四成以上是前一年的毕业生，这是近几年来毕业生就业市场调查的基本情况，社会上更是以此指责大学毕业生缺乏诚信。其实大学毕业生跳槽也很无奈，也有一些直接的社会原因。

1. 心理预期与现实比较，落差大，愤然跳槽

大学毕业生刚工作时，一般都满怀希望、充满信心、锐意进取，然而工作一段时间以后，由于环境不尽如人意，工作不能完全胜任，人际关系生疏复杂，工作待遇不够理想，社会舆论抱有偏见，单位领导不够关心等等原因，有些人便会出现心理逆转，这是大学毕业生跳槽的直接诱因。

2. 先就业再择业，形成惯势，顺势跳槽

面对越来越严峻的就业形势，很多毕业生选择了先就业再择业的方式，以解决暂时问题，当然，这也是响应国家的就业政策。但是，在大学毕业生的潜意识中第一次就业只是暂时的，以后要待机而变，条件差不多就动，这成为大学毕业生跳槽高发的主要原因。

3. 适应企业需求，积累经验，主动跳槽

很多用人单位招聘时需要有经验的应聘者，而刚毕业的大学生往往没有多少经验，他们为迎合企业的要求，不得不先到小企业锻炼，积累经验，然后再拿着写有“经验”的履历到大企业去应聘。至于有了经验要跳槽被说成没诚信，那就没办法了。

4. 用人单位缺乏诚信，不履承诺，无奈跳槽

有些用人单位招聘时说得很好，到了单位却并不是那么回事。毕业应

聘到公司，当时公司承诺颇具诱惑力，但到公司干了好长时间，公司却不能履行承诺。有的公司是家庭企业，大学毕业生根本就享受不到平等待遇，更别提升迁了，没办法，他们只能选择跳槽。

5. 利益驱动

不可否认，职业流动存在着利益驱动的问题。当前，职业还是人们谋生的手段，通过职业活动，谋取个人生存、发展以及提高家庭物质文化生活水平所需要的经济条件。由于职业在不同地区和不同部门（单位）给劳动者所支付的劳动报酬的差别，致使劳动者从收入低、待遇低的职业部门（单位）流向能够获取“高薪”的职业部门（单位），从而导致职业流动。

6. 人际关系冲突

在职业活动中，人际关系的好坏直接影响着人们劳动的积极性、创造性以及工作效率。人际关系不好，有可能直接造成个体的职业流动。根据日本铃木建二的调查，在日本，因为别的公司薪俸丰厚而调动工作的极为罕见，大约仅占调转工作人数的 5%。其多数职业流动是因为人际关系不好，情绪受到影响而辞职或被辞退。根据哈佛大学就业指导小组调查的结果，数千名被解雇的人员中，人际关系不好的比不称职的人职业流动概率高出两倍。

7. 职业能力水平

个人对职业有个适应过程，个人的职业能力展现也需要一定的过程。由于个人不适应或不称职，也会导致职业流动。特别是在当代社会，随着科学技术的迅速发展，职业内容和能力要求越来越高，信息和技术的更新越来越快，每一次更新，都会引起由于不适应或不称职而导致的职业流动。

五、职业流动的原则

（一）企业在职业流动中应遵循的原则

企业的职业流动，简言之，就是吸引适合自己的优秀人才，淘汰不适合或不合格的所谓庸才。企业充分调动人才积极性，保持合理的人才流动率，就必须遵循一些基本的原则。

1. 系统原则

系统原则也叫整体性原则。现代化的人力资源管理，作为整个企业管理大系统的重要组成部分，实行的是系统化、有层次的管理。人才流动作为人力资源管理系统的一个重要方面，也应从整体的、系统的观点出发，纵观全局，使人才流动的方向、结构、层次能够跟上整个系统的变化，并在不断地调节、反馈和方向调整过程中，实现整个系统的优化，达到最佳效果。

2. 激励原则

人才作为人力资源的一种，也需要激励。人才流动的基本原因有时与激励紧密相关，通过激发人才的正确动机，调动其积极性，充分发挥了智能的人才更易产生能级飞跃，从而导致人才在不同领域、部门或岗位间的流动。同时，能否真正地做好激励工作，还关系到人才流失的问题。有资料表明，人才流失产生的最大原因，就在于企业对人才缺乏激励或激励不够。如果企业激励工作做得到位的话，至少有 90% 以上的人才流失将不会发生。当然，这里所说的激励问题，并不单单指物质方面的激励，而是多种激励的总和。一般来说，在各种激励方式中，目标激励、奖惩激励和领导激励对人才能产生比较不错的激励效果。

3. 协调原则

协调原则，也称互补原则，即按照人才组合的群体结构原理，对人才的使用和管理，不仅要考虑人才个体的能级对应，还要考虑人才群体能级组合的协调状况。人无完人，人才一般是在某一方面或某些方面有特长，而在其他一些方面能力可能差些。为了发挥人才的整体效益，必须在人才的使用上实行互补。更重要的是，做好人才的协调问题，对于防范人才流失也是有很大的帮助的。创造一个舒心的、宽松的生活工作环境，从某种角度来说，对人才更具有吸引力。人都是有感情的，如果你给人才提供的人际关系环境相当融洽，无疑将会胜过增加数倍工资。

4. 择优原则

择优原则，也称人尽所长原则，这是基于能级原则的一项原则，也是人才流动的一项基本原则。择优原则是指人才的培养、使用和管理都要有利于人才的成长和发展，有利于选拔和使用优秀人才，有利于发挥优秀人才的作用。所谓择优，就是要正确地做出选择，使每一个人才都能发挥其最大的长处，甚至是其潜在的能力。当前的情况下，很多人才在选择单位时，首要的就是看自己在该单位能否得到成长和发展；其次才是工资待遇。所以，如果能做到人尽所长，也可对人才流失产生防范的作用。

5. 信任原则

人才是有才干的人，他们富有创造力，具有求实和献身精神，而且自尊、自信，有强烈责任感和成就欲望。对人才寄予信任，以诚相待，可以消除人才精神上的种种疑虑，能使他们解放思想，在友好的氛围中成长，发挥创造力。正所谓疑人不用，用人不疑。只有这样，才能使人才真正地发挥其应有的作用，并且留住人才。

（二）个人在职业流动中应遵循的原则

职业流动，对于个人来说就是跳槽。正确的跳槽，会将你带入职业成长的快车道，而错误的跳槽，则将你带往职业生涯的停车场。下面是关于一个人在职业流动中的 11 条建议。

1. 保持职业发展的连续性

现实中有些人几乎是在不断地跳槽，而且往往跨行业跳槽，或者跨职位跳槽。这次是快速消费品行业，下次是服务业，这次做销售，下次做行政。这种跳法，十有八九到最后一事无成，一把年纪还要跟后辈去人才市场竞争。正确的做法是进入职场几年内，就要选定自己的发展方向，在一个行业内、一种职能岗位上坚持做下去，力争成为专家。跳槽可以，却绝不轻易换行业。

2. 永远不要单纯为了薪水而换工作

哪怕你面临很大的经济压力，当你想换工作时，也应对两份工作所能提供的总体价值进行比较，除薪酬外，还有企业实力、个人发展机会、工作环境等很多方面的内容需要考虑。对于年轻人来说，个人的发展机会是其中最重要的，它决定着你未来的薪酬高度。

3. 不要单纯因为不满而换工作

有些问题是企业的共性，不管在哪个企业，都有可能碰到相同的问题。人们往往会因为对目前工作不满而巴不得尽快逃离，殊不知，新工作上手以后老问题又会浮现出来。那时你怎么办呢，再换工作吗？仅仅因为一些客观因素的限制而没有慎重思考就换工作其实是一种逃避。所以，对现在工作的某方面不满而决定换工作的朋友，一定要扪心自问“换一份工作能否真的解决我现在工作中遇到的问题？”成熟的人，会尽力找到目前工作的问题所在，尽力改善，进而逐渐拓展自己的职业生存空间。

4. 不要因为攀比而换工作

职业发展就像跑马拉松，短时间的比较没有意义。年轻人容易和别人去比，总想着找一份更高薪的工作让同学刮目相看。事实上，最初薪水高的人在未来的发展未必比起点低的人更好。重要的是，不同行业，不同职能岗位，没有什么可比性，盲目地与周围同学朋友比较，只会让自己心态失衡，跳槽失误。

5. 换工作要符合自己的职业规划

职业发展过程中，职场人士需要通过个人职业能力、资源、素养等的不断提升来使自己增值，这就意味着，界定一次转换工作是否成功的标准在于，新的岗位是否能够体现自身职业价值的提升，新的平台能否为自身职业价值的增值提供保障。更换工作不是"转学"而是"升学"，换工作要符合自己的职业规划，有利于自己的职业增值，要尽可能地减少同水平换工作。所谓同水平换工作就是新的工作和你原来的工作基本处在同一个水平线上，既没有让你增加多少的薪水，也没有让你去承担更大范围的责任，你的职业技能水平也没有本质上的提高。

6. 每次换工作最好间隔三年以上

你至少应该有在某一个还不错的公司里工作三年以上的经历，因为只有这样你才能够适当地积累起某一领域里的专业知识、经验和技能，才能获得真正的职业竞争力。同时，三到五年换一次工作，让你的简历也不会难看。

7. 缺少发展空间寻求新的工作

在我们职业发展的过程中，最理想的当然是我们和公司一起成长，公司的规模越来越大，运营越来越健康，我们的责任越来越重，职位越来越高，回报也越来越高。但身处发展比较稳定企业的朋友，如果企业没有新的业务拓展，也就很难有新的晋升机会。还有一些朋友的地位因公司内部变动而边缘化，这时，换工作或许是比较理想的解决手段。

8. 技能上很难有提高时可以换工作

如果你的技能明显超过工作所需，工作没有挑战性，自己也不尽心，甚至感到压抑，根本无法发挥能力时，应该通过内部转岗找到合适的位置，否则，换工作或许是唯一的解决方案。

9. 你的公司落后，而你又无力改变公司时，可以换工作

“泰坦尼克号”上的每个人都是失败者——你再能干也阻止不了巨轮的沉没，此时逃生是唯一的选择。所以，当你的企业在市场竞争中半死不活，而你个人又无法改变时，最好的选择就是跳槽，换一个更能发挥你作用的平台。

10. 在成功的时候换工作

与一般人不同，成功人士换工作往往不是在职业的低潮期（这时他们往往会咬牙扛过去），而是在自身职业的春天来临之时，反而会换工作，这样他们就能得到新东家更好的条件，令自己更上层楼。

11. 下定决心就要早做准备，当机立断

职场专家认为，职业发展比较好的模式，是“T”型发展，即在职业生涯初期，先在一个相对狭窄的领域做深，写好那一竖，成为这个领域的专家。然后再写那一横，培养自己广博的知识和全面的技能，使自己具备成为高级管理人员的素质。招聘旺季渐渐地来临，你已经具备足够实力时，换工作要当机立断，不要犹豫不决，宁可冒点风险早作改变，不要踌躇不定错失良机。当你决定换工作时，那就尽快进行相应的准备。成功的跳槽至少需要 2 ~ 3 个月左右的准备时间。不要把跳槽仅仅当成换一个简单的工作，而是要把它当作自己职业生涯中的一个重要环节。利用这样的契机加深对自己的认识和了解，加深对自己职业目标的评估，也是职业生涯发展的必要过程。

第四节 职业生涯规划

人的一生，从开始工作到职业活动结束，有 35 ~ 50 年的时间，约占人的整个生命历程的 40% ~ 50%（以平均 70 岁寿命为基数），这一漫长工作历程的全部统称为职业生涯。与职业不同，职业生涯是个发展的概念，是一个动态的过程。它不仅包括一个人一生中那些可以实际观察到的连续从事的职业发展过程，还包括一个人对职业生涯发展的见解和期望。

一、职业生涯理论

（一）霍兰德的类型论

1. 霍兰德类型论的概述

美国职业指导专家霍兰德（Holland）于 20 世纪 70 年代初期创立了“人

格类型论”，其理论来源包括：①人格心理学概念，认为职业生涯的选择是个人人格的反映与延伸，试图以职业的选择及过程来表达、说明个人的兴趣和价值。事实上，Holland 认为兴趣就是人格，兴趣量表的结果也可以代表一个人的人格特质。② Holland 本身的职业咨询经验及研究所形成的职业辅导模式，即由职业与人格类型的分析协助个人选择适合自己的职业。该理论简单易懂，应用相当广泛，美国劳工部最新出版的职业分析就沿用了此理论。

2. 霍兰德类型论的基本原则

霍兰德人格类型理论是一种人格与职业类型匹配的理论，有以下基本原则：①职业选择是个人人格的延伸和表现。②个人的兴趣组型即是人格组型。③同一职业团体内的人有相似的人格，因此他们对很多情境与问题会有相类似的反应方式，从而产生类似的人际环境。④人可以分为六种人格类型。现实型、研究型、艺术型、社会型、企业型和传统型，个人的人格属于其中的一种。人所处的环境也可以分为相应的六种类型。每一特定类型人格的人，便会对相应职业类型中的工作或学习感兴趣，而个人的行为取决于个人和所处的环境特征之间的相互作用。不同类型人格需要不同的生活或工作环境，例如，“实际型”的人需要实际型的环境或职业，因为这种环境或职业才能给予其所需的机会与奖励，这种情况即称为“谐和”。类型与环境不谐和，则该环境或职业无法提供个人的能力与兴趣所需的机会与奖励。个人的人格与工作环境之间的适应和匹配，是职业满意度、职业稳定性与职业成就基础。

（二）舒伯的生涯发展理论

舒伯根据自己“生涯发展型态研究”的结果，参照布勒（Bueller）的分类，将生涯发展阶段划分为成长、试探、决定、保持与衰退五个阶段。

1. 成长阶段（出生 ~ 14 岁）

该阶段孩童开始发展自我概念，开始以各种不同的方式来表达自己的需要，且经过对现实世界不断地尝试，修饰自己的角色，这个阶段称之为成长阶段。

成长阶段的任务是，发展自我形象，发展对工作世界的正确态度，并了解工作的意义。这个阶段共包括三个时期。

一是幻想期（4 ~ 10 岁），它以“需要”为主要考虑因素，在这个时期幻想中的角色很重要；二是兴趣期（11 ~ 12 岁），它以“喜好”为主要考虑因素，也是个体抱负与活动的主要决定因素；三是能力期（13 ~ 14 岁），它以“能力”为主要考虑因素，能力逐渐具有重要作用。

2. 探索阶段（15 ~ 24 岁）

该阶段的青少年通过学校的活动、社团活动、打零工等计划，对自我能力、角色和职业作了一番探索，在选择职业时有较大弹性。

探索阶段的任务是，使职业偏好逐渐具体化，包括三个时期：一是试探期（15 ~ 17 岁），考虑需要、兴趣、能力及机会，作暂时的决定，并在幻想、讨论、课业及工作中加以尝试；二是过渡期（18 ~ 21 岁），进入就业市场或进行专业训练，更重视现实，力图实现自我观念，将一般性的选择转换为特定的选择；三是试验并稍作承诺期（22 ~ 24 岁），生涯初步确定并试验其成为长期职业生活的可能性，若不适合则可能再经历上述各时期以确定方向。

3. 建立阶段（25 ~ 44 岁）

由于经过上一阶段的尝试，职业角色会谋求变迁或做其他探索，因此该阶段基本能确定在整个职业生涯中属于自己的“位子”，并在 31 ~ 40 岁，开始考虑如何保住这个“位子”，并固定下来。

建立阶段的任务是统整、稳固并求上进。这个阶段又可细分为两个时期：一是试验—承诺稳定期（25 ~ 30 岁），个体寻求安定，也可能因生活或工作上若干变动而尚未感到满意；二是建立期（31 ~ 44 岁），个体致力于工作上的稳固，大部分人处于最具创意时期，由于资深往往业绩优良。

4. 维持阶段（45 ~ 64 岁）

该阶段个体仍希望继续维持属于他的工作“位子”，同时会面对新人员的挑战。这一阶段的任务是维持既有成就与地位。

5. 衰退阶段（65 岁以上）

在该阶段，由于生理及心理机能日渐衰退，个体不得不面对现实从积极参与到隐退。

这一阶段任务一般是注重发展新的角色，寻求不同方式以替代和满足需求。

在上述舒伯的生涯发展阶段中，每一阶段都有一些特定的发展任务需要完成，每一阶段需达到一定的发展水准或成就水准，而且前一阶段发展任务的达成与否关系到后一阶段的发展。

（三）帕森斯的特质—因素理论

特质—因素理论认为，每个人都具有稳定的特质（即个人的人格特征，包括个人的价值取向、态度和行为表现等特有的思想和行为模式），而职业也具有稳定的因素（即客观工作要求人必须具备的知识结构、能力等条件）。一个人在选择职业的过程中，首先应当清楚地认识个人的主客观条件，即对自我的认知，如，个人兴趣、能力、资源、局限及其他特征；其次，还应当清楚地了解职业世界，如各种职业岗位所需技能要求、工作环境、薪酬福利、发展前景等；最后，在掌握上述两类信息的基础上，将主客观条件与各种可能的职业岗位相对照，选择一个与个人相匹配的职业。这就是帕森斯“职业指导的三大原则”。

（四）克朗伯兹的社会学习理论

社会学习理论由班杜拉于 20 世纪 70 年代提出，它以经典行为主义、强化理论和认知信息加工理论为基础，克朗伯兹（John D.Krumboltz）将之引入生涯辅导领域。克朗伯兹认为，个人的社会成熟度在很大程度上依赖于对他人行为的学习和模仿，并由此决定他们的职业导向，提出了影响职业决策的四种因素。

1. 遗传因素

包括种族、性别、外表特征、智力、动作协调能力等。个人由于遗传的特质，在某种程度上决定了个人的职业表现或影响到个人所获得的经验。

2. 环境因素

通常在个人控制之外，来自于人类活动（如，社会、文化、政治、经济、家庭、教育等）或自然力量（如，自然资源的分布或自然灾害等）对职业决策的影响。

3. 学习经验

克朗伯兹认为，每个人都有独特的学习经验，这对于一个人的生涯决策具有重要的影响。他提出了两种类型的学习经验。

（1）工具式学习经验

个人为了得到好的结果，在特定的环境中采取一定的行为，其后果对个人会有重要的影响作用。克朗伯兹认为，生涯规划和职业所需的技能，可以通过工具式学习经验而获得。

（2）联结式学习经验

个人通过观察真实和虚构的模型，通过对人、事之间的比较来学习对外部刺激做出反应。某些环境刺激会引起个人情绪上积极或消极的反应，如果原来属于中性的刺激与使个人产生积极或消极情绪反应的刺激同时出现，这种伴随在一起的联结关系就会使中性的刺激具有积极或消极的情绪作用。

4. 处理任务的技能

包括解决问题的能力、工作习惯、心理状态、情绪反应和认知的历程等。

克朗伯兹认为，在个人发展的历程中，上述四种因素相互作用，从而形成了个人对自我和世界的推论，一般所谓的个人兴趣、价值观等实际上都是学习的结果。个人学习经验的不足或不当，可能会导致形成错误的推论、单一的比较标准、夸大式的灾难情绪等种种问题，从而有碍于生涯的正常发展。因此，克朗伯兹特别强调丰富而适当的学习经验的重要性。

（五）心理动力论

美国心理学家鲍亭、纳奇曼、施加等人以弗洛伊德个性心理分析理论为基础，吸取了特性——因素论和心理咨询理论的一些概念和技术，对职业团体进行了大量的研究，于 20 世纪 60 年代后期提出了一种强调个人内在动力和需要等动机因素在个人职业选择过程中的重要性的职业选择和职业指导理论，称之为“心理动力论”。

职业选择是个人综合快乐原则与现实原则作用的结果。个人在人格与冲动的引导下，通过升华作用，选择可以满足其需要与冲动的职业。职业指导的重点应着重放在“自我功能”的增强上。若心理问题获得解决，则包括职业选择在内的日常生活问题将可顺利完成而不需再加指导。

工作可视为一种升华作用，而影响个体职业选择的动力则是来源于个人早期经验所形成的适应体系、需要等人格结构。它们影响个人的能力、兴趣及态度的发展，进而左右其日后的职业选择与行为有效性。个人生命的前六年决定着他未来的需要模式，而这种需要模式的发展受制于家庭环境，成年后的职业选择就取决于早期形成的需要。如果缺少职业信息，职业期望可能会因此受到挫折，在工作中会表现出一种婴儿期冲动的升华。若个人有自由选择的机会，则必将选择能以自我喜欢的方式寻求满足其需要而又可免于焦虑的职业。

心理动力论者认为，社会上所有职业都能归入代表心理分析需要的、分属以下范围的职业群：养育的、操作的、感觉的、探究的、流动的、抑制的、显示的、有节奏的运动等，并认为这一理论除了对那些由于文化水平和经济因素而无法自由选择的人之外，可以适用于其他所有的人。

二、职业生涯的主要发展阶段

根据职业生涯理论，一个人的职业生涯通常分为七个发展阶段。

（一）探查阶段

这个阶段包括了一个人最早期的关于将来要成为什么样的人的想法，以及在一段时间后对这个想法的修订。这个阶段人们常常受到家庭或一些重要人物的看法的影响，尤其是来自其长辈的影响。这些影响往往包含对个人生活道路或生活规划的期望，通常来源于口头信息和非口头信息，主要包括他们认为这个人应该从事什么样的工作类型，应该选择什么样的居住环境以及生活方式等。

当一个人正式开始他的职业生涯时，他往往已经尝试了多种职业或是生活角色，并已经为自己的职业生涯确定了领域。也有一些人可能在这个阶段还没有任何确定的想法，但是他们已经能够采取一些正式的行动，如阅读报刊、上网搜索等或采取一些非正式的行动，如，与亲戚朋友交流以决定其职业生涯发展的最初选择。

（二）个人评价阶段

在这个阶段，人们通过完成正式的或非正式的评价、审核、模拟等环节接收到的各种信息，给自己做出一个综合的评价，评价的结果可以帮助人们修正其在探查阶段做出的选择，列出一个可供选择的生活和工作的清单。这个阶段有助于人们评价和明确他们的素质和个人特点，有助于他们更清楚地了解自身的兴趣和喜好，同时进一步明确个人的、人际的、工作和文化的价值观。

（三）分析阶段

这个阶段是指对个人评价阶段所获得的信息进行分析的过程。当人们完成了第二阶段即个人评价阶段，他就可以更好地理解这个职业生涯阶段的有关信息，包括个人以及重要相关人物的生活情况。在分析阶段，人们对信息进行分解，追踪更小部分的信息以发现对过去、当前或未来的可以引发效用的联系。

从这个阶段开始，个人、人际、工作和文化价值观体系的重要性再次在设置生活和工作目标上变得明显，这个价值观体系将会影响个人的生活以及职业生涯内容的选择，会帮助人们决定什么是生活中的重要部分。人们通过分析和理解的过程来理清自身价值观，而结果就成了职业生涯目标设置的驱动因素。

（四）做出决定阶段

这一阶段需要对分析阶段确定的职业生涯的备选目标进行复查。一个人在决定什么时期追求什么目标的同时，还要对每个目标的重要性和实现目标的大致时间做出评估。一旦做出决定，个人就能够对可能性目标进行选择。这个阶段获得的结果必须建立在最大可能的现实情况的基础之上。如果信息没有现实性，接下来很可能会遭遇挫折或失望，最终导致人们退失信心，放弃进一步的努力。

（五）计划阶段

在这个阶段，个人需要对如何实现目标做出计划。他需要先拟订一个详尽的计划，针对每个目标设计出对应的方案，从而使个人确认目标的任务、实现的大致时间、完成任务的顺序、目标达成的预期结果以及可能对完成任务有相关关系的人员。

当设计出一个系统的计划之后，我们就会发现，这些目标可能并不一致，存在着偏差。因此为了使目标一致，我们还需要修改某些目标，明确如何获取必要的资源。与后续阶段相比，在此阶段做出的调整更为重要。

（六）实施或开发阶段

在这个阶段，个人需要运行实施前面所设计的计划。实施计划的顺序取决于目标的复杂程度和目标之间的内在联系。有的目标可以同时完成，但有的目标需要按照一定顺序依次完成，有时可能会需要运用运筹学的知识。

（七）生活—工作管理阶段

在这个阶段，人们收获对已实现的目标的奖励，已实现的目标就成为其生活—工作管理阶段的一部分，并要求人们保持目标达成所带来成功时的工作绩效。有的时候，当人们追求更高目标或是处理难以预料的难题或挑战时，必须采取某种手段来保持生活中的所有部分的平衡。这种情况在职业生涯的任何阶段都有可能发生，也是这个阶段所面临的最大挑战。

当然，由于各种因素在这些阶段的不可预见性，一个人职业生涯在这些阶段的发展是很少呈直线的，因此，不能机械地看待或者应用这个阶段模型，要随时随地进行修正，做到从实际出发。

三、规划职业生涯的注意事项

（一）与期望值相当

大学生由于没有职业经历，把一切都想象得非常美好，在制定职业目标时往往期望值很高，超过现实可能和自身的条件，好高骛远，眼高手低，找不到工作的情况时有发生。在这种情况下，需要毕业生对自己有一个正确的评价，也就是说，在一个恰当的期望值的前提下，自觉地适应国家的需要，并找到能充分发挥自己才能且健康成长的岗位。

（二）多元选择

大学生在就业中总是会本能地瞄准最好的岗位，但是实际生活中，大部分大学生最后还是不得不从事大众化的职业。如果把社会提供的就业岗位按高低画一个三角形，现在大学生正在从三角形靠近顶端的层面向下移动，大部分大学毕业生都在“非精英”岗位层面就业，仅有一小部分大学毕业生在“精英”岗位层面就业。这种就业层次的下移和位移数量的加大，必然使大学毕业生的就业由“精英”走向“大众”，引发“质”的变化。所以，大学生千万不能只瞄准数量甚少的“精英”岗位，而应该与时俱进地去寻找真正适合自己的位置。

大学生应该根据自己实际情况，主动申请到西部去建设祖国的大好河山，主动要求到民营企业工作，主动要求到基层去锻炼自己，主动改行从事新的职业，等等，实现就业流向多元化。

（三）减少盲目流动

就业指导专家认为，社会流动机制将在就业体制中表现得越来越突出，但由于大学毕业生对社会现实情况了解不多，往往使得他们在劳动力市场缺乏竞争力。在这种情况下，就需要步入社会大门的大学生审时度势，对自己将从事的第一份工作深入了解，千万不要盲目流动，以免次数过于频繁，最终退失自信心。

四、职业生涯的规划与实施

（一）目标分解

职业目标分解即是根据个人的观念、知识、能力差距，将职业生涯长期的远大目标分解为有时间规定的长、中、短期分目标，直至将目标分解为某个确定日期可以采取行动的具体步骤。目标分解是将目标清晰化、具体化的过程，是将目标量化成可操作的实施方案的有效手段。目标分解帮助我们在现实环境和美好愿望之间建立起可以拾级而上的途径。

（二）目标组合

目标组合是处理不同目标相互关系的有效方法。如果只看到目标之间的排斥性，就只能在不同目标之间做出排他性选择，而如果能看到目标之间的因果关系与互补性，就会积极地进行不同目标的组合。

（三）设定职业生涯发展路线

我们制定的总的目标往往是宏大而遥远的，不可能立即实现，这就要求我们设计一个具体的职业生涯发展路线，即依据前面所讲的目标分解、目标组合的方法，按照时间的顺序，制定好各个目标的短期阶段性目标、中期目标以及长期目标，并将其进行组合，设定出一个具体的职业生涯发展路线。

（四）职业规划的实施

职业生涯目标确立后，必须严格按照自己所设定的计划，每日、每周、每月、每年一步步地去落实。但是生活中由于种种原因，在许多情况下，可能会出现许多紧急的工作，让人无法一一应对，这时就应该按照轻重缓急予以解决。不能埋头干活儿，而忘记了努力的方向。为了保证自己的行动与努力的目标一致，就需要最大限度地根据个人职业生涯发展规划，约束自己的行为。

下面提出了几项帮助个人实施职业生涯规划的措施：第一，保证经常回顾你的构想和行动规划。第二，根据各个不同阶段的客观情况对计划加以灵活调整。第三，把你的构想和任务方案放在可经常看见的地方。第四，根据你的计划来做出重大决策。第五，与好朋友讨论你的构想和行动方案，并询问实现目标的途径。第六，注意抓住机遇以实现你的目标。第七，保证至少每三个月检查一次你的工作进度。第八，要有毅力，坚持不懈。

第三章 职业能力与职业素质

第一节 培养职业能力

大学生拥有了丰富的科学文化知识，构建了合理的知识结构，为就业打下了良好的基础，但知识不能和能力画等号，大学生应更多地培养适应社会需要的实际能力。从某种意义上讲，能力比知识更重要。大学毕业生只有把积累知识、建立合理的知识结构和培养能力结合起来，并不断强化自身的职业素质，才能在就业、从业过程中立于不败之地，同时还应注意提高自身职业道德水平，以保证自己全面发展。

一、大学毕业生所需要的职业能力

现代社会中，社会上各类职业岗位，对从事本行业岗位的工作人员，除对其有一定的知识结构要求外，还要求有从事本行业岗位的某些专业能力，同时还须具备一些共同的基本能力。

（一）自我决策能力

决策是人类社会活动的一个重要环节，涉及社会中的所有人，决策涉及各个领域，大到国家的政治、经济、军事、文化等，小到家庭、个人的打算。从日常生活到改造自然、改造社会都与决策有关。所谓决策能力，就是对未来实现目标的决断和选择的能力。良好的决策能力可以对实现目标和手段做出最佳选择，人们的决策过程，是一种思维过程，其中心环节是选择，要对各种方案做出优劣判断，进行取舍。对于即将毕业的大学生来说，选择何种职业走向社会，是人生的一个转折点，面临求职就业，何去何从，是对自己决策能力的一个检验。因此，平时训练和培养自己的决策能力是十分重要的，培养决策能力要从小事做起，要养成多谋善断的习惯，这样才能不断地提高自己的决策能力。

（二）环境适应能力

适应社会和改造社会是对立统一的两个方面。现实生活常常不尽如人意，五彩纷呈的现实生活使即将步入社会的大学毕业生眼花缭乱，很不适应。大学毕业生在面对现实生活中的消极现象时，经常产生不安、不满的情绪，以改造社会为己任的大学生千万不要忽视适应社会这个前提。人类文明总是在继承与创新的矛盾运动中发展的。适应社会，正是为了担当社会赋予我们的职责和使命的前提。适者生存，生存正是为了发展。对社会、对环境的适应，是主动的积极的适应，不是消极的等待和对困难的反映，更不是对消极现象的认同，大学生只有具备较强的社会适应能力，走向社会后才能够尽可能地缩短自己的适应期，充分地发挥自己的聪明才智。

（三）创新创造能力

创新创造能力是指人们在改造自然和改造社会的活动中所具有的发现、发明、创造的能力。能力人人皆有，只是水平高低、作用大小不同而已。只有那些思维敏捷有创新精神，能在自然和社会发展过程中，面对难题、新问题充分地发挥其才能，创造性地解决问题的人，才称得上创造性人才。

培养创新创造能力必须做到：一是要有近期和远期的职业规划和奋斗目标，有理想、有抱负，有强烈的创造欲望，有胜不骄败不馁的韧劲；二是要有敏锐的观察力和准确的判断力；三是要有批判糟粕、传承精华、开创新事物的开拓精神。任何发明创造都是继承和创新相结合的产物，人们要有效地创新，就要继承和汲取前人的经验和教训。继承性和思维独立性的统一，是创造能力必备的思维方法。四是要有坚定的意志和顽强的毅力，以及吃苦耐劳的精神。

（四）人际交往能力

所谓人际交往能力，就是人通过语言和非语言符号与他人传递思想和情感与信息的能力。在现代社会，培养应好的社交能力是一个人事业成功的重要条件。古人曾把个人与众人的关系比作“船和水”，这个比喻是恰当的，不论在何种社会里，你能力强，就得人心。在社会上从事各项工作都要有一定的交际能力，许多事业成功者都是借助于良好的人际关系，促使自己的事业成功的。通过交往，可以使自己的设想和创造得到实践的检验和认可。积极参加社会活动，是提高交际能力的基本途径。

（五）实际操作能力

实际操作能力，是专业工作者必须具备的一种社会实践能力。在一切社会活动中，尤其是教学、科研和生产第一线，没有熟练的实际操作能力，都是很难胜任的。

操作能力包括四个方面：一是迅速性，这是提高效率的重要条件；二是准确性；三是协调性；四是灵活性。大学生为了提高自己的操作能力，应该多看、多练。看得多、接触得多，才有可能提高自己动手操作的技巧和能力。

（六）组织管理能力

组织管理能力是指能成功地运用管理者的知识和能力影响机构的活动，并达到最佳的工作目标。组织管理水平的高低，已经成为一项工作、一个部门、一个单位工作好坏的重要因素。尽管不是每个大学毕业生走上社会后，一定都从事组织管理工作，但是每个人将会在工作中程度不同地需要运用组织管理能力。现代社会表明，组织管理能力不仅领导干部、管理人员要有，其他专业技术人员也应当具备。现代科学技术已经综合化、社会化，科研规模日益扩大，协作趋势日益加强，这就有一个组织协调问题。同时，现代社会的科学技术高度发展，每一项工作完全依靠一个人去完成，是不可能的，都有一个相互协调、相互配合的问题，如果没有一定的组织协调能力，专业技术工作也是不能完成的。在校期间多参加社团或社会活动，参与策划组织一些校园活动有助于提高个人的组织管理能力。

（七）语言表达能力

语言表达能力是指运用语言阐明自己的观点、意见或抒发感情的能力，主要包括口头表达能力和书面表达能力。一个人要想让别人了解你，重视你，更好地发挥你自己的才能，其前提就是要有表现自己的能力。要准确展现自己，就离不开出色的表达能力。不仅在参加工作走向社会后会立即强烈地意识到这一点，而且在求职就业的时候就会有深切的感受。比如撰写求职信、自荐信、个人材料，回答招聘人员提问，接受用人单位的面试等，每一个环节都需要较强的表达能力。锻炼语言表达能力，重在平时的努力，多参加一些社交活动，多读书，养成写日记的习惯等都有益于提高自身的表达能力。

二、职业能力的培养和锻炼

大学是职业能力培养的关键时期，而工作后则是对职业能力的逐步完善和补充。在校期间，大学生应及时把握机会，在以下几方面做出努力。

（一）努力学好理论知识

理论是指导实践的指针，是完成实践活动的基础，不掌握一定的理论知识，能力培养就无从谈起。大学生应根据自己专业的需要，加强理论知识积累，建立起适应工作需要的合理的知识结构。在积累知识的同时，还要注重灵活运用知识，提高自己分析问题、解决问题的能力。

（二）积极参加实践活动

一个人有了知识，会增添无穷的智慧，如果再具有很强的能力，便如同插上翅膀，可以在天空翱翔。大学生在掌握基础理论的同时，不能忽视自己能力的培养，只有把理论和实践结合起来，把知识和能力结合起来，才能有所成就。大学生在校期间的实践锻炼应从以下四个方面做起。

1. 积极参与各项社会活动

有计划有针对性地进行社会调查，广泛接触社会，从而增进对社会的了解，正确评价自我，摆正自己在社会活动中的位置，以此提高自己的社会活动能力和交往能力，提高自己分析问题和解决问题的能力。近年来，大学生积极参加社会实践、勤工助学等活动。在社会实践中大学生们开展形式多样的社会调查、科学研究、科技服务、生产劳动、支农支教、帮困助学、文艺下乡等智力性较强的活动，在广阔的社会舞台上锻炼了自我，获益匪浅。

2. 抓住有限的实习时间，学习实践经验，提高实践能力

大学生在校学习期间，按教学计划安排，都有一定时间的生产实习和毕业实习。学生们一定要充分利用好这些机会，向有工作经验的人员学习，吸取他们多年的实践经验来充实自己。特别是毕业前的实习阶段，是学生从校门走向社会，理论联系实际的第一步，是对社会、未来从事职业的一次直接接触，是大学教学活动的最后一个但又十分重要的环节，它是对学生智力和能力的一次总检验和总训练。重视这一环节，可以学到很多书本上学不到的知识，既能培养和锻炼自学能力、综合运用知识的能力和实际动手能力，又能使自己的创造思维能力、工作学习的独立性和主动性得以提高，同时，通过实习，还可以增加对未来工作环境、工作性质、工作要求以及自己所学

专业的应用范围的全面了解，从而发现自己的长处与不足，明确自己为适应未来工作学习和努力的方向。

3. 积极参加课外科技文化活动

现在越来越多的高校开始重视学生的课外科技文化活动。比如，有全国性的“挑战杯”全国大学生科技学术作品比赛，全国大学生数学建模大赛，各种计算机网络大赛、市场营销模拟大赛、金融投资模拟交易大赛、广告设计大赛等，不少品学兼优的大学生在参加活动的过程中，学到了知识，提高了能力，尤其提高了科研能力、动手能力和协作能力。实践证明，参加过课外科技文化活动的大学生走向工作岗位后，往往能很快适应环境，独当一面地开展工作，表现出较高的素质。所以，在校期间积极参加课外科技文化活动，是锻炼提高实践能力的重要途径。

（三）培养兴趣和爱好

爱因斯坦说过，“热爱是最好的老师”，可见，兴趣和爱好是提高能力的内在动力。实践证明，当人们对某个问题感兴趣时，兴趣就会促使他经常和主动感知、思索这方面的事物或现象，并努力进行观察和研究，排除一切困难去积极从事这方面的活动。兴趣能够使人思想活跃、观察敏锐，注意力恒定持久，从而促进创造性思维。大学生要围绕自己所学专业发展自己的兴趣爱好，并以这种兴趣爱好为契机，加强相关知识的学习和积累，全面锻炼和发展各种实践能力。

第二节 提升职业素质

一、职业素质的内涵

职业素质是建立在职业理想与职业道德规范的基础上，根据劳动者的生理条件，通过专业教育、职业实践及自我完善等途径形成和发展起来的，在职业活动中起着重要作用的内在基本品质。

劳动者的职业素质具有五个方面的特性，即专业性、稳定性、内在性、整体性和发展性。专业性是指劳动者一般都具有一定的专门的业务能力。稳定性是指职业素质一经形成，便会在劳动者的个性品质中稳定地表现出来。内在性是指一个人对所从事的职业要求和专业知识的内化，它一经形成就以潜能的形式存在，在职业活动中展现出来。整体性是指劳动者的知识、能力和其他个性品质在职业活动中的综合表现。发展性是指随着社会发展和科技进步，劳动者必须从时代发展的需要出发，不断地提升和完善自身职业素质。

二、职业素质的构成

（一）思想道德素质

思想道德素质是指人在一定的社会环境和教育的影响下，通过个体自身的认识和社会实践，在政治倾向、理想信仰、思想观念、道德情操等方面养成的比较稳定的品质，它决定着人的行动目的和方向。人的思想道德素质主要是通过后天教育，通过知识的“内化”养成并不断提高的。坚定正确的政治方向在思想道德素质中是第一位的。正确的政治方向是将来从事多种职业，为国家和集体多做贡献的重要动力。职业道德是社会道德的有机组成部分，是社会道德原则和道德规范在职业生活中的具体表现。它包括职业态度、职业道德修养水平等。社会主义职业道德是每个劳动者在职业活动中必须遵循的行为规范，其核心是为人民服务。一个人只有具备一定的道德修养，才能在职业活动中，刻苦钻研业务，提高技能，讲究信誉，忠实地履行岗位职责。

（二）科学文化素质

科学文化素质是指人们对自然、社会、思维、科学知识等人类文化成果的认识和掌握的程度。它包括科学精神、求知欲望和创新意识。科学文化素质是职业素质的基础。如果不掌握一定的科学文化知识和构建合理的专业知识结构，就不可能拥有过硬的职业素质。21 世纪是一个信息技术、生物技术、新材料、新能源技术、空间技术和海洋开发技术发展的全新时代，这是迄今为止科技发展和社会发展史上规模最大、发展最快、影响最深的科技革命。由于时代的快速发展，知识更新加快，大学生工作后在学校所学的部分知识可能已不能适应社会、经济发展的需要。因此，大学生应在工作实践中不断学习先进的文化专业知识，拓宽知识面，提高自己的文化专业知识素养，以适应形势发展的需要。

（三）技术技能素质

技术技能素质是指任职者从事某种专门职业所必须具备的智力技能和操作技能。智力技能，是指借助于言语在头脑中进行的智力活动的方式，如阅读、心算、解题、作文等方面的技能。操作技能，又叫动作技能，指书写、打字、演奏乐器、使用生产工具等，当这些动作以完善合理的方式组织起来，并近于自动化时，就成为动作技能。动作技能与智力技能统一存在于人的实践活动中，二者既有区别，又有联系，并可相互转化。掌握技术技能，是就业的基本条件。掌握技术技能，也是开发智力，培养能力，在本职岗位上作出贡献的需要。专业技术技能的形成不仅是领会、巩固和应用知识的重要条件，而且对于学生智能的发展，特别是职业活动中所需的独立工作能力和创造力的发展，具有极大的促进作用。技术技能在一定程度上决定了就业者在本职岗位做出贡献的程度。因此，为使自己能在职业活动中为社会做出更大的贡献，就必须掌握一定的技术技能。

（四）身心素质

身心素质是身体素质与心理素质的合称。身体素质是指大学生应具备的健康的体格，全面发展的身体耐力与适应性，合理的卫生习惯与生活规律等。心理素质是指大学生应具备稳定向上的情感力量、坚强恒久的意志力量和鲜明独特的人格力量。身心素质是从事职业活动的重要条件，是成就事业的基础。身体素质是从事职业、成就事业的基本条件，健康的体魄和坚韧不拔的忍耐力为才能的充分发挥提供了动力。积极健康的情感使人思路开阔，思维敏捷，有利于大学生适应社会。

另外，意志是人类所特有的心理现象，坚强的意志有助于战胜挫折，是成就事业的柱石。大学生在校期间积极参加各项有益身心健康发展的体育锻炼和社会活动，有助于自己的身心素质的不断提高。

总之，在市场经济体制和高新技术飞速发展的新形势下，大学生不仅要学好基础知识，掌握特定的专业技能，还要有良好的思想品德素质、强壮的体魄和健康的心理，只有这样才有可能在竞争激烈的市场中脱颖而出，在未来的工作岗位上取得辉煌的成就。

三、大学生职业素质的提升

职业素质是人才选用的第一标准，是职场制胜、事业成功的法宝。大学生需要通过大学生涯的学习努力提升自己的职业素质，为将来的职业生涯打下坚实的基础。

（一）大学生品德修养的提升

职业的种类虽然很多，但是，就从事职业最基础素质而言，一个人的“品性”是进入职业界的前提。好的品性修养包括如下：

1. 忠实

忠实不仅是对别人交代的事情尽心尽力，而且对自己从事的工作要竭尽全力，不浮躁应付。忠于自己的事业是一种美德，本着忠实的态度应对工作和学习，很有可能取得成功。

2. 诚信

诚信是待人接物的要素，也是职业上不可缺少的品性。“诚信”一词所涵盖的内容，需要经过长时间的笃行才能实现。

3. 敬谨

“敬”是敬重所做的事。“敬”包含认真、精细、努力、忠实等意思，忠是敬的纲领，敬是忠的实施。“敬事”，才能有所作为。孔子说：“敬而信。”“居处恭，执事敬，与人忠，虽之夷狄不可废也谨”，意指小心翼翼。人对于事业必须注重，对于所做的事也要谨小慎微，小心应对。

4. 勤劳

无论公事大小、事情简繁，做事要勤勤恳恳，踏踏实实，一丝不苟。能吃苦，善做事，不偷懒，不躲避，不推诿。

5. 谦卑

在与他人相处中，成功来自谦卑和悦。无论在社会生活中，还是在日常工作中，必须做到富贵不骄，贫寒不贱，用心做事，谦卑待人。

6. 和悦

有良好的精神状态，精力充沛。在工作中，要始终有一种饱满的工作状态。对人对事，只有打消为难心态，方能应对自如。

7. 戒贪欲

古人云：“利令智昏。”孔子说：“见小利则大事不成。”初入职场的大学生，必须牢记“不义之财不可取”和“君子爱财，取之有道”的古训。

（二）大学生知识技能修养的提升

大学生在选定职业之后，就要为从事这一职业做好充分的准备，特别是专业知识和技能的准备。要实现具有充足的理论知识和实践知识，需要在三方面加强自身知能的修养。

1. 课内外结合，博览群书

大学生的学习不仅限于课堂内所学，还要多方面学习，广泛涉猎，以便触类旁通。

2. 慎交友，交良友

大学时期，结交什么样的朋友非常重要。好的同学和朋友，可以改善个人的德行，增长知识和经验。孔子说："益者三友，损者三友，友直，友谅，友多闻，益矣。友便辟，友善柔，友便佞，损矣。"正直、机敏、乐业的朋友是一笔很可观的无形资产，会给予我们潜移默化的影响。

4. 抓住机会，强化实践

大学期间，虽然不会存在很复杂、影响力极强的大事，但是，多参与社团等活动，直接或间接参与一些事情的组织工作，可以了解和掌握解决问题的方法，树立应对事情的态度，可以增长胆量、见识、经验、思考力、判断力，有效地提高个人办事能力。

"冰冻三尺，非一日之寒"，大学生知能的修养的提升，不可能一蹴而就，必须靠日常的勤学力行，向他人学，向书本学，向社会学，潜心修学，才能实现知能的丰裕，满足工作的需求。

（三）大学生身体修养的提升

身体状态是完成职业工作必需的载体。人们在谈及人的素质时，往往忽略了"身体"这一关键因素。青年大学生在身体的修养的提升方面要注意的问题很多，如，生活习惯、生活节奏，包括清洁、饮食、服饰、起居、运动等。青年大学生，即便是满腹经纶、才华横溢，如果身体状况欠佳，也将只能是心有余而力不足。

（四）大学生职业修养的提升

1. 敬业

树立"职业神圣"观念。庄子说："用志不分，乃凝于神。"意思就是运用心志不分散，高度凝聚精神，将自己从事的职业加以研究，勤勉从事。

2. 乐业

只有乐业，人才能从职业工作中得到精神享受。孔子说："知之者不如好之者，好之者不如乐之者。"人生能从自己职业中领略出趣味，生活才有价值和意义。

3. 责任心

古人云：“一息尚存，此志不容稍懈。”“鞠躬尽瘁，死而后已。”无论什么职业，责任心、责任意识是做好工作的内在动力。

4. 进取心

有了职业，还必须有进取心，才能使事业发展起来。如果没有进取心，故步自封，工作上不想精益求精，事业就没有发展的希望。

5. 职业平等

“七十二行，各有差别”，不论从事什么行业，做哪方面具体工作，都是社会成员的一分子，都是在用自己的聪明才智为他人服务，为社会服务。因此必须摒弃职业贵贱观念，树立“职业平等”的意识。

第四章 就业观念与就业心理

第一节 大学生就业观念

随着大学毕业生人数的持续增加，近年来大学毕业生就业形势复杂严峻，大学生就业观念也因此在逐渐变化，大学生就业心理问题也明显增多。与此同时，大学生就业观念、就业心理问题都引起了社会的广泛关注。

“观念”这个词源自古希腊语“永恒不变的真实存在”，通俗理解就是人们在长期的生活和生产实践当中形成的对事物的总体的综合认识。就业观念即人们对就业的根本看法和总体态度，涉及就业主体、客体的诸多方面。

一、大学生就业观念的内涵

大学生就业观念是大学生的世界观、人生观和价值观在职业选择问题上的集中表现，它既包括大学生对所选择的就业单位或企业的性质、所在地、社会知名度、经济状况、福利待遇等方面的认识和评价，也包括对入职匹配状况、自身发展前景以及就业目的和意义等方面的认识和评价。

（一）大学生就业观念的特征

大学生就业观念是指大学生在选择某一职业时的一种态度、认识及心态，是个人对就业的一种反应性倾向，由认知、情感和行为倾向三个因素组成，具有稳定性、发展性和独特性的特征。

1. 稳定性

大学生就业观念是个体成长中逐渐磨合形成的，在特定的时间、空间和环境下是相对稳定的，因此大学生就业观念具有相对稳定性的特点。

2. 发展性

随着社会政治、经济、文化状况的发展，以及个人的世界观、人生观和价值观的改变，大学生就业观念也会发生改变，因此大学生就业观念具有发展性的特点。

3. 独特性

因每个人的生活经历、生活环境、受教育程度、思维方式及性格特点等各有不同，因此大学生就业观念具有独特性的特点。

（二）大学生就业观念的类型

按不同的参照标准，大学生就业观念可以划分为不同类型。例如，以就业条件认知为参照，大学毕业生就业观念可分为认知清晰的理智型、认知笼统的感性型、认知累积的经验型；以就业价值为参照，大学毕业生就业观念可分为利益主导型、生活主导型、兴趣主导型等。

但结合实践经验，我们可以把大学毕业生就业观念划分为四种类型。

1. 人际关系取向型就业观念

也可称为传统型就业观念，持有这种就业观念的大学毕业生注重工作中的人际关系，希望找一个稳定的“铁饭碗”，钟情于事业单位、国有企业，不太在意眼前的经济收入。

2. 经济待遇取向型就业观念

也可称为市场型就业观念，持有这种就业观念的大学毕业生看重经济收入和福利待遇，比较乐意到经济发达的大城市、大企业谋求一份赚钱机会和晋升机会多的工作，不太在意工作的稳定性与社会声誉。

3. 创业取向型就业观念

持有这种就业观念的大学毕业生有冒险精神，充满创业激情，敢于挑战，不怕吃苦，比较注重自己的兴趣爱好和心理感受，希望能创造一方属于自己的事业天空。

4. 生活取向型就业观念

也可称为撞钟型就业观念，这类毕业生没有特别的就业目标和打算，对求职就业也缺乏特别偏好，不太有主见，一般能安于现状，得过且过，他们乐于享受当下的生活。

二、大学生就业观念的变迁

伴随着我国大学生就业政策的变化，大学生就业观念的演变也经历了“统包统分”“双向选择”“自主择业”三个历史阶段，各个阶段大学生的就业观念均有其阶段性的特点。

（一）“统包统分”阶段

首先，从1978年到20世纪80年代中期，在计划经济体制惯性的影响下，就业实行的是“统包统分”的政策，大学生作为社会紧缺的精英人才，一切都是国家包下来，负责到底，该阶段大学生的就业观念及其最基本的就业倾向是“等、靠、要”，主要表现为“一切服从国家的分配，大学毕业即有铁饭碗”。同时，由于计划思想的制约，很难看到大学生职业意识培养的重要性。这一阶段大学生的就业观念比较被动、单一。其次，在当时经济制度的惯性作用下，大学生在面对就业时很难做出主观的抉择，择业标准难凸显个性。最后，就业意向重城市轻农村，大学生在就业的过程中，对自己将要从事的工作的评价标准以政治地位和社会地位作为第一位因素，几乎所有的毕业生都想留在城里谋得一份好工作，很少见到走向商业、服务业等第三产业的大学毕业生，大学毕业后回农村发展的更少见。

（二）“双向选择”阶段

从1985年开始，我国对高等学校毕业生的就业制度分步骤、分层次地逐步进行改革。1989年，国家对大学毕业生就业开始实行“双向选择”制度，使毕业生的就业逐渐走向市场化，这是毕业生就业制度上的一个重大转折。在这样的就业政策引导和社会价值观念深刻变化的影响下，该阶段大学生的就业观念出现了新的特点和趋势。大学生的就业观念的特点主要表现为：一是择业倾向上由单一、被动走向多样、主动，逐步提高了毕业生多样化就业的积极性和主动性，使更多的毕业生实现了多样化就业的愿望。二是大学生的就业观念也从过去的注重政治地位和社会地位逐步转向看重经济地位，在就业和择业的过程中注重经济利益，把经济收入的高低作为评价就业地区、就业行业和就业岗位的主要标准。近50%的学生倾向到三资企业、中外合资企业工作，相反，党政机关、科研部门等系统的吸引力大幅度地减弱。三是就职岗位形成无序流动，20世纪80年代中后期，刚毕业的大学生“先就业再择业”的越来越多，人才的流动逐渐活跃起来，就职岗位出现无序流动。

（三）“自主就业”阶段

1993年，国家改革高校毕业生“统包统分”的就业制度，实行少数毕业生由国家安排就业、多数由学生“自主择业”的就业制度。尤其是高等教育进入大众化阶段以后，高校毕业生的人数逐年递增，大学生就业的供求矛盾、结构性矛盾和选择性矛盾越来越突出，大学生就业的市场化和自主化取向也越来越明显，这已经成为大学生就业观念的主流。当前，大学生就业观念的特点主要表现为：一是大学毕业生的就业倾向逐步走向自主化，大学生由“等、靠、要”的被动就业，逐步转为向市场主动寻找职业。面对越来越大的就业压力，不少大学生利用空余时间学习现代实用技能，“考研热考证热”“外语热”和“出国热”等现象持续升温。同时，越来越多的大学毕业生就业时把发展前景作为择业的首要标准，逐渐打破机关、事业、企业和国有、集体、个体之间的等级观念。二是大学毕业生的就业倾向逐步走向个性化、多元化，大学生逐步构建了以市场和个体能力为本位的就业观念，努力使自己的主体选择与社会需要相协调，自我发展与社会发展相统一，在兼顾个人与社会发展的基础上更看重适合于个人发展的职业和岗位。三是“大学生创业也是就业”的理念已被普遍认同，大学生自主创业意识增强。

三、大学生就业观念的现状

随着就业形势的变化、高校就业指导服务工作的深入等，高校大学生的就业观念也在发生积极的变化。

一是大学毕业生已经意识到靠政府分配工作的时代已经一去不复返，大部分毕业生在找工作时，都会以实现自己的经济自立、不再依靠父母为基本目标。二是越来越多的大学毕业生青睐第三产业，尤其是与生活服务有关的第三产业。三是多次就业得到了多数大学毕业生的认可，毕业生普遍树立了先就业再择业的观念。但是，我们也要看到不少大学毕业生依然在就业观念上存在偏差，导致不能准确定位，错失工作机会。

（一）基本现状

随着大学生就业观念的不断变化，大学毕业生的就业观念也逐渐多元化。毕业生非常看重及比较看重的价值需求分别为薪酬福利、晋升机会以及公平公正，而看重职业服务他人或者管理他人的人数较少。可见，受国内经济发展转型及当代社会成功价值标准多元化的影响，当代大学生的职业价值观发生了微妙变化。

（二）大学生就业观念常见的问题

近年来，大学生“就业难”已经成为社会广泛关注的热点。大学生之所以“就业难”，除去其他原因外，大学生就业观念方面的问题也是重要的原因之一。当前大学生的就业观念中存在以下一些常见问题。

1. 盲目从众

这部分学生在大学学习期间多数缺乏明确的目标，没有认真思考过自己毕业后的打算以及自己的职业生涯发展。在毕业季，面对当前的就业形势和各种状况，缺乏客观理性的分析、认识，不清楚自己要干什么、该怎么干；面对各种就业信息，不能清晰理性地分析自身的优点和缺点，不清楚自己适合怎样的工作，就业观念缺乏主见，盲目从众。

2. 追求稳定

受传统观念影响，这部分学生对所谓的“金饭碗”情有独钟。在择业的过程中，凡是有所谓的获得“金饭碗”的机会都不会放过，以至于近年来大学毕业生考公务员、进事业单位的“热”一度“高烧不退”，也因此出现了不少“考霸”。

3. 眼高手低

尽管近年来大学毕业生人数持续增加，但若大学毕业生能转变就业观念，及时调整就业期望，毕业即失业的大学毕业生人数会减少较大一部分。每年毕业季的时候，一边是有的用人单位没有招聘到毕业生，另一边是不少毕业生苦苦在等待机会。其实这是因为有相当一部分大学毕业生就业期望过高，嫌弃用人单位所处的城市不好，抱怨工资低，认为工作太辛苦，不愿意去基层等，导致与工作机会失之交臂，而一直苦苦等待机会。

4. 依赖他人

这种类型的学生习惯于依靠他人的帮助，心理承受能力和独立能力较差。毕业开始找工作的时候，他们不想靠自己的努力去争取机会，表现为缺乏主动竞争意识，而总是想依赖他人，甚至把所有希望寄托在家庭和社会关系上，严重依赖他人。

除此之外，有些大学毕业生就业时过度关注眼前的利益、过度关注工资待遇，有些怕吃苦怕累，出现“慢就业”现象，甚至极个别大学毕业生逃避就业等。

第二节 树立科学的就业观念

观念是行动的先导，就业观念决定就业行动，大学毕业生能否及时顺利就业，在一定程度上取决于其能否根据形势变化和自身情况及时调整就业观念。因此，对大学生而言，树立科学的就业观念十分重要。

一、树立科学就业观念的意义

大学毕业生的就业观念是毕业生对求职就业的根本看法和总体态度，是其世界观、人生观、价值观的重要组成部分和具体体现，是个体接触、参与求职就业的相关实践经验的观念。与此同时，就业观念对就业行为具有导向、激励和调控作用，大学毕业生的就业行为无法避开其就业观念的影响。

首先，大学生树立科学的就业观念是大学毕业生科学有效择业的前提和基础，错误的就业观念必然导致大学毕业生的就业期望、就业行为出现偏差，甚至走入误区，并可能引发就业心理问题。例如，不少大学毕业生依然心存“天之骄子”的优越感，认为读了大学就理所应当有份好工作，留在大城市、大单位才能体现自己的人生价值，一些家长更是希望孩子毕业后能捧上“金饭碗”，因此找工作时一味追求物质待遇，重地位、重名利，错过了很多宝贵的机遇，最终可能导致“毕业即失业”。实际上不同的工作岗位只是社会分工不同，并无高低贵贱之别，大学生也是社会中的普通成员，要以普通劳动者的心态和定位选择工作。

其次，大学毕业生树立科学的就业观念有利于其正确认识自身价值与就业行为、就业结果之间的关系，合理规划职业生涯，树立长远眼光，确立合理的就业预期，及时就业，满意就业，开创属于自己的美好未来。例如，大学毕业生就业时，根据职业生涯规划，要实事求是地认识自己，不仅要考虑“我想从事什么”，更要考虑“我适合干什么”，确定符合实际的期望值。放宽视野，把眼光从竞争激烈的热门岗位移开，更多从自身实际、发展空间考虑，会发现往往因务实而“海阔天空”，最终实现高质量就业。

最后，大学生树立科学的就业观念是践行培育社会主义核心价值观的需要，既是其自身健康成长成才的需要，又符合当前我国经济社会的发展需要，符合我国人力资源市场的发展要求，有利于人力资源的优化配置，有利于大学生将个人需求与社会需求有机结合，在为社会做贡献的过程中实现个人自身价值。

综上所述，近年来虽然大学毕业生“就业难”已成为不争的事实，但是大学毕业生“就业难”，具体表现为难在大部分大学毕业生就业时一门心思地盯着大城市、大单位，而边远地区、基层单位虽急需人才却应聘者寥寥，其实质要求当前大学毕业生就业观念进一步转变。因此，大学毕业生树立科学的就业观念、培养良好的心态，已成为解决大学生就业难题的关键所在。

二、大学生“就业难”的主观因素

大学生就业观念的形成和变化，涉及社会经济、政治、文化、家庭、个人自身条件等诸多因素。其中，社会经济、政治、文化、家庭因素是影响大学毕业生就业观念形成的客观因素，也是大学生“就业难”的客观因素。但是，近年来之所以出现大学毕业生“就业难”，很大程度上与大学毕业生的主观因素有密切关系。具体而言，主要包括以下几个方面。

（一）注重个体的功利性

个体的功利性是指以功利为原则，即赞成或不赞成某种行为，其依据是以这一行为是增加还是减少利益当事人的幸福，以此作为道德价值取向。经济全球化带来了文化的全球化，西方的价值观时刻影响着大学生的就业价值取向，学以追求个人的最大幸福为出发点，越来越注重功利性。例如，“拜金主义”及“金钱不是万能的，但没有金钱却是万万不能的”等思想造成不少大学生就业主导思想的功利意识不断加强，许多大学生对工作的期望是“钱多事少离家近”，忽略自身的能力和特长。具体表现为“求大、求稳、求高、求闲”，“大”是指大城市、大机关、大单位；“稳”是指国家机关、事业单位等稳定工作；“高”是指高起点、高工资、高福利；“闲”是指悠闲、清闲，不愿主动承担责任和压力。因此，大学生在选择就业区域时更愿意考虑发达地区、沿海城市及大城市。但大学毕业生在就业时把个人利益看成是至高无上的，就容易忽视他人利益、社会利益和国家利益。例如，对于西部地区与农村地区来讲，公务员和老师的缺乏已经造成贫困的代际传递。“孔雀东南飞”严重影响西部地区和艰苦边远地区的经济社会发展，这些地区的发展亟待大批有生力量在国家的激励政策下去支撑。在全球化经济观念强化的同时，大学生就业观念的功利性倾向还表现在就业的专业意识淡化、唯利是图，进而忽略自身特长和能力的发挥。

（二）缺乏把控自我的能力

大学阶段，大学生的自我意识日趋完善，对于自我的存在及意义有比较明确的认识。但在择业过程中，却表现出目标与行为不统一，缺乏理智、冷静的心理准备，缺乏把握自我的能力。究其原因，一是多数学生对自己的评价偏高，时常产生自我欣赏、自我陶醉的心态，择业时容易出现期望值过高，进而错过最佳就业时机，多次受挫后如不能正确调试，有可能产生自怨自艾，基至全面否定自我的倾向等。二是就业也是一种竞争，竞争就有可能失败，失败后不能总结经验教训，不善于调整目标，缺乏竞争的勇气。三是缺乏责任感、“高不成低不就”的心态使得毕业生在初次就业后的工作岗位上不能脚踏实地，不能发挥艰苦奋斗的精神，缺乏责任意识，“做一天和尚撞一天钟”，频繁跳槽，导致企业对大学毕业生的评价越来越低。

（三）缺乏创新创业的主动性

在创新创业意识方面，目前许多大学生受传统观念的影响，对大学毕业后的创业持观望态度，他们缺乏创业的决心和勇气，也不愿意承担创业的风险，更不愿意承受创业过程中的艰辛。虽然当前大学生的创业实践机会越来越多，但大多数学生迫于资金的压力和经验的缺乏，对自己创业的积极性并不高。大学生作为高层次人才，不应当只是被动地求职，也可以成为主动的创业者，成为创新创业的主力军。因此，我国大学生的创新创业意识仍有待增强。

正是由于以上种种主观因素的影响，目前不少大学毕业生择业观念依然存在偏差，就业期望值和社会需求差距较大。一方面，县、市中小企业急需人才，部分毕业生不愿去第一线、基层，“有业不就”的错位现象依然存在。另一方面，一些学生的就业观念模糊，通常受到传统观念的影响，“不求发展，但求稳定”的观念深入人心，不敢面对就业的风险。抱着专业必须对口的想法，苦苦寻找“铁饭碗”，求职思路狭隘，择业方法随波逐流。除此之外，一些大学毕业生“高不成低不就”，在没有看清社会就业形势的情况下，好高骛远，没有结合实际做出明智的决定，错过最佳就业时机，从而陷入就业困难的窘境。

特别值得一提的是，近年来面对日益激烈的求职竞争，部分大学生“错峰就业”，让自己有更多的时间来积蓄力量，或者四处走走、多看看就业市场，从而主动选择“慢就业”。这一现象的出现引起了社会的关注，褒贬不一；但有一点需要警惕，千万别把“慢就业”当成“懒就业”的借口。

三、大学生的就业观念调适

大学毕业生作为国家宝贵的人力资源，是国家建设的新生力量，是祖国的未来、民族的希望，是党和人民事业发展的生力军。党中央、国务院历来十分重视大学毕业生就业工作，近年来大学毕业生“就业难”更是引起全社会的广泛关注。然而，大学毕业生能否转变就业观念是解决当前大学生“就业难”的思想基础和前提。因此，面对当前依然严峻的就业形势，大学生应适时调适自己的就业观念，并努力树立科学的就业观念。例如，自主就业观念、基层就业观念、竞争就业观念、先就业再择业观念、创业即就业观念。

（一）自主就业观念

随着高等教育大众化时代的到来，特别是国家就业政策的改革，自主择业已经成为现在就业的主流模式。作为新时代的大学毕业生要清晰地看到这一点，抛弃传统的就业观念，牢固树立自主就业、自谋职业的观念。在大学期间，要积极进行职业生涯规划，努力学习专业知识、不断储备自主择业的本领，毕业阶段，要广泛了解和收集就业信息。对自己准确定位，大胆推销自己，而不能等待用人单位来选择。

（二）基层就业观念

目前，国家大力鼓励大学生到基层、偏远地区就业，出台了一系列政策法规和专项计划，比如，大学生志愿服务西部计划、“三支一扶”计划、农村义务教育阶段学校教师特设岗位计划、选聘高校毕业生到村任职工作计划。这些计划为大学生就业提供了大量工作机会，并且国家还构建了比较完善的社会保障体系，制定了一系列相关优惠政策，解决大学生就业的后顾之忧，是目前大学生就业的主要渠道。因此，大学生要以积极的态度对待基层就业，转变观念，开阔视野，要以理性、务实的心态迎接基层就业可能面临的机遇与挑战。

（三）竞争就业观念

随着社会主义市场经济体制的建立，市场经济最显著的特点之一是竞争。没有竞争，整个市场就失去了活力，经济就不能很好地发展，社会也难以前进。竞争可以发挥人们自立、自强、自主的精神，调动人的内在潜能，增强工作和社会活动的能力。因此，竞争意识是现代毕业生必备的素质之一。大学生就业市场同样存在着激烈的竞争。竞争可体现公平，有利于选择人才；竞争可提供实力较量，有利于人尽其才、优胜劣汰；同时克服了旧体制的弊端，使得毕业生在就业中由被动变为主动，调动了个人的积极性，通过竞争，寻求理想的职业。面对就业竞争的现实，大学生应当摆脱被动依赖、消极等待的状态，敢于竞争，树立“爱拼才会赢”的观念，做好多方面的竞争准备。

（四）先就业再择业观念

所谓“先就业再择业”是指大学生在职业选择中，应以低姿态走入社会，从基层做起，先完成就业的目标，待到能力、经验提升到一定程度之后，再进行二次择业。而现代社会为人们提供了独立的发展空间，市场优化配置资源的方式是合理流动。社会上不再有从一而终的职业，“一次就业定终身”早已不现实，毕业生不必在短时间内找一个固定的“铁饭碗”，要学会在流动中求生存求发展。人事制度的不断完善，为毕业生的流动就业创造了条件，毕业生将户口回迁生源地，把档案托管在工作地的人才交流中心，哪里找到岗位就在哪里就业，因此，大学生要打破“一步到位，从一而终”的就业观，树立不断进取的职业流动观念，并学会在流动中发现机会、抓住机会、把握机会。

（五）创业即就业观念

在就业形势日益严峻的今天，创业已经成为开辟大学生就业途径的有效方式。国家也相继出台了一系列鼓励大学生自主创业的措施和政策，比如，小额担保贷款和贴息支持、免收有关行政事业性收费、提供培训补贴、免费获得创业服务等。因此，当代大学生要树立起自主创业的观念，在市场中探索，在闯荡中提升自身能力，不断提高和展现自己的能力和水平，掌握就业的主动权。诚然，自主创业具有一定的风险，但是大学生拥有丰富的知识和技术，富有开拓精神，蕴藏着巨大的创业潜能，自主创业是大学生发挥自己的主观能动性和聪明才智的广阔舞台，是符合时代要求的就业趋势。

第三节 大学生就业心理调适

近年来，各大媒体频繁报道关于大学生“就业难”的各类消息，从北大学子卖猪肉的新闻到名校研究生争当“掏粪工”的怪象……面对当前严峻的就业形势，不少大学毕业生不能正确把握自我与社会的需求，求职择业过程中心理上易产生种种矛盾与冲突，但要成功找到一份适合自己的工作，保持良好的就业心理尤为重要。

一、大学生就业心理概述

什么是就业心理的范畴，我国学者在心理学的基础之上展开对大学生就业心理问题的研究，从多种维度对“就业心理”进行界定和分析。

（一）大学生就业心理的内涵

大学生的就业心理是指大学生在考虑就业问题、为获得职业做准备及寻求职业的过程中产生的各种心理现象，这是从求职层面的心理现象。对就业心理概念进行界定。同时，我国也有学者认为，大学生在面临就业问题时，为了获得心仪的工作会做一些准备，在求职过程中会遇到种种不顺，这些会对大学生的心理产生影响，大学生的就业心理可以从认知心理、情绪心理、社会心理三个层面进行分析。这是从情绪层面对就业心理概念的阐述。另有学者认为，大学生的就业心理是以就业为中心，在其他心理的共同作用下形成的，它的产生、变化与发展过程是很复杂的。一般来说，可以将其分为就业心理倾向、就业心理素质和就业心态三个方面。就业心理倾向就是指对大学生就业有推动与指向作用的那些具有动力性的心理因素。它决定着大学生对就业活动的认识、评价与态度，并在很大程度上影响着大学生的就业行为。就业心理素质是指对大学生就业有重要影响的心理能力、活动水平及人格特点，它涉及的内容非常广泛，包括业务能力、职业成熟度、就业人格特点方面。就业心态是指大学生在面对有关就业问题时，特别是在准备就业与寻求职业过程中形成的具体的心理状态，如，焦虑、失落、犹豫等。这是从心理活动方面对就业心理概念的分析。这三个方面相互联系、相互影响，共同形成了大学生就业心理研究的内容。

综合各方面的论述，本书认为大学生就业心理是大学生在就业过程中所呈现出的各种心理状态和心理特征的总和，它贯穿于大学生学习和生活的全过程，影响着大学生的求职择业行为，直接决定着就业的成败。

（二）大学生就业心理的特征

大学生的就业心理很复杂，不同学校、年级、性别的大学生，他们的就业心理也会表现出不同的特征。目前，我国大学生的就业心理主要表现出以下特征。

1. 自我意识增强

大学四年的理论知识学习和社会实践经验，使得大学毕业生对于自我价值有了更深的主观认识。然而，这个年纪的大学生，世界观、人生观和价值观的建立尚未完善，在外部复杂环境的影响下，他们往往对自身不能有准确的认识。因此，在就业过程中缺乏冷静的分析和客观的判断，不能权衡利弊，做出正确的选择。

2. 情绪波动频繁

大学生还处于人生的成长阶段，理智和情绪等各方面发展没有完全成熟，情绪变化大，易怒易冲动。同时，这个时期的大学生社会经验不足，认知结构也不完备，对事物的客观评价和预期往往与实际不一致，容易导致比较强烈的情绪反应。当他们出现焦虑、抑郁等不良情绪时，常深陷其中不能自拔。

3. 抗挫折能力不足

大学生的行为意识主要表现为年轻气盛，自尊心强，有远大的理想和抱负，但是由于各种因素的制约，大学生在实现理想的过程中往往表现出抗挫折能力不足的特征。一方面他们大多是独生子女，从小生活在父母长辈的呵护和关爱之下，没有经过艰苦条件的磨炼，很难养成吃苦耐劳的精神，不愿意到条件艰苦的一线去工作。另一方面，他们对社会、职业、环境缺乏深入了解，在渴望尽快获得成功的心理暗示下，一旦就业遭遇挫折，就易意志消沉，抵抗不住失败的打击，影响未来发展。

4. 注重实现价值

大学毕业生普遍认为自己是综合素质较高、心怀梦想、充满斗志，期望得到社会认可的高等人才。但是，他们又缺乏吃苦耐劳的心理准备，排斥到偏远山区和基层地区工作，渴望留在所谓的大城市、大公司或者自己的家乡工作，也没有自主创业的勇气。最希望能进入国企、事业单位等待遇稳定、工作环境舒适的地方工作，缺乏砥砺前行的精神。

二、常见的大学生就业心理问题

近年来随着大学毕业生的持续增加，就业压力不断增大，“就业难”已经成为大学生毕业时必须面对的现实。因此，大学毕业生就业过程中常见以下几种就业心理问题。

（一）自卑心理

自卑是一种消极的心理现象，是轻视自己或对自己不满，认为自己无法赶上别人或适应。要求的情绪体验。面对当今大学生就业的严峻形势，一些大学生在求职择业中往往过低评价自己，对择业缺乏自信心，过于怯懦，不敢竞争，特别是在遭受挫折之后，觉得自己处处不如人，悲观失望，阻碍了其自身聪明才智的发挥。通常大学毕业生的自卑心理主要表现为：缺乏正确的自我认识，缺乏信心和勇气；不敢面对竞争，疑神疑鬼；有的“衣破怕风”，害怕别人发现自己的缺点与不足，稍遇挫折，就一蹶不振，畏缩不前。

（二）自负心理

自负心理，简言之，就是盲目自大，过高地估计个人的能力，失去自知之明。自负的人总是自我感觉良好。自我估计偏高。其主要表现为：择业期望值过高，容易脱离客观实际。

在择业中，有些大学生好高骛远、自命不凡，对用人单位挑剔太多，挑三拣四，导致与不少适合自己发展的用人单位失之交臂。但对大学毕业生来说，在适当的范围内，自负可以激发他们的斗志，树立必胜的信心，坚定战胜困难的信念，使他们能够在就业过程中勇往直前。但必须强调的是，这种适当的自负必须建立在客观现实的基础上，否则会影响生活、学习、求职择业和人际交往，严重的还会影响心理健康。

（三）虚荣心理

虚荣心理是一种自尊心的过分表现，它是一种过分追求虚荣的性格缺陷，是人们为了取得荣誉和引起普遍的注意而表现出来的一种不正常的社会情感和心理状态。其主要表现为：盲目攀比，好大喜功，过分看重别人的评价，自我表现欲太强，有强烈的嫉妒心等。在择业过程中，许多大学生以自我为中心，过于贪图物质享受，把“高人一等”的职业作为自己的理想追求，希望自己成为别人羡慕的对象和关注的焦点。有这种虚荣心理的学生，思想游离于现实之外，一旦这种虚荣心理不能得到满足，就会产生强烈的挫败感。

（四）从众心理

从众心理，是指个体在群体压力下，在认知、判断、信念与行为等方面自愿与群体中多数人保持一致的现象。其主要表现形式包括：一是表面服从，内心也接受所谓口服心服；二是口服心不服，出于无奈只得表面服从，违心从众；三是完全随大流，谈不上服不服的问题。就从众心理对大学毕业生就业的影响而言，既有积极意义，也有消极意义，主要看从众行为的具体内容。有的大学生忽视自己的特性与创造性，其行为有时虽然不是按照个体本意做出的，但却是个体的自愿行为。显而易见，这种从众心理是缺乏自主性和竞争意识的，不顾主观条件和客观现实，跟着感觉走，盲目从众，对大学毕业生就业的影响是消极的。

（五）依赖心理

一些大学生缺乏自主择业意识，不愿参与市场竞争，把找工作寄托于父母与亲朋好友身上。其主要表现为：在一些事情面前毫无主张，缺乏应有的处事和办事能力；还有一些大学生找工作时总爱拉父母、同学为伴，希望能相互照应，在对用人单位的选择中，往往不看是否适合自己，也不凭自身思考来决断，而是过于遵从父母之意或听取朋友之言来取舍职业。

（六）攀比心理

在择业过程中，许多大学生不能从自己的实际情况出发，不量力而行，而是一味地追求个人意愿或盲目地与其他同学相比较，当主观上认为职业选择不理想或不及其他同学时，便会彻底否定自己的选择，最终错过许多的择业机会。这种不良心理容易导致大学生不能正确地、客观地、公正地评价自己，是一种个人主观性很强且不符合实际的自我欣赏。

三、大学生就业心理调适

就业心理调适，就是大学生应对就业过程中出现的负面情绪、困难与挫折时所进行的心理调节，情绪调整，可帮助大学生塑造良好的心理素质，使自己达到或者始终保持一种健康的心理状态。实践也表明，积极的就业心态能够帮助大学生直面就业时的压力，做到理性择业、科学择业。因此，大学生应当树立科学的就业观念，积极主动地进行心理调适，这样方能在竞争的激流中奋力拼搏、驶向成功。结合大学生就业心理特点，实用性强、效果好的调适方法主要包括以下几种。

（一）主动宣泄法

情绪释放、倾诉心中不悦、酣畅淋漓的运动等方式能帮助大学生释放心中的负性情绪，全面认识自己，坦然面对来自生活、就业等各方面的困扰，帮助大学生培养健康的身心。

1. 情绪释放法

当处于焦虑、抑郁状态或者面对择业失败时，要及时主动地进行宣泄，释放心理压力。

比如，可以对着远方大声喊“啊——啊——啊——”或者高歌一曲，既简单又有效。同时，人在哭泣时流出的眼泪会产生高浓度的蛋白质，可减轻或者消除人的压抑情绪，因此当感到委屈或不幸时，在无人处大哭一场也不失为一种好方法。

2. 倾诉调节法

普遍看来，沟通是缓解情绪、解决各种矛盾最有效的办法之一。大学毕业生心理承受力弱，同时面临来自社会、角色转换、入职后的适应等多方面的压力，当感到迷惘失措、焦虑不安、烦躁易怒的时候，不妨尝试向朋友、老师倾诉，把心中积聚的消极情绪倾诉出来，以便得到宽慰和开导，再听听来自他人的建议，做好自我调节。仔细想一想，笑看挫折，从头再来也没什么大不了。

3. 运动宣泄法

科学报告显示运动可以释放快乐因子。因此，当遇到艰难的局面无法坚持、工作屡次受挫、在困难面前想要退缩的同学可以选择打球、跑步、爬山等自我感觉有效的方式，尝试宣泄，使紧张的情绪得以缓解或消除。

宣泄情绪是为了更好地认识自己，调节自己不良的情绪，帮助自己理性地看待择业过程中的各种挫折。但大学生也要注意合理宣泄情绪，要注意度的把握，注意场合、身份、气氛，要做到不伤害他人、不伤害自己，不损坏物品，宣泄要没有伤害性和破坏性。

（二）自我激励法

自我激励法主要是指用正确的思想观念、生活中的哲理或榜样的事迹来激励自己，同各种不良情绪进行斗争，相信失败和挫折终将成为过去，要勇敢地面对下一次挑战。每个人面对生活压力、就业压力、竞争压力时，表达的方法不一样，想法也不太一样，当然最终的效果也不一样。总有一部分人会被压力打倒，不再自信，变得自卑、一蹶不振，从而盲目求职甚至处于待业状态。我们可以通过幽默化自嘲、言语暗示、自我鼓励等方式，对自身施加影响达到放松紧张心理、缓解不良情绪的目的。比如，积极自我暗示的语言有“我要做一个乐观开朗的人”“我是最棒的”“我一定可以的”“我具有强大的行动力”“我一定能实现自己的美好愿望”和“今天我很高兴”等。

对于大学生来说，要多对自己进行积极的自我暗示。当遇到不顺心的事情时，积极的自我暗示能有效地将不良情绪转化为正常心态；面试时进行积极的自我鼓励也会有效缓解胆怯、信心不足、紧张等不良情绪，有助于面试发挥；在面对意外事件或择业受挫时，也要鼓励自己不要惊慌失措，不要冲动，应该首先让自己变得冷静，再寻找解决方法。这也是大学生成功走向社会，进引入职场而应该有的自我成长。

（三）意志坚定法

在就业过程中屡遭失败，很大一部分是由于求职意志不坚定、自信心减弱、自卑感严重造成的。选择逃避、轻易放弃往往会使自己与成功择业失之交臂。因此，培养坚定的意志是大学生就业心理调适的重要部分。

大学生可以在日常生活学习中，刻意训练自己的意志力，比如，定好闹钟，坚持每天早起；不受天气、心情等影响，坚持每天固定时间跑步等。同时，当代大学生应该理性看待择业失败，不要怨天尤人；应正确看待自己的优势与劣势，选择自己合适的行业，因为“三百六十行，行行出状元”。

（四）放松训练法

放松训练又称“松弛训练”，是一种通过训练有意识地控制自身的心理活动、降低唤醒水平、改善机体功能的心理咨询与治疗方法。该方法实用有效，较少受时间、地点、经费等条件限制，可以帮助人们减轻和消除各种不良身心反应，如，焦虑、恐惧、紧张、失眠等症状，实用性强。在择业时如有此类心理反应，可在专业人员的指导下尝试进行放松练习。

1. 呼吸放松法

该法包括鼻腔呼吸放松法、腹式呼吸放松法和控制呼吸放松法。以鼻腔呼吸放松法为例，放松训练时：在一个舒适的位置上坐好，姿势摆正，将右手的食指和中指放在前额上，用大拇指按压住右鼻孔，然后用左鼻孔缓慢地轻轻吸气，再用无名指按压住左鼻孔，同时将大拇指移开，打开右鼻孔，由右鼻孔缓慢地尽量彻底地将气体呼出，再用右鼻孔吸气，用大拇指按压住右鼻孔，同时打开无名指，再用左鼻孔呼气，由此作为一个循环。5 个为一组，重复 10 ~ 25 个循环。慢慢体会，全身心都会非常放松，感受到身心的舒服。

2. 想象放松法

想象放松法也是一种调节心情的好方法。首先可以找到一个自己曾经经历过，能够给自己带来愉快轻松的感觉，有着美好回忆的场景，可以是海边、草原、高山等，用自己的多个感觉通道（视觉、听觉、触觉等）去感觉、回忆。

（五）合理情绪疗法

合理情绪疗法（又称情绪 ABC 理论）由美国著名心理学家埃利斯（A. Ellis）于 20 世纪 50 年代创立。该理论认为，引起人们的情绪困扰的是人们对事件的态度、看法、评价等认知内容，因此要摆脱情绪困扰不应致力于改变外界事件（A），而是应该改变认知（B），通过改变认知，进而改变情绪和行为（C），此为 ABC 理论模式。该理论指出，诱发性事件只是引起情绪及行为反应的间接原因，而人们对诱发性事件的信念、看法、理解才是引起人的情绪及行为反应的更直接的原因中。例如，正在校园中行走的两个同学，向着朝向自己走来的老师点头打招呼，可是老师由于没有注意到而没有回应。这两个学生中的一个认为：“他也许正在想其他事情，还没有注意到我们。”而另一个却可能有不同的想法:“是不是我有什么事得罪了老师，他就故意不理我了，以后可能就要故意找我的麻烦了。”两种不同的想法就会导致两种不同的情绪和行为反应，前者可能觉得无所谓，而后者可能忧心，想法很多。由此看出，人的情绪及行为反应与人们对事物的想法、看法有直接的关系。

对于大学生来说，如果总是有一些不合理的信念，将会给自己的生活，学习和求职带来很多的困扰。因此，作为当代大学生，应该保持豁达、健康的处事理念和就业心理。当出现不合理信念时，首先学会自我调节，换角度思考事情，理性分析事由，以乐观的心态面对就业过程中遇到的挫折，用合理的信念主导就业之路，追求健康快乐人生。

第五章 就业准备与求职技巧

第一节 大学生就业准备

面对竞争激烈的就业市场，大学生应该积极“备战”，做好求职准备，包括就业信息的分析整理，有针对性地设计和制作求职简历并有效投递，以及加强面试等有关应试技巧的训练，全面提升自己的就业竞争力，从而打赢“应聘战”。

机遇只偏爱那些有准备的人。因此，大学毕业生只有做好充分的就业准备，才能从容面对自己的求职之路，才可能实现自己的求职梦想。

一、就业准备概述

大学生就业准备，狭义上是指大学生为了求职所做的如收集就业信息、准备就业材料等具体的准备工作。广义上是指大学生为了能够从事某种职业或获得某种职位，在一个相当长的时期内所做的有关准备，包括知识、能力、素质等方面的准备。

（一）就业知识准备

大学毕业生要在就业竞争中占有先机并脱颖而出，足够的知识准备是不可或缺的，具体包括马克思主义基本理论知识、基础知识和专业知识等。掌握马克思主义基本理论知识有利于大学毕业生正确的世界观、人生观和价值观的形成，还有利于个体在职业生涯中认识、把握事物发展的客观规律。基础知识包括自然、地理、文学、艺术、历史、哲学和数学等方面的知识，既是大学生在日常生活或一般活动中所需要的普通知识，也是大学生知识结构的根基，大学毕业生无论从事何种职业，这些知识都是必不可少的。专业知识是大学毕业生从事某种职业或进行某种特殊活动所必备的知识，是大学生知识结构的核心和主体，通常与大学毕业生就业的核心竞争力密切相关。每个大学生在校期间都必须系统地学习、牢固掌握本专业的专业知识，并在实践中努力把专业知识转化为专业实践能力。

（二）就业能力准备

知识和能力之间存在一种辩证关系，知识是能力的基础和前提，能力是知识在实践运用中的外在表现。对大学毕业生而言，通过大学阶段的学习，具备了较丰富的知识。但大学生应在知识积累的基础上，通过知识的结构化、系统化等方式建立适合现代社会职业发展需求的知识结构，并在实践中把知识内化为相应的能力，从而做好就业能力的准备。通常不同的学生其能力素质有所差异，但根据现代社会职业发展的要求，大学毕业生必须具备较强的学习能力、语言表达能力、实践能力、创新能力、组织协调能力、适应能力、社会交往能力和团结协作能力等。

（三）就业素质准备

大学毕业生具备相应的知识和能力后可以做好“事”，但具备相应的素质却可以做好“人”。因此，大学毕业生就业素质准备的重要性不言而喻。随着经济社会的快速发展，现代社会中职业对大学毕业生的素质要求越来越高，用人单位不仅关注大学毕业生的专业业务素质和一般文化素质等智商素质，而且关注大学毕业生的思想政治素质、人格道德素质、法律素质和身心素质等情商素质。换言之，用人单位更关注大学毕业生的综合素质，故大学生在校期间应尽可能地全面发展、全面提升自身的素质。

二、就业信息准备

就业信息，是对与就业有关的所有信息的统称。广义而言，包括就业政策、就业流程、就业形势、求职技巧等一切有关就业的信息；狭义而言，则仅指单位招聘信息，是信息在劳动力市场中的特殊表现形式。对大学生而言，是指能被大学生所接受并对其所从事的职业有价值的消息、资料和情报，是大学毕业生择业基本前提、择业决策重要依据和顺利就业的必要基础。

（一）就业信息的收集

收集就业信息是大学毕业生获得面试机会、成功求职的必要前提。通常大学毕业生可通过以下途径收集有关的就业信息。

1. 招聘会

根据招聘会承办主体不同，可以分为校园招聘会和社会招聘会两种。校园招聘会是经学校就业指导中心或相应机构同意由招聘单位直接进入学校举行的现场招聘会。一般而言，每年 9 月下旬至 12 月上旬，及次年 3 月上旬至 5 月中旬，是企业进入高校招聘的两个高峰期。

社会招聘会是由政府机构，如，人力资源和社会保障局、人才交流中心，或专业人力资源公司、社会中介机构统一组织的招聘会，这种招聘会多带有社会招聘性质，也有针对应届毕业生的专场招聘。政府部门组织的招聘活动，具有公益性质，一般规模较大、针对性强，如，应届毕业生求职专场、残疾学生求职专场等，这些招聘会对大学生的求职帮助较大。由专门人才公司、社会中介机构组织的招聘会，场次多、岗位多、范围广，面向全社会人员，应届毕业生优势不明显，同时也需要大学生辨别信息真伪，保障自身安全。

2. 互联网

利用互联网求职更方便、更快捷，受到大学生的普遍欢迎。大学生可利用各类就业信息网站获取就业信息。值得注意的是，在互联网求职中，网络简历筛选主要是通过“关键词查找”来实现的，如，有关英语四级、计算机二级、职业资格证书的信息。因此，大学生在撰写简历的时候，要尽可能地覆盖更多关键词，提高简历被选中的概率。

3. 社会实践、毕业实习

社会实践是大学生获取就业信息的重要途径之一。在社会实践的过程中，通过自己的努力获得用人单位的好感及信任，获得就业信息甚至直接谋得职位的大学生不乏其人。因此，大学生在各种社会实践活动中，在了解社会、提高思想觉悟、培养社交能力的同时，也要做一个收集就业信息的有心人。此外，毕业实习也是大学生收集就业信息的一个有效途径，尤其是师范类、应用技术类专业的学生，都有较长的实习期，有些实习甚至还是校企合作的订单式培养。很多用人单位也是通过实习来选拔员工的，用人单位通过实习对大学生进行考查，一旦实习合格，用人单位便会愿意抛出“橄榄枝”。

4. 他人推荐

学校推荐、亲朋好友推荐，都是获得就业信息的重要方式。例如，有些单位长期与学校保持较密切的合作，其人员招聘信息往往通过学校内部相应渠道进行传递，其中委托学校就业指导中心或辅导员进行定向推荐就是常见的一种方式。这种推荐一般具有较强的针对性，容易达成协议。另外，有的用人单位也特别重视通过重要关系推荐的学生。在此强调，“重要关系”并不是希望利用特殊身份去进行不正当竞争，而是合理整合资源，并以此获得相应的支持和帮助。

5. 报纸、杂志等媒体

通过报纸、杂志、电台、电视台、视频媒体等也可以获得就业信息，这些方法虽然传统，但也是获取就业信息的重要方式。如，综合性报纸的人才招聘专栏、专门的人才信息报纸和杂志，以及电台、电视台的求职专题栏目等。这些媒体除了能提供有关就业信息外，更重要的是其往往能提供大量典型案例、求职经验等，对大学毕业生有一定的参考价值。但应当注意的是，一定要通过正规报纸、杂志等媒体获取就业信息，以免上当受骗。

（二）就业信息的筛选和利用

大学毕业生收集到的各类就业信息，只有结合自己的实际，依据有关法律、法规和政策进行有目的、有针对性的有效筛选和整理后，才能更好地为自己的求职择业服务。

1. 就业信息的筛选

在筛选就业信息前，我们必须对自己做出一个全面的认知和正确的自我评价，要想清楚自己看重什么、喜欢干什么、能干什么、适合干什么，并在筛选的过程中主要注意以下问题。

首先，应明确评判就业信息价值或好坏的标准，并能结合实际做出适当的调整。例如，在选择职业时，有些学生看重工作平台和未来的发展空间，有些学生看重福利待遇，有些学生看重地理环境，等等，这些倾向性无所谓对错，却往往能成为学生筛选就业信息的重要标准。需要提醒的是，在求职过程中，大学毕业生要明确自己的核心标准，但同时也要知道这个核心标准可以根据实际情况进行相应调整，避免将标准定得死、严、多，这样会导致可供选择的目标对象少而窄。例如，某高校毕业生王某，在选择职业时，希望能到上海就业，这也是他最看重的核心因素，然而将其他因素一并考虑时，可供王某选择的企业就太少了，在征求多方意见后，王某将“工作地点”这个核心因素调整为北京、上海、天津和重庆等直辖市，之后王某便顺利地在重庆找到了自己心仪的企业。

其次，应仔细辨别信息真伪。就业信息既蕴藏着就业机会，但也可能潜伏着就业陷阱。因此，大学毕业生获取就业信息后务必要对信息进行严格的鉴别和判断，有效剔除虚假就业信息。在这个过程当中，尤其是对通过互联网、媒体广告等方式获得的就业信息，一定要认真辨别、认真核实。

最后，应根据标准选择相应的目标，并建立就业信息档案。对于初步筛选出来的信息，需要进行进一步的完善和整理，并认真评估其可利用价值的大小。对于经过最后整理确认的信息，要围绕求职目标建立对应的信息资料库，以便于在求职过程中能进行及时查找和有效利用。

2. 就业信息的利用

在就业信息筛选的基础上，大学毕业生应根据个人兴趣、性格、能力、价值观和家庭情况等因素确定目标单位，并针对目标单位建立信息库。

特别需要强调的是，大学毕业生建立目标单位信息库时，确定的目标单位要以可行性为前提，同时应结合自身有关因素进行综合考虑，但也要避免参考的因素过多，导致目标单位很少，甚至无法找到目标单位，面对一系列目标单位，大学毕业生可建立目标单位的招聘信息列表，具体记录的信息内容可以根据自己的实际需要进行设定，并注意信息的补充、更新，这样更能有效地管理和利用有关信息。

此外，大学毕业生可制作一份简历投递追踪表，提高已掌握的就业信息使用效率，进一步加强对自己的应聘进程的管理。

三、就业材料准备

大学毕业生的就业材料是全面反映毕业生的基本信息、特长、兴趣爱好、学业完成情况以及学校评价等内容的有效载体，是用人单位了解大学毕业生基本情况的重要途径。通常就业材料包括就业推荐表、自荐信、个人简历和证明材料（如，学习成绩单、技能证书和荣誉证书等）等，充分的就业材料准备是大学毕业生求职成功的第一步。

（一）就业推荐表的准备

就业推荐表是学校向用人单位介绍、推荐本校毕业生的书面材料，包括学生个人的基本情况、奖惩情况、自我鉴定、辅导员（或班主任）意见、学校意见等，可靠性高是用人单位直观了解学生的一项重要材料。因此，大学毕业生在填写就业推荐表时务必认真，切不可草率了事，要确保内容翔实、字迹端正，切不可弄虚作假。具体而言，在填写过程中需注意以下事项：①姓名，必须与身份证上的姓名相一致；②专业，填写专业全称，不填专业方向；③特长爱好，要能体现自身特色，最好能结合自己的专业和要从事的职业；④本人简历，主要填写求学和参加社会实践的经历，注意与本人简介的区别；⑤担任社会职务及相关实践情况，内容可以包括担任学生干部的经历和参加社会实践的经历，能体现毕业生的管理能力、组织协调能力等；⑥奖惩情况，填写在校期间相关情况，尽量注明相应的时间或学期；⑦照片栏，尽量选择正装照，以体现专业、严谨的作风。

（二）自荐信的准备

自荐信是求职者向用人单位介绍自己的情况，并恳请其录用的专用性文书，目的就是让对方了解、信任自己，并录用自己，它是一种私对公并有求于公的信函。通常一封好的自荐信能吸引用人单位翻阅你的简历，且能解决好以下几个问题：你是谁，你要申请什么职位，你为什么适合这个职位……并表明希望得到面试机会，注明你的联系方式。

自荐信实质上就是简短的自我介绍信，但也有较为固定的形式和内容，一般由开头、正文、结尾、落款四部分组成。大学毕业生写好自荐信，要注意以下事项：①态度诚恳，措辞得当，用语委婉而不隐晦，自信而不自大；②着眼现实，有针对性，动笔之前应对用人单位的情况进行相应了解，以免脱离实际说外行话或空话、套话太多；③实事求是，言之有物，自己的优点要突出，缺点也不要隐瞒，切记不可夸夸其谈，更不能弄虚作假；④富有个性，不落俗套，应紧密结合个人情况认真准备，不要千文一面，更不要照搬照抄其他人的自荐信；⑤言简意赅，版面美观。

（三）个人简历的准备

个人简历是个人教育背景、生活背景、个人能力、个人兴趣爱好和个人取得成绩的一个简短的集锦，是求职者向用人单位进行的自我展示。通常个人简历包括个人基本信息、教育背景、主要课程、工作实践经历、获奖情况、个人特点和求职意向等内容。设计制作个人简历时要注意以下事项。

1. 个人基本信息要准确

主要指姓名、性别、出生年月、身体状况、本人联系方式（包括联系电话、电子邮件、通信地址等）等要准确。

2. 求职意向要求明确

指你希望从事的行业或职业，一定要写清楚，以便于用人单位了解你从事该行业的决心。

3. 教育背景信息要相对完整

主要包括毕业学校、所学专业、学位等，要填写完整。填写时按倒序方式填写，即把最近获得的学位或最高学历写在前面。

4. 主要课程要有针对性

大学毕业生制作简历时应将与应聘岗位相关的主要课程罗列出来，体现相应的针对性、专业性。

5. 工作（社会实践）经历要真实

对于在校学生来讲，工作实践经历既包括在校期间担任学生干部的经历，也包括社会实践、兼职或实习等经历，内容务必真实，不能胡编乱造相关经历。

6. 获奖情况要突出重点

对在校期间获得的各种奖励、奖学金、荣誉称号及参加各种竞赛获得的名次等，获奖情况较多的，建议不必逐一罗列，要突出重点地列出含金量高的获奖情况。

7. 能力特长与兴趣

爱好要突出个性。

（四）证明材料的准备

证明材料的准备相对比较容易，对每个大学毕业生而言，它一定是真实的、客观的，没有的材料不能伪造。通常用人单位比较关注的证明材料包括以下几种：①由学校教务部门出具的成绩单；②技能证书（可以是复印件或扫描件）；③荣誉证书（可以是复印件或扫描件）；④成果证明材料；⑤其他有关专长、爱好的证明材料。

提供以上证明材料时，为了方便携带和归档，可以使用复印或扫描件，并进行简要分类，做好目录，便于用人单位查阅。

第二节 大学生求职简历

求职简历，是用人单位了解求职者的“第一扇窗户”，也是用人单位对求职者进行分析、比较、筛选，最终决定录用的主要依据之一。一份好的简历，可以让求职者脱颖而出，能够引起用人单位对求职者的兴趣和关注，瞬间抓住用人单位的心，赢得用人单位的青睐。

一、求职简历概述

求职简历，又称求职资历、个人履历等，是求职者将自己与所申请职位紧密相关的个人信息经过分析整理并清晰简要地表述出来的书面求职资料，是一种应用写作文体。

（一）求职简历的基本形式

常用的求职简历一般分为文字型简历和表格型简历两类。

1. 文字型简历

文字型简历就是用文字来描述自己的经历，如，个人基本情况、工作经历、个人成绩、获得的奖励等。传统个人简历的写法是按时间的先后顺序列出自己的学习、工作经历或者根据需要，有选择地列出自己的某些经历，以充分展示自己的技能和才干。文字型简历的好处是便于求职者详细、完整地介绍自己的有关情况。

2. 表格型简历

表格型简历是以表格的形式分栏目地介绍个人情况。它比较简练，一目了然，是许多大学生喜欢采用的个人简历的形式。特别是用计算机进行文字处理后的表格型简历非常规范、美观。有的 Word 软件中有很多简历模板，这些简历模板基本上可以满足求职者的需求。

（二）求职简历的撰写原则

求职简历的撰写一般应遵从三个原则：简明、真实、有针对性。

1. 简明

这是简历的生命，简历的文字应简明扼要，概括性强，省略无意义的罗列，避免出现含混模糊、指代不清或前后矛盾的词句，充分体现职业化特点。

此外，结合当前求职的实际情况看，一个企业，尤其是大企业，会收到许多份简历，负责招聘的工作人员不可能每份都仔细研读，一般只会用 10 ~ 30 秒的时间看完一份简历。所以，简历要尽量简明，如果一页纸的内容就能清楚地表达自己的有关信息，就千万不要写两页纸。

2. 真实

真实即不说假话，一定要按照实际情况填写，任何虚假的内容都不要写，企业阅历丰富的人事经理，对简历有敏锐的分析能力，即使有人靠含有水分的简历得到面试的机会，在面试时也会露出马脚。即使顺利入职，也可能给今后的工作留下隐患。

3. 有针对性

有针对性即求职简历的内容要围绕应聘职位和个人特长去写，详略得当，突出特点，不要堆积不相关的信息和文字，否则会给招聘单位留下不知所云或过分雷同的印象。

另外，撰写求职简历时还应注意以下事项。

（1）在文字、排版、格式上不要出现错误

简历上出现错别字，或是在格式、排版上有技术性错误，以及简历被折叠得皱皱巴巴、有污点，容易给用人单位留下不好的印象。无论背景多么优秀，有多么辉煌的工作或者实习经历，获得过多么令人艳羡的奖项，但当它们出现在一张质量低劣的纸张上，并且还有一些令人厌恶的墨迹或者是求职简历的字体令人感到不舒服时，都会影响到择业。打印求职简历可用白色或鹅黄色、浅蓝色的 A4 纸，字体最好用宋体，字号最好用小四，用黑白打印，求职简历最好不要折叠。

（2）求职简历不必做得太花哨

求职简历过分标新立异有时反而会带来不好的效果。首先，一个经验丰富的招聘者可能会认为你过分修饰简历是一种华而不实的表现，进而推想你的工作态度也是夸夸其谈、眼高手低的。其次，当招聘者拿到一份精美的简历时，他对简历内容的期望值也会增加，而一旦这份简历中内容的精彩程度无法与它的形式相配，招聘者的失望感就会更强烈，这无形中提高了对简历的筛选标准，对应聘者有害无益。

（3）求职简历的言辞不要过于华丽

大学生的求职简历很多言辞过于华丽，形容词、修饰语过多，这样的简历一般是不会打动招聘者的。

二、求职简历的基本要素

求职简历通常包括以下基本要素。

（一）个人信息

个人信息主要包括姓名、性别、出生年月、民族、政治面貌、家庭住址、邮政编码、联系方式、电子信箱等有关信息。这项内容一般放在简历第一页的上部，以方便招聘者与自己联系。

（二）求职意向

大学毕业生应根据用人单位的招聘信息，说明自己主要应聘什么职位，即所希望从事的职位。一般写上 1 ～ 2 个，而且这两个职位目标不要相差太远。此内容可放置在第一项，也可放置在第二项。

（三）教育背景

用人单位主要通过受教育情况了解应聘者的教育背景，包括就读学校、所学专业、获得的学位等，一般不包括初等、中等教育经历，特殊需要除外。目前比较流行的时间排序是倒序，即把最高的学历或者学位放在最前面，由高到低，即高学位、高学历先写，其目的在于突出最高学历。

（四）技能和特长

对于大学毕业生而言，特长就是大学生所拥有的技能，涉及写作、外语、计算机、体育和音乐等方面，如果通过国家级考试的，应罗列出来。另外，大学毕业生除了达到学校相关的教学要求外，自己自学取得的各种资质或等级证书、驾驶资格证等，也千万别忘了写上。

（五）社会实践（工作经历）

近年来，越来越多的用人单位希望招聘到具备一定实际工作经验、应变能力，能够从事各种不同性质工作的大学生。因此，对仍在求学、尚无社会经历的大学生来说，社会实践和课外活动经验是应聘时一个很重要的砝码。在学校所承担的社会工作、组织（参加）活动的情况、假期社会实践活动或短期打工的工作经历，都足以让用人单位从中窥见你的志向、爱好、组织能力、领导能力、团队协作精神和吃苦耐劳精神等。此外，实习给大学生提供了理论联系实际的机会，增加了阅历，积累了工作经验，应尽可能地将实习经历和实习单位的评价写详细，并强调自己的收获。

（六）所获荣誉

大学毕业生在学校里获得的奖励，取得的成就，包括获得的优秀学生、优秀团员、优秀学生干部等荣誉，各级各类奖励证书等，应附有复印件。此外，大学期间已发表的文章、论文等也是一个重要的参考内容，应写进简历并注明发表时间和刊物名称。

（七）求职照片

照片是一种无声的语言，它会给观赏者以直观、形象的印象，从而产生联想、加深印象。求职照片的主题是大学毕业生本人，主要展示个性化的真实的一面，一般用近期正规的半身免冠照即可。

（八）自我评价

在简历的结尾用 100 ~ 200 字写一份个人自我鉴定。

特别需要说明的是，制作求职简历时，上述要素中如个人信息、求职意向等是必须具备的，其他内容如技能和特长、所获荣誉等要实事求是，可酌情写入简历。

三、求职简历的撰写技巧

有一种求职简历叫作“见光死”简历，用人单位拿到手上就会把其扔进垃圾桶。求职简历如何能避免“见光死”呢？毫无疑问，只有撰写一份高质量的求职简历才能幸免于“难”。因此，掌握撰写简历的有关技巧显得十分必要。现分别从梳理自我经历、梳理岗位要求、搭建逻辑框架、提升语言表现力、美化版面与复检五个步骤介绍有关技巧，以便指导大学毕业生撰写一份具有竞争力的高质量求职简历。

（一）梳理自我经历

不少大学毕业生撰写求职简历时常常感到十分迷茫，感觉大学期间自己什么事情也没干，没担任过学生干部、没考过证、没参加过校内外的大型活动、没获得过奖励……求职简历应该怎么写呀？但是天生我才必有用，每个大学毕业生都有其闪光点，关键是如何发掘自身的优点。面对此类情形，建议按照思维导图的方式来梳理自我经历，具体可围绕教育背景、校园活动、社会实践等方面逐一展开，并形成清单。

（二）梳理岗位要求

大学生在认清自己后，还需要进一步认识目标岗位，理解目标岗位在知识、能力、才干这三个层次的相应需求，并有针对性地撰写简历，当这三个层次的要求与学生的个人经历比较吻合时，其求职成功的可能性便会切实提高。

（三）搭建逻辑框架

不少大学毕业生撰写求职简历时，不加筛选地在求职简历中盲目堆叠自己的经历，这往往会导致求职简历中的关键信息难以被招聘者第一时间捕捉。想要避免这种情况的发生，撰写求职简历时确定一个合理的逻辑框架非常关键。其中，求职简历的各个栏目支撑起了整个简历的逻辑架构，而这些栏目的设立又与简历制作人的个人经历、职业技能、求职意向等要素有着直接的联系。

此外，在根据岗位类别确定栏目内容的同时，还要遵循另一个逻辑，即“围绕目标岗位在黄金地段突出支撑优势”。简言之，就是简历中最显眼、信息量最大的部分，就是求职者的技能或经历与岗位需求高度一致的部分。例如，对于销售岗位而言，演讲、辩论等技能就是支撑优势；对于技术岗位而言，专业技能、证书才是支撑优势。

（四）提升语言表现力

许多大学毕业生原本有非常亮眼的表现经历，但是受限于语言表现力，在将其记录到求职简历上时却显得平平无奇。对于这种情况，建议使用PAR法讲解经历。以做家教这一件小事为例，使用PAR法进行表达后，实际效果比较好，有利于招聘者有效准确掌握有关信息。

此外，在使用PAR法进行叙事的同时，我们还要在描述中突出细节、难度、数字这三类叙事要素，让简历中的内容更有说服力。

（五）美化版面与复检

爱美之心人皆有之。一份高“颜值”的求职简历更容易吸引招聘者的关注。因此，撰写好求职简历的有关内容后，还应对其进行适当的亮化、美化。

1. 简历亮化

主要是突出简历中的重点，对与岗位职责相关的亮眼内容进行重点放大，而对于其他并不重要的部分，可以适当地进行简化甚至略写。例如，一段对与工作内容高度契合的技能或是经历的描述远比简单的荣誉堆叠更加重要。

2. 简历美化

常见的美化技巧包括应用网站式排版风格、小图标的灵活运用、重点部分的加粗标注和运用线条分割板块等。设计制作求职简历时，一些网站或APP的UI设计可以给大学毕业生美化求职简历提供一些启发。

除去求职简历的亮化、美化外，求职简历的复检同样重要，务必避免错别字以及其他错误出现。

第三节 面试技巧与礼仪

面试是用人单位招聘员工的一种重要方法，给用人单位和求职者提供了进行双向交流的机会，能使用人单位和求职者之间相互了解，从而双方都可更准确地做出聘用与否、受聘与否的决定。对大学毕业生而言，面试是就业过程中的必经之路，更是大学毕业生顺利就业的关键环节。

一、面试概述

面试是测试和评价求职者能力素质的一种考试活动，是一种经过组织者精心设计，在特定场景下，以考官与考生的面对面交谈与观察为主要手段的一种考试活动。与其他人才测评方式相比，面试的特点是灵活，获得的信息丰富、完整和深入，但面试具有主观性强、成本高、效率低等缺点。

（一）面试的基本程序

招聘单位对求职者的申请材料进行审核，确定面试名单；

招聘单位向求职者通知面试时间、地点。面试地点一般按照就地、就近和方便的原则进行安排，通常有两种情况：学校或其附近的场地、招聘单位或其附近场地。通知面试的方式大致有两种：一种是招聘单位先通知学校就业指导中心，由学校通知学生；另一种是招聘单位直接通知学生本人。

求职者准备面试；

正式面试。

（二）面试的基本形式

面试有很多形式，依据面试的内容与要求，主要可分为以下几种形式。

1. 问题式面试

由招聘者按照事先拟定的提纲对求职者进行发问，其目的在于观察求职者在回答问题时的表现，考核其运用知识的能力，判断其解决问题的能力，从而获得有关求职者的第一手资料。

2. 压力式面试

具体并且追根究底，直至无以应答。此方式主要用于观察求职者在特殊压力下的反应、思维敏捷程度及应变能力。

3. 随意（或自由）式面试

招聘者与求职者海阔天空、漫无边际地进行交谈，气氛轻松活跃、无拘无束，招聘者与求职者自由发表言论，各抒己见。随意（或自由）面试的目的在于在闲聊中观察应试者的谈吐、举止、知识、能力、气质和风度，对其做全方位的综合素质考查。

4. 情境（或虚拟）式面试

由招聘者事先设定一个情境，提出一个问题或一项计划，请求职者进入角色模拟完成，其目的在于考核其分析问题、解决问题的能力。

5. 综合（全方位）式面试

招聘者通过多种方式考查求职者的综合能力和素质，如，用外语与其交谈，要求即时作文，或即席演讲，或要求写一段文字，甚至操作计算机等，以考查其外语水平、文字表达能力及口头表达能力等。

在实际面试过程中，招聘者可能采取一种或同时采取几种面试方式，也可能就某一方面的问题对求职者进行更广泛、更深刻的考查，其目的在于选拔出优秀的应聘者。

二、面试的应对技巧

面试，简言之，就是一场考试。因此，大学毕业生要顺利通过面试，掌握一些应对技巧十分必要。通常大学生在学习、生活中可从以下几方面努力，培养良好的应对技巧，以提高面试的成功概率。

（一）面试准备技巧

工欲善其事，必先利其器。有效的面试准备是确保面试成功的基础。同时，有效的准备应该把握好以下几个方面。

1. 充分了解应聘单位

对用人单位的性质、地址、业务范围、经营业绩、发展前景、招聘岗位的职务及所需的专业知识和技能等要有一个全面的了解。单位的性质不同，对求职者面试的侧重点不同。

2. 模拟可能询问应聘者的问题

面试前不经过角色模拟，便无法达到最佳的效果。一些负责招聘的人事主管提出，求职者应当乐于提问题，这样招聘者才能知道求职者的综合素质及关注的事项。

3. 对可能遇到的问题进行准备

这项准备有助于认清自己真正的想法，有助于在面试的现场清晰地表达自我。

4. 练习处理对面试不利的事情

即使曾有一些不愉快的受挫经历，即使自己曾经犯过错，也可作为一段可供学习的经验加以陈诉。务必用积极的事情抵消消极的事情，最好不要说有损自己形象的话。

（二）面试交谈技巧

面试时的交谈，总体上应该遵循以下四个原则。

1. 体现高度

即在交谈中展示自己的综合素质。主要包括两个方面：一方面是政治思想水平和强烈的敬业精神；另一方面是专业水平，例如，对问题的回答不能满足于“知其然”，还要答出“所以然”。

2. 增强信度

即在交谈中展示自己的真诚。首先，态度要诚恳，交谈不要心不在焉；其次，表达要准确，少用“可能”“也许大概”等模棱两可的词语；最后，内容要务实，尤其是对于自己的优缺点要实事求是。

3. 表现风度

即在交谈中展示自己的气质。一方面要体现自身的外在美；另一方面更要体现内在气质。言语是一个人内在气质、涵养的外在体现，要注意用自己的语言魅力展示自己。

4. 保持热度

即在交谈中展示自己的热情。要注意做到：主动问候，精神饱满，悉心聆听。

要切实提升交谈的效果，面试时的交谈应把握好以下细节和技巧。

（1）谈话应顺其自然

不要误解话题，不要过于固执，不要独占话题，不要插话，不要说奉承话，不要浪费口舌。

（2）留意对方反应

交谈中很重要的一点是把握谈话的气氛和时机，这就需要随时注意观察对方的反应。如果对方的眼神或表情显示对你所涉及的某个话题已失去了兴趣，应该尽快找一两句话将话题收住。

（3）有良好的语言习惯

不仅是表达流利，用词得当，同样重要的还有说话方式。具体涉及以下几个方面。

①发音清晰

有些人个别音素发音不准，如果影响讲话整体质量的，应少用或不用含有这个音素的字或词。

②语调得体

得体的语调应该是起伏而不夸张，自然而不做作。

③声音自然

音调不高不低，不失自我，不仅听来真切自然，而且有利于缓解紧张情绪。

④音量适中

音量以保持听者能听清为宜。

⑤语速适宜

要根据内容的重要程度、难易度及对方注意力情况调节语速和节奏。此外还要警惕容易破坏语言意境的现象，例如，过分使用语气词、口头语，甚至一些不好的口头禅。

三、面试礼仪及注意事项

面试时，招聘者见到求职者的那一刻便会对求职者产生第一印象。这个“第一印象”包括求职者的仪容仪表、穿着打扮和言谈举止等，是求职者面试礼仪的具体展现。

（一）着装得体

适宜的装扮容易给招聘者留下良好的印象，也是一种礼貌的行为。面试时的着装应该注意以下几点。

首先，着装必须整洁。无论如何，招聘者不会将一个不修边幅、邋遢不洁的应试者作为首选。整洁意味着你重视这份工作，重视这个单位，也重视你今后代表的企业形象。

其次，着装应当简单大方。面试不是约会，尽可能不要有各种装饰。如果工作的专业性强或职务较高，在色彩上也应慎重。譬如，你穿着闪光的彩色短 T 恤和拖地的扎染牛仔裤去应聘一份管理工作，也许你的能力真的合适，但服饰却不禁让招聘者在心里打上大大的问号，成功的希望也就很渺茫了。总之，着装要协调统一，并与所申请的职位相符。

最后，气质美是个人的综合表现。求职者在求职应聘中要力求通过仪表、举止、谈吐形象，充分显示自身所具有的气质特征。另外，头发的整齐清洁也是非常重要的。

（二）举止得体

行为举止反映一个人的综合素养，其得体与否很大程度上影响求职者的面试结果。因此，求职者在面试时应注意自己的行为举止。

1. 礼貌地握手

进入面试室时应与面试官握手，在与面试官握手时应坚实有力，双眼要注视着对方。但是握手时不能太过用力，也不能使劲摇晃；不能用两只手。如果你的手比较凉的话，应该尽快把自己的手捂热。

2. 合适的注视

求职者在面试的时候要注意自己的眼神，与面试官交流中目光要注视对方，但不能死死地盯着对方一直看。如果面试的时候不止有一个面试官的话，要经常用目光看一下在场的其他面试官，以表示尊重和平等。

3. 正确的坐姿

很多时候面试都会让面试者坐着面试，面试者也应注意相应的坐姿礼仪。一般以坐满椅子的三分之二为宜，不要紧贴着椅子的后背坐，更不要“瘫”

在椅背上，坐下后身体要略向前倾斜。这样不仅可以让你有精神回答考官的问题，还能不致让自己处在比较放松的环境中。

此外，面试时求职者切记不要有“小动作”，如，转笔、挠头发、摸耳朵、挖鼻子、跷二郎腿、两手交叉于胸前和眼神飘忽等，这样会显得很不严肃，还容易分散面试官的注意力。

四、结构化面试

结构化面试，又称标准化面试，面试的内容、形式、程序、评分标准及结果的合成与分析等构成要素，都按统一制定的标准和要求进行。因面试无论是在考官组成、考场布置、面试流程上，还是在考题设置、评分标准、成绩公示等整个过程和细节上，都严格按照考试组织部门所制定的标准来执行，故具有公平、易操作等优点，能够在压力比较大的氛围下考查考生各方面的素质，是目前国家公务员面试中最常用的面试形式。

在结构化面试中“结构化”主要表现在以下几个方面。

（一）面试过程或者说面试程序的结构化

在面试的起始阶段、核心阶段、收尾阶段，面试官要做些什么、注意些什么、达到什么目的，事前都会相应策划。

（二）面试试题的结构化

在面试过程中，面试官要考查应聘者哪些方面的素质，围绕这些考查角度主要提哪些问题、在什么时候提出、怎样提，在面试前都会做准备。

（三）面试结果评判的结构化

从哪些角度来评判应聘者的面试表现，等级如何区分，甚至如何打分等，在面试前都会有相应规定，并在各面试官之间统一尺度。

在结构化面试中，主要的环节如下：①开场白，主要目的是营造轻松的面试气氛，告诉应聘者面试中采用的面试方式；②主要背景回顾；③行为事件回顾；④附加信息咨询；⑤结束面试；⑥评估。

其中，行为事件回顾是主要部分，面试人员应认真倾听，并做好记录。

在结构化面试中，测评要素包括以下几个方面。

1. 一般能力

主要包括逻辑思维能力和语言表达能力。

逻辑思维能力：通过分析与综合、抽象与概括、判断与推理，揭示事物的内在联系、本质特征及变化规律的能力。

语言表达能力：清楚流畅地表达自己的思想、观点，说服动员别人，以及解释、叙述事情的能力。

2. 领导能力

主要包括计划能力、决策能力、组织协调能力、人际沟通能力、创新能力、应变能力和职位需要的特殊能力等。

计划能力：对实际工作任务提出实施目标，进行宏观规划，并制定实施方案的能力。

决策能力：对重要问题进行及时有效的分析判断，做出科学决断的能力。

组织协调能力：根据工作任务，对资源进行分配，同时控制、激励和协调群体活动过程，使之相互配合，从而实现组织目标的能力。

人际沟通能力：通过情感、态度、思想、观点的交流，建立良好协作关系的能力。

创新能力：发现新问题、产生新思路、提出新观点和找出新办法的能力。

应变能力：面对意外事件，能迅速地做出反应，寻求合适的方法，使事件得以妥善解决的能力。

职位需要的特殊能力：该能力测评要素根据不同职位的要求确定。

在结构化面试中，常见以下四类问题。

（1）情境问题（situational questions）

提出一个假设的工作情境，以确定求职者在这种情况下的反应。

（2）工作知识问题（job knowledge questions）

探索求职者所具备的与工作有关的知识，这些问题既可能与基本教育技能有关，也可能与复杂的科学或管理技能有关。

（3）工作样本模拟问题（job sample simulation questions）

模拟一种场景，在该场景中要求求职者实际完成一项样本任务，当这种做法不可行时，可以采用关键工作内容模拟的方法。

（4）工作要求问题（worker requirement questions）

指在确定求职者是否愿意适应工作要求。例如，面试者可能问求职者，是否愿意从事重复性工作或迁往另一城市。这种问题的性质是实践工作的预演，并可能有助于求职者明确自我选择。

此外，常见的面试方式还有非结构化面试、半结构化面试。

非结构化面试，也称“随机面试”，或者称为“面谈”，没有既定的模式、框架和程序，面试官可以向考生“随意”发问，多数采用一种“拉家常”的面试形式，同时对考生来说也无固定的参考标准。进行非结构化面试，可事先准备一些重要的问题，面试中根据情况随时发问。面试者可以在不同场合向应聘者提问，要求应聘者用口头语言回答。非结构化面试，没有固定的面谈程序，面试官提问的内容和顺序都取决于面试官的兴趣和现场应试者的回答。这种面试方法给谈话双方以充分的自由，面试官可以针对应试者的特点进行有区别的提问，不同应试者所回答的问题可能不同。这种面试方法简单易行，不拘场合、时间、内容，简单灵活，应聘者防御心理比较弱，了解的内容比较直接，可以有重点地收集更多的信息，反馈迅速。但这种面试方法的结构性较差，缺少一致的判断标准，容易走样，且难以数量化，有时会转移目标。

半结构化面试，是介于非结构化面试和结构化面试之间的面试。包括两种方式：一种是主试者提前准备重要问题，但不要求按照固定次序提问，且可讨论在面试过程中出现的需进一步考查的问题；另一种是主试者依据事先规划的一系列问题来对被试者提问，根据不同的工作类型设计不同的问题表格。半结构化面试有很多优势，具有双向沟通性，有效地避免了单一方法的不足，面试官可以获得更为丰富、完整和深入的信息，并且面试可以做到内容的结构性和灵活性相结合。所以，半结构化面试越来越得到广泛使用。

五、校园招聘

校园招聘是一种特殊的外部招聘途径，是指招聘组织（企业等）直接从学校招聘各类各层次应届毕业生，也指招聘组织（企业等）通过各种方式招聘各类各层次应届毕业生。常见的校园招聘主要有以下几种形式。

（一）校园宣讲会

校园宣讲会是用人单位针对目标高校组织的专门的讲座。通过企业高层、人力资源负责人以及在本公司工作的该校校友的现身说法来传达公司基本概况，介绍企业文化、经营理念，发布招聘职位、招聘条件和招聘流程等，通过情绪的感召与互动，引导学生全面地了解企业。在宣讲会前一般会通过在学校网站发布消息、在校园张贴海报等形式宣传企业形象。

（二）校园双选会

每年校园招聘的高峰时节，各高校都会为应届毕业生组织一些大型的双选会，来自全国各地的企业在指定的时间和场馆“摆摊设点”，为前来投递简历的应届毕业生提供面对面的交流机会，并及时进行选拔测试。

（三）实习生招募计划

实习生招募计划作为校园招聘的一种形式，一般在应届毕业生正式求职以前，特别是毕业前的暑假中，为经过初步挑选的大学生提供一些实习岗位，那些表现优秀的实习生，将会作为下一步正式录用的备选人才。实习生招募计划对于企业和毕业生来说是双赢的。首先，企业可以避开校园招聘的人才争夺高峰，将一些优秀毕业生提前纳入人才储备库，在人才争夺战中抢占先机。其次，通过实习，企业能够提前了解应届毕业生的个性特点、人品、价值观及在实际工作中的能力表现，有利于做出准确的录用决定。对于学生来说，他们也能通过实习充分了解企业，亲身体会自己是否喜欢这个行业，对今后的择业方向做出更客观理智的规划。此外，通过一段时间的实习，这些实习生已经对企业和工作有了较多了解，一旦被正式录用，将来上班后也能够很快上手。

（四）夏令营

有的企业由于地域限制等原因不大适合于招募大量的学生到企业实习，但又希望吸引优秀的大学毕业生，举办夏令营或组织参观就是不错的选择。通过组织目标院校及特定专业的大学生到企业所在城市参观旅游，并进入企业与员工座谈等活动，展示企业品牌，传递企业文化。有些企业还要求学生在回校后撰写报告，帮助其在学校进行宣传，推动今后校园招聘活动的开展。

除以上常见的校园招聘形式外，用人单位通常还以“招聘管理培训生”“订单培养”和“定向推荐”等形式招聘应届毕业生。

第六章 大学生职业发展

第一节 从学生到职业人的过渡

一、学校和职场的差别

学校和职场的差别，主要体现在以下几方面。

（一）环境不同

学校是一个“熟人型”的小社会，教师、同学就像是一个和谐的大家庭，使得学生毕业时还恋恋不舍。而职场如战场，是一个“陌生型”的社会，每天必须面对不同的事情，面对陌生的客户，让学生短期内难以适应。

（二）存在基础不同

职场是各种为了特定目标集合在一起的组织的聚合体，职场以利益往来和利益交换为存在基础，而学校、学生之间彼此没有直接的利益关系，是一个互助互利的短期结合。

（三）发展方向不同

职场中，任何一个组织都有自己的发展方向和组织章程，成员之间恪守共同的规则，以此推动组织与个人的共同发展。而学校，只是一个为职场输送人才的组织，与职场发展方向是不一样的。

（四）目标不同

学校的目标是培养人，学生在学校是学知识的，而职场是用知识的，公司的目标首先是生存，是赚钱，然后才是培养人。因此，所有的企业都希望招到有工作经验的员工，都希望新员工能够“招之能来，来之能战”。

所谓“工作经验”，指的是求职者在应聘这份工作之前就做过几乎相同的工作，这才叫作工作经验。公司里所需要的职位，从技术开发到行政文秘，从生产管理到公关销售，从市场营销到质检物流等，可以说 90% 以上的工作职位，是大学生在学校里根本接触不到的。

二、学生和职业人的差别

（一）承担的责任不同

大学生是以学习、探索为主要任务，在校园里是不怕犯错误的，什么事情都可以去尝试，为了学习的尝试哪怕是错了，学校也会原谅。所以，要是给大学生一个简单的角色定位，那就是可以做错，做错了不用承担过多的社会责任，因为大学生有天然的豁免权。大学生最快乐的事就是有依靠，在学习方面可以依靠导师，有什么问题都可以向导师请教；在生活上有什么困难可以依靠父母。总之，大学生在学校里基本没有什么心理负担。成为一个职业人以后，应尽快地适应社会。首先必须学会服从领导和管理，迅速适应上级的管理风格；职业人如果在工作中犯了错误，是要承担成本和风险的责任，承担相应的社会责任的。

实践表明，凡由大学生到职业人的社会角色转换比较快的人，则容易更早地获得单位的认可，能更快地寻找到新的起点，也就更容易享受到事业成功和生活幸福的喜悦。因此，大学毕业生应正确面对社会，正确处理工作与人际关系上的诸多矛盾，克服各种心理障碍，培养良好的适应能力，尽快适应环境，迈出成功的第一步。

（二）面对的环境不同

大学生在校园里是“寝室—教室—图书馆—食堂”四点一线的简单而安静的生活方式，单纯而简单的校园文化气氛。但成为职业人在紧张的职场上，面临的社会环境是快速的生活节奏，紧张的工作和加班；没有了寒暑假，自由支配的时间少；还要承受不同地域的生活环境和习惯；由于缺乏实际工作经验，开始工作时往往不能得心应手，感觉工作压力显著增加，给心理造成很大的负担。

（三）面对的人际关系不同

职场人际关系复杂，处理好人际关系是每一个大学毕业生走上社会后必须学会的课题，初出茅庐人际交往比较单纯，社会上的人际关系相对于学校中的同学关系要复杂得多，一时感觉不适应。事实上，不同的环境对人的影响和要求也不同。

（四）面对不同的文化环境

作为学生在大学里，学习时间可以弹性安排，少许逃课没人管你，有较多的节假休息日，教学大纲提供清晰的学习任务；学术上多鼓励师生讨论甚至争论，布置作业或工作规定时间完成；公平对待学生；以知识为导向；学习的过程，以抽象性与理论性为主要原则等。

但作为职业人在单位里，规定上下班时间，不能迟到早退，经常加班加点，节假日很少，工作任务既急又重；老板通常对讨论不感兴趣，多数老板比较独断；待职工不一定很公平；一切以经济利益为导向；要完成上司或老板交给的一件件具体的实实在在的工作任务等。

总之，大学生找工作难，找到工作后做好工作不容易，工作成果能让上司老板满意更不容易。因此，大学生应充分认识大学生与职业人的差别，重视进入职场后的角色转换。

三、初入职场可能会面临的问题以及解决方式

（一）角色转换过程中易出现的问题

心理学认为，个体的社会角色发生变化时，新旧角色的转换过程必然伴随着不同角色之间的相互冲突。这种角色冲突是普遍存在的，因之，从学生角色转换为职业角色不可避免地会出现各种各样的问题。主要有：依赖和恋旧心理、自负或自傲心理、浮躁心理、自卑或畏缩心理等。

1. 依赖和恋旧心理

很多毕业生在角色转换过程中依恋学生角色，难以从一个学生状态中完全摆脱出来。因为习惯了十多年的学生角色，容易使个体在学习、生活和思维方式上都养成一种相对固定的模式。在职业生涯开始之初，许多人常常会自觉或者不自觉地置身于学生角色之中，以学生角色的社会义务和社会规范来要求自己、对待工作，以学生角色的习惯方式来待人接物，来观察和分析事物。

2. 自负或自傲心理

一些毕业生则是对自我的认知存在偏差，认为自己接受了多年高等教育有学历有文凭，应该在各方面都具有很多良好的条件，因而盲目的过于自信，这种心态很容易使毕业生进入职场后出现纸上谈兵、眼高手低的尴尬。因为觉得自己的条件优于周围的工作人员，往往不屑与他人合作，更不会虚

心接受别人的指导和意见，甚至对领导和前辈也表现出轻视。

3. 浮躁心理

有些刚参加工作的毕业生往往弄不清楚自己在工作中真正想要什么、能做什么。毕业生在角色转换初期的浮躁，对工作的兴趣总是不能持久，并且习惯把这一问题推脱为他人的责任，而认识不到自己的问题所在。

4. 自卑或畏缩心理

很多毕业生在初进职场的阶段，因为不知如何适应新的工作环境，会表现得怯懦、自卑。无论是做工作还是待人处事，总是担心自己的表现不够完美而被指责。要么就是过度封闭自己，不与人往来，或是盲目地听从他人的指使，不敢表达自己的想法，独立性很差。

这些心理问题都反映了毕业生没能顺利地从学生角色转换为一个社会职业人的角色，这必然会对毕业生的职业适应能力和后期的职业发展造成各种不良影响。因此，在两种角色的过渡阶段，毕业生一定要谨慎对待，同时采取必要的方法帮助自己平稳转换角色。

（二）角色转换的途径与方法

即将进入职场的毕业生最希望了解的莫过于怎样才能尽快更好地进入职业角色中。只有顺利地从学生角色转换到职业角色中，才能真正胜任工作，开始自己的职业生涯旅途，在这两个阶段相互交替的过程中，无论是即将毕业时的准备过程，还是刚刚进入职场的预备阶段都非常重要，这两个阶段的努力是顺利角色转换的必然途径。

1. 毕业前的准备

在这一阶段要学会认识自我，清楚自己真正的需要和能力范围以及职业兴趣，在此基础上寻找合适的工作，为即将面临的入职做好充分的身心准备，上述提到过角色转换中的许多问题，正是由于没有清楚的心理定位，缺乏良好的心态而造成的。学会认知自我、定位自我以及自我调适，这是入职前的一项主要工作。

（1）认知自我

认知自我包括认识自己的生理状况，例如，自己的体型特征、心理特征，尤其是兴趣、能力、气质、性格等，还要认识自己的人脉关系、自己在集体中的位置与作用等。

（2）定位自我

在对自身有了明确的认知之后，接下来就是进行心理定位。心理定位能够帮助毕业生明白自己的目标和需求，在选择职业的过程中更加客观和全面，可避免好高骛远，或是高不成低不就的现象出现。

（3）恰当和及时的自我调适

当择业时面对着出现的各种困难，毕业生非常需要进行恰当的自我调适。没有一个人的职业选择是一帆风顺的，在这期间总会遇到各种难题。无论是痛苦于找不到合适的工作，还是在多份优秀的工作中踌躇徘徊，或是经历了社会上各种不公平的待遇的刺激，都要及时地调整自己的心态。当择业不顺时，不要悲观甚至绝望，要努力看向事情的另一面，积极对待；当难以抉择时，不要一味地拿不定主意而浪费宝贵的时间和机会，要当断则断；当看到社会的不公时，更不要死钻牛角尖、愤世嫉俗，要学会心胸开朗。

2. 试用期的把握

一般来说，毕业生在开始工作的最初阶段都会有一个见习或试用的时间，这个时间或长或短。虽然相对于今后长久的职业生涯来说，试用期所占有的分量并不大，但这一阶段很大程度决定着未来的职业生涯能否顺利。

试用期事实上就是一个学习和熟悉阶段，甚至比学生时代要学习更多的内容，这其中最紧迫的就是职业学习。在大学期间学习的课程更多地偏重基础知识和普通技能，很多时候在进入职场后会觉得手足无措。因此，进入职场后要及时地对新的职业进行学习充电。最关键的就是学习本职业务的应用知识，尤其是如何将书本上的知识与实际结合起来。

除了专业知识，学习基本的职场礼仪和公务能力也是非常必要的。职场礼仪包括的方面非常广泛，例如，站、坐、行、身体姿态以及语言等。毕业生要尽快地学会一些基本的礼貌用语与举止，在单位中要懂得尊重和谦让，懂得恰当的职业着装。另外，还要学习如何说话应酬与写作这些基本的公务能力。例如，如何写工作报告，发电子公文，使用传真机和打印机等。有人力资源方面的专业人士曾说，企业不会轻易去用毕业生的原因之一，就是应届生动手操作的能力很差，传真机、打印机的使用都要手把手地教。

第二节 工作中应注意的因素

一、树立良好的个人形象

几乎没有人会否认一个人的良好印象在社会中的重要性，良好的个人形象是人生交往的重要资本。个人形象的范围广泛，包括外貌仪表、言行举止，通俗来说，就是一个人看起来如何，说话怎样，以及在待人接事方面的表现怎样。毕业生在初到工作岗位上时，一定要先学会看看镜子中的自己，就是事先了解应该如何获取良好的形象。这其中要注意至少两个方面，一是注意自己的外表和体态语言；二是了解自己的优点与劣势，懂得从哪些方面塑造自己的形象。

外表和体态语言虽然较为表面与主观，但是在第一印象中占有几乎最为重要的分量。作为职业新人，毕业生一定要注意自己的着装打扮，关键是要符合自己的职业身份和个性特点。无论从事的是哪种职业类型，只要工作性质允许，还是应当适当地进行颜面修饰，适度的淡妆反而比素面更能使人显得精神焕发。衣着也是如此，尽可能地学会摆脱学生时代的稚嫩装扮，选择一件合适的职业装，能给你的个人形象加分不少。总体上，做到成熟、稳重和大方是使得自己的外表装扮最为适合职业环境的不变原则。同时，在注意外表的同时还要注意自己的体态语言。例如，经常性地保持微笑，并且是发自内心的笑容。不要总是一脸严肃，这会让他人觉得难以接近而和你疏远，这些小的细节都会直接影响他人对你的第一感受。

在保持自我形象中，正确了解自己的优缺点是决定因素。外表和举止是外在方面，并不代表个人形象的全部内容，个性因素则是个体形象中非常关键的内在方面。虽然，一个人的个性特点很难在短时间内有明显改变，但是可以通过了解自己的优势与劣势，尽可能地展现自己的优点，同时用优点补足自我缺陷，从而在与他人的交往中表现出最优的自我形象。

二、建立和谐的人际关系

作为一个社会人，每一个个体都不是完全独立封闭的，无时无刻都有机会与他人接触、相处，大学生走出校园踏入职业社会中更是如此。许多刚刚参加工作的，甚至是已经入职多年的职业人都发现，在职场这个大集体中，往往并不是简单地做好自己就足够，学会与周围的人相互沟通与交流，甚至比自己盲目地埋头苦干更有帮助。

有相当一部分初入职场的毕业生都会对如何处理好职场中的人际关系感到困惑和苦恼。例如，当面对领导时应如何表现、如何反应，当与同事言语行为接触时又有哪些禁忌和法则。事实上，人与人之间的关系虽然复杂，当把握一定的为人处世原则时，人际关系也可以变得很简单。美国著名的人际关系学大师卡耐基曾提出有关人际交往的五个重要法则，这五点分别是："互惠互利"是人际交往的根基；记住他人的名字；学会真诚的赞美别人；做一名好听众；微笑具有神奇的力量。

（一）所谓互惠互利

并不是指人与人相处都是带有功利性、有目的的，而是提示人们在与人相处时要时刻带有感激之情，懂得对他人表示友好在先。只有抱着这样的心态和为人之道，才会同时获取对方的尊重与友好。

（二）记住他人的名字是非常实用有效的方法之一

事实上，能否记住名字或面孔本身就是对他人是否尊重和重视的检验。有时候不是记性不好，而是没有用心对待。进入工作环境后，毕业生要能够尽快地记住身旁同事和领导的名字与面孔，这样既能避免见面时不知如何应对的尴尬，又能让他人感受到你的平易近人，为建立和谐的人际关系打下良好基础。

（三）如果想在人际圈中得到别人的好感，就要学会在恰当的时机用恰当的方式赞美他人

所谓恰当，就意味着一定要真诚，发自内心。毕业生在初进单位时更多时候容易出现的情况是羞于大胆地夸奖他人，担心别人质疑自己的动机，又或是因为难以发现他人的优点而不愿做表面工作。事实上，并不需要有太多顾虑和担忧，只要懂得和人相处时保持低姿态，就会很容易发现别人的长处，从而不得不发自内心地给予称赞。

（四）当一名好听众也是在人际交往中获取好感的重要砝码

与人相处不但要懂得会说话更要懂得倾听，因为每个人都希望别人能够分享自己的想法与情感，并且获取他人的理解与支持。作为职场新人，更

要学会听别人讲话，尤其是在领导、同事和自己沟通时。

（五）微笑的力量

每个人都深深理解和认识的，虽然看似简单易行，然而真正在日常交际中坚持下来却并非容易的事。有的毕业生可能会认为自己是个内向谨慎、沉默寡言的人，本身就不擅长在陌生环境中表现得轻松愉悦。其实，发自内心的笑容并不难求，正如对别人的赞美一样，只要真诚就能获取他人的好感。

总之，刚刚进入职业新环境的大学生，要尽可能主动地与他人沟通交流，切忌独来独往、沉默寡言，这样既不能帮助自己尽快地适应新环境，也会阻碍领导和同事对自己的了解。

三、疏导初入职场的压力

对于每一位初入职场的大学生来说，没有压力不现实，适当的压力会成为督促进步的原动力。但是，当压力过度而又无法释放时则会容易出现各种各样的情绪问题，而带着不良的情绪进行工作，必然会影响前途发展。因此，当毕业生在踏入职场后出现各方面的不适应时，应当采取措施释放压力，而非逃避压力。

首先，寻求好的解压方式非常重要，有效的解压方式能够很好地缓解各种压力带来的负面情绪。其中，自我放松就是一种比较理想的解压途径。当心理压力过大难以承受时，可以试图每天给自己一点儿空隙用以放松。放松的形式非常多，例如，深呼吸、慢跑、听音乐，甚至睡眠等。例如，每天晚上在工作之余花上一点儿时间记录一下自己今日的状况，进行一下自我反思和鼓励，将不良情绪转化为明天继续奋斗的动力。也可以在临睡前听一些舒缓的轻音乐或者只要是自己喜欢的音乐即可。床头放上一本最喜欢看的书，一方面促进睡眠；另一方面可以通过读书抛开白天工作上的烦恼。

除了放松的方式，倾诉也是一种良好的解压途径。当心情烦躁难以自控时，可以立刻记录下来此时此刻的感受与烦恼，很多时候能够在书写的过程中逐渐冷静下来，甚至发现一些本质的问题。除了可以自我倾诉，还可以选择身边的好友或家人倾诉，及时化解不愉快的情绪，获得别人的情感支持。因此，紧张工作之余一定不要将自己闭塞起来，朋友往往能成为缓解自身压力的一剂良药。

放松和倾诉都是疏导压力的好途径，但更重要的是从根本上查找问题，也就是寻找压力源，改变认知观念。压力的来源一方面来自外界的客观原因；另一方面则是个体自身的认知偏差所导致。例如，完美主义者总是以过高的标准要求他人和自己，一旦事情发展不足以达到其过分的要求时就会产生不良的情绪。而消极主义则是因为很难发现事物的多面性，总是将认知局限于最糟糕的状况，因此也很容易在情绪上受到影响。事实上，任何事情都不是绝对的好与坏，如果能够真正认识到这一点，将消极的思维转换为积极的思维，那么本身可能是导致压力的因素自然也就不复存在了。只要人们以一种新的角度或有利视角来看待同一个情况，借力使力，更好地发挥潜能，就能不断超越，自我释然。

第七章 大学生求职权益维护

第一节 法律保障劳动者就业并促进就业

严峻的就业形势，激烈的竞争压力，让大学生背负着巨大的求职压力，也让一些企业利用就业市场这种紧张的局面和大学生求职急切的心理，用拒绝签订劳动合同、劳动合同造假等方式趁火打劫，侵害大学生的合法权益。因此，清楚了解有关就业的法规、法令，对于面临求职的大学生显得尤为重要。只有学会用法律武器来保护自己，捍卫自己的合法权利，才能在求职过程中减少不必要的损失。

“法者，治之端也。”法律在国家和社会的治理当中起到至关重要的作用。中国共产党领导全面依法治国事业持续向纵深推进，在劳动领域，法律为当前社会就业质量提高和构建和谐劳动关系提供根本保障。

一、宪法保障劳动就业

保护劳动者的合法权益，调整劳动关系，建立和维护适应社会主义市场经济的劳动制度，促进经济发展和社会进步，这是《中华人民共和国劳动法》制定的最根本的目的。

劳动是一切具有劳动能力的公民所必须承担的光荣职责，作为国家公民，应以主人翁的态度对待劳动，积极完成劳动任务，提高职业技能，执行劳动安全卫生相关规定，遵守劳动纪律和职业道德，履行劳动义务。与此同时，与之相匹配的，劳动者也具有休息的权利和获得各类社会保障的权利，这是我国宪法规定的，是一切就业政策法规和劳动保障法律的基础和根源。

在对于劳动保护方面，国家通过各种途径，创造劳动就业条件，使劳动者享有平等就业和选择职业的权利；通过加强劳动保护，改善劳动条件，在生产的基础上，提高劳动报酬和相关福利待遇，使劳动者享有取得劳动报酬的权利；通过制定劳动者相关休息制度和配备休闲设施，使劳动者享有休息休假的权利；通过制定详细的行业安全措施、增添保障设施，使劳动者享有安全卫生保护的权利，通过在劳动者就业前的劳动就业训练，使劳动者享有接受职业技能培训的权利；通过实行退休制度、发展社会保险、社会救济和医疗卫生事业，使劳动者享有社会保险和福利的权利；通过加强法律法规的制定和执行，使劳动者享有劳动争议处理的权利。

二、立法促进劳动就业

就业是最大的民生。要坚持就业优先战略和积极就业政策，实现更高质量和更充分就业。

为了促进就业，促进经济发展与扩大就业相协调，促进社会和谐稳定发展，我国制定并发布了《中华人民共和国就业促进法》。《中华人民共和国就业促进法》中规定，国家把扩大就业放在经济社会发展的突出位置，实施积极的就业政策，坚持劳动者自主择业，市场调节就业、政府促进就业的方针，多渠道扩大就业。

县级以上人民政府把扩大就业作为经济和社会发展的重要目标，纳入国民经济和社会发展规划，并制订促进就业的中长期规划和年度工作计划。县级以上人民政府通过发展经济和调整产业结构、规范人力资源市场、完善就业服务、加强职业教育和培训、提供就业援助等措施，创造就业条件，扩大就业。国务院建立全国促进就业工作协调机制，研究就业工作中的重大问题，协调推动全国的促进就业工作。国务院劳动行政部门具体负责全国的促进就业工作。省、自治区、直辖市人民政府根据促进就业工作的需要，建立促进就业工作协调机制，协调解决本行政区域就业工作中的重大问题。县级以上人民政府有关部门按照各自的职责分工，共同做好促进就业工作。

国家鼓励自主创业，实行扩大就业的经济政策。国家倡导劳动者树立正确的择业观念，提高就业能力和创业能力。鼓励劳动者自主创业、自谋职业。各级人民政府和有关部门应当简化程序，提高效率，为劳动者自主创业、自谋职业提供便利。

国家积极开展就业服务、就业援助和相关服务。县级以上人民政府培育和完善统一开放、竞争有序的人力资源市场，为劳动者就业提供服务。鼓励社会各方面依法开展就业服务活动，加强对公共就业服务和职业中介服务的指导和监督，逐步完善覆盖城乡的就业服务体系。各级人民政府建立健全就业援助制度，采取税费减免、贷款贴息、社会保障补贴、岗位补贴等办法，通过各岗位安置等途径，对就业困难人员实行优先扶持和重点帮助。地方各级人民政府加强基层就业援助服务工作，对就业困难人员实施重点帮助，提供有针对性的就业服务和公益性岗位援助。

三、新时代大学生就业制度

随着社会主义市场经济体制改革的不断深化和高等教育的快速发展，高校在扩大招生的同时，毕业生人数也与日俱增，高校大学生的就业制度早已不是传统的计划经济体制下的“统包统分”模式，取而代之的是“双向选择、自主择业”的新模式。

毕业生就业工作要贯彻统筹安排、合理使用、加强重点、兼顾一般和面向基层，充实生产、科研、教学第一线的方针。在保证国家需要的前提下，贯彻学以致用、人尽其才的原则。国家采取措施，鼓励和指导毕业生到边远地区、艰苦行业和其他国家急需人才的地方去工作。新时期，积极鼓励毕业生去“服务国家发展战略”的领域就业，引导到重点领域，如，结合“一带一路”以及京津冀和长江经济带、中西部地区、东北地区和艰苦边远地区就业；促进到新兴领域就业创业、到国际组织任职实习。同时，号召为“去基层就业”添砖加瓦，拓展基层就业渠道，鼓励到中、小、微企业就业，在完善入伍退役军人优惠引导政策的前提下做好大学生征兵工作，正确引导毕业生到基层就业、服务社会、投身国防事业的热情。

第二节 大学生就业中的签约维权

签约是行为双方形成事实上的约束关系的一种公证方式，依法成立的合同，应受到国家法律的保护。大学生就业过程中的签约主要分为两种。

在校生阶段主要以签订就业协议书为主，而步入社会以后，签约则指签订劳动合同。在就业过程中，大学生应当明确自身的权益，但与此同时，由于大学生社会经验不足，在签约过程中其权益容易遭受危害，因此，做好大学生就业中的签约维权是应当引发高度关注的签约活动的核心问题。

一、就业协议书

（一）就业协议的概念

就业协议是普通高等学校毕业生和用人单位在正式确立劳动人事关系前，经双向选择，在规定期限内确立就业关系、明确双方权利和义务而达成的书面协议，是用人单位确认毕业生相关信息真实可靠以及接收毕业生的重要凭据，也是高校进行毕业生就业管理、编制就业方案以及毕业生办理就业落户手续等有关事项的重要依据。就业协议从本质上讲即为合同，明确了毕业生本人、高校及用人单位在毕业生就业工作中的权利和义务。目前，我国高校普遍采用的是由教育部制定，省、自治区、直辖市就业主管部门印刷的《高等学校毕业生就业协议书》，经过校方、用人单位、毕业生本人签字盖章后生效，也称为“三方协议”，对上述三方均有约束力，作为学校制定就业方案、用人单位安排用工的重要依据，就业协议书签订的任何一方违约都要承担相应的法律责任。

（二）三方的权利和义务

作为就业协议书签订的主体，毕业生本人、用人单位及学校应当在签约之前明确各自的权利和义务，这对于毕业生维护合法权益、高校顺利开展就业工作、用人单位广泛吸纳人才具有重要意义。

1. 毕业生的权利和义务

毕业生享有平等就业和自主择业的权利。劳动者享有平等就业和选择职业的权利。高校毕业生在求职就业过程中，包括家长、亲属在内，任何单位和个人均不能对毕业生选择职业进行干涉或强制择业。当然，由于毕业生社会阅历较浅，应当充分与老师、家长等进行沟通，了解意向行业相关情况，在做好充分准备后，结合自己意愿，根据自身实际情况做出选择。

毕业生享有全面了解用人单位情况的权利。在就业过程中，毕业生应当充分了解用人单位在招聘过程中的使用意图及其工作环境、工作时间、薪酬待遇等情况，继而选择职业，确定签约单位，此项权利的使用是关系到毕业生未来的事业前途和生活状况的重点。

毕业生具有如实介绍个人情况的义务。在求职过程中，毕业生有义务向用人单位翔实、全面地介绍个人基本情况，一般包括学习成绩、健康状况、培养方式、在校表现、社会经历、技能特长等，并需提供相应佐证材料加以支撑，这也是用人单位能够准确了解毕业生情况的重要基础。

毕业生具有接受用人单位测试考核的义务。在招聘过程中，无论是笔试或是面试，用人单位为了招聘到符合要求的毕业生，往往采用测试考核的手段了解毕业生具体情况，毕业生应该予以积极配合，通过测试考核，充分展现个人能力，以获得用人单位的认可，从而得到预期的工作。

2. 学校的权利和义务

学校是毕业生的培养单位，是联系用人单位和毕业生的纽带，在就业活动当中起到至关重要的作用。学校在毕业生签约过程中，起到“监督”“证明”作用，同样拥有相应的权利和义务。

首先，学校具有对毕业生开展就业指导、就业帮扶，广泛联系、引进用人单位并向用人单位推荐毕业生的义务。其次，学校具有辅助向毕业生、用人单位双方提供相关信息的义务，如，毕业生成绩证明、学业证明等，用人单位情况介绍、资质及合法性鉴定等，以保证就业活动顺利开展，合法合规。最后，根据国家相关法律政策规定，学校具有对毕业生、用人单位双方就业协议签署表达是否同意的权利。

3. 用人单位的权利和义务

用人单位具有全面了解毕业生相关情况的权利。在用人单位进行招聘的过程中，可以对应聘人员的综合素质、知识水平及专业技能等进行考查，可以要求学校及毕业生本人提供相应的佐证材料，并开展具有针对性的测试与考核，最终决定是否录用。

用人单位具有向学校及毕业生介绍单位实际情况的义务，其中应包括单位的资质、合法性，招聘用人的意图，工作环境、工作时间、薪酬待遇等相关情况。

（三）就业协议书的内容

为明确学校、用人单位、毕业生在就业过程中的权利和义务，经三方协商，签订就业协议，以此作为制订就业计划和派遣的依据；否则，国家不能派遣毕业生到用人单位报到就业。其中，就业协议书的内容主要有七项。

第一，毕业生应按国家规定就业，向用人单位如实介绍自己的情况，了解单位的使用意图，表明自己的就业意见，在规定的时间内报到，若遇到特殊情况不能按时报到，需征得用人单位同意。

第二，用人单位要如实介绍本单位的情况，明确对毕业生的要求及使用意图，做好各项工作。凡取得毕业资格的毕业生，用人单位不得以学习成绩为由提出违约；未取得毕业资格的结业生，本协议无效。

第三，学校要如实向用人单位介绍毕业生的情况，做好推荐工作，用人单位同意录用后，经学校审核列入建议就业计划，报教育部批准，学校负责办理派遣手续。

第四，毕业生、用人单位、学校三方如有其他约定，如，试用期、薪资待遇、社会保险情况、违约金等，往往是空白待填项目，应在备注中注明，并视为本协议书的一部分。

第五，本协议经各方签字、盖章后生效，三方都应严格履行该本协议，若有一方提出变更协议，须征得另两方同意，由违约方承担违约责任，并在备注护栏中注明。

第六，补充条款。常见的补充条款主要有：约定具体的工作地点、工作岗位、职位等，或约定毕业生如通过国家升学考试，进行继续教育，则就业协议自动失效等。

（四）签订就业协议书

就业协议书一式三份，毕业生、用人单位、学校各执一份。就业协议书的签订主要包括以下几个流程：①毕业生和用人单位达成协议，毕业生在协议书上以文字形式，表达同意到意向单位应聘工作、用人单位签署同意接收其到本单位工作意见，双方在就业协议书上签字盖章。②毕业生或用人单位将双方签字盖章的就业协议书递呈毕业生所在院（系）和学校就业主管部门进行登记审核，签署意见并签字盖章。③学校留存一份，其他两份分别反馈给用人单位和毕业生，学校报上级主管部门审批。

就业协议书是明确学校、用人单位、毕业生权利和义务的书面材料，具有法律约束力，也是涉及毕业生切身利益的重要材料，因此，在签订过程中要格外注意以下几点：①条款内容要明确，就业协议书上用到的语言文字应当意思明确，不可有歧义，尤其是对试用期、薪酬、福利保障、违约金要有明确的约定，如无附加条款，也应当在协议书空白的部分注明“以下空白”，以保障毕业生的合法权利。②最好有协议解除条件的明确规定。高校毕业生往往面临直接就业或继续深造的选择，如，在履行协议的过程中，不能进行准确把握又不想割舍难得的机会，可与用人单位协商约定协议的解除条件，如，继续深造则协议自动解除等，可以在一定情况下，使毕业生能够依照约定解除协议避免承担违约责任。③应注意与劳动合同的衔接。毕业生在就业过程中，先签订就业协议，再签订就业合同，为使两者能够很好地衔接，避免在日后的劳动合同中产生纠纷，应尽可能地将劳动合同的主要内容在就业协议中体现。

（五）就业协议的违约处理

就业协议以一经签订即具备法律效力，受到法律保护，除非签约主体协商一致解除，否则任何一方私自解除协议，均应承担违约责任。就毕业生而言，如不依照约定未及时到用人单位报到工作，应当按照约定向用人单位支付违约金或承担其他违约责任；如因个人原因无法达到约定的就业条件（如未取得学位证书等），用人单位可以拒绝接收毕业生而不用承担违约责任。就用人单位而言，如其未按照约定接收毕业生、无法安排已约定岗位的，应向毕业生支付违约金并承担相应违约责任。

当前社会，高校毕业生人数逐年增多，就业工作难度逐年增加。毕业生在签订就业协议书之前一定要慎重考虑，尽可能少或者不毁约，充分体现当代大学生的诚实守信，充分认识到违约的各种影响，对学校、对他人就业工作的影响和对于就业信息的浪费等。

（六）毕业生权益的保护

在就业过程中，经常会遇到侵害毕业生权益的行为，在此过程中，毕业生应当加强自身权益的保护。

第一，学校就业主管部门的保护。学校对于毕业生的保护最为直接，学校就业主管部门可以通过制定相应的措施规范加强就业工作的监督，对于用人单位在招聘签约过程中涉及的侵权行为及时制止，维护学生合法权益，在对于就业协议书的审核签订过程中，应拒签不符合国家相关政策的协议。

第二，毕业生应加强自我保护。毕业生应当及时了解国家的就业政策，相关法律法规，以此作为自我保护的依据，对于侵害自身就业权益的行为，可先与用人单位进行协商，协商不成，可向毕业生就业工作主管部门申请调解，也可向有关部门中请仲裁。

二、劳动合同

（一）劳动合同的概念

劳动合同又分为个人劳动合同和集体劳动合同两大类，本书中所讲的劳动合同，是指针对毕业生与用人单位所签订的个人劳动合同。

劳动合同是劳动者与用人单位确立劳动关系、明确双方权利和义务的协议。本质上讲，劳动合同是当事人双方意愿表达一致的产物，是劳动者与用人单位之间的一种协议，作为特种契约，劳动合同由需要通过劳动合同法这一特别法来进行调整。劳动合同依法订立即具有法律约束力，当事人必须履行劳动合同规定的义务即劳动合同一经签订，即在法律上确定了劳动者和用人单位之间的劳动关系，使双方的权利、义务通过书面合同的形式确立下来。根据劳动合同，劳动者在用人单位从事一定工作，遵守各项法规及规章制度，完成约定工作，单位则应根据劳动合同的约定，提供相应的劳动保护，创造相应的劳动条件，按照劳动者的劳动量支付劳动报酬。

（二）劳动合同的作用

依法订立的劳动合同具有约束力，用人单位与劳动者应当履行劳动合同约定的义务。因此，劳动合同在保护劳动者的合法权益、协调稳定劳动关系等方面具有重要作用。

首先，劳动合同是劳动者实现劳动权利的有效法律途径，是维护劳动者合法权益的法律保障。劳动者享有劳动权、休息权、劳动保护权等，在劳动者与用人单位签订劳动合同后，即对以上各项权利进行相应约定，一旦用人单位违约，劳动者就可以依据相关法律保护合法权益。

其次，劳动合同可以使用人单位录用适合本单位发展的劳动者。劳动者拥有自主择业权利，用人单位拥有自主用人权利，用人单位通过签订劳动合同的方式，将自己需要的劳动者纳入单位系统之中，从而使劳动者和生产资料达到最优化组合。

（三）劳动合同的内容

劳动合同的内容是合同签订双方，即劳动者和用人单位之间设定劳动权利的具体规定，其内容包含必备条款和补充条款两部分，其中，必备条款包含法律规定和当事人双方协商议定的内容，是劳动合同当中必不可少的部分，欠缺此部分则劳动合同不能成立；补充条款均为当事人双方议定的内容，无论有无，劳动合同依然成立。

劳动合同所必须具备的条款包括：①用人单位的姓名、住所和法定代表人或者主要负责人；②劳动者的姓名、住址和居民身份证或者其他有效身份证件号码；③劳动合同期限；④工作内容和工作地点；⑤工作时间和休息休假；⑥劳动报酬；⑦社会保险；⑧劳动保护、劳动条件和职业危害防护；⑨法律、法规规定应当纳入劳动合同的其他事项。

劳动合同除以上规定的必备条款外，用人单位与劳动者可以约定试用期、培训、保守秘密、补充保险和福利待遇等其他事项。

（四）劳动合同的订立

1. 劳动合同的订立原则和分类

订立劳动合同，应当遵循合法、公平、平等自愿、协商一致、诚实信用的原则。

根据劳动合同的内容，按照不同的划分标准，劳动合同可以有多种分类方式。如，以招收职工为划分依据，可分为聘用合同、聘任合同、录用合同等；以合同期限为划分依据，可分为固定期限劳动合同和无固定期限劳动合同及完成一定工作（工程）为期限的劳动合同，以工作任务为划分依据，可分为上岗合同、期限合同等。

2. 劳动合同订立的程序

建立劳动关系，应当订立书面劳动合同。已建立劳动关系，未同时订立书面劳动合同的，应当自用工之日起一个月内订立书面劳动合同。用人单位与劳动者在用工前订立劳动合同的，劳动关系自用工之日起建立。在实践过程中，劳动合同的订立程序一般需要以下几个程序：①在就业工作当中，由用人单位向社会公开发布招聘广告或公告，劳动者报名应聘应招；②用人单位对前来应聘应招的报名者，通过测试、考查等方式进行考核，确定符合条件、计划招聘的劳动者并通知对方；③用人单位和劳动者签订书面劳动合同。通过协商，达成一致后在劳动合同上签字盖章生效，劳动合同一式两份，劳动者和用人单位各执一份。

3. 劳动合同的变更、终止和解除

（1）劳动合同的变更

用人单位与劳动者协商一致，可以变更劳动合同约定的内容。变更劳动合同，应当采用书面形式。变更后的劳动合同文本由用人单位和劳动者各执一份。这里所说的变更是指签订合同的双方协商一致后，在不违反法律规定内容的前提下进行的变更，这种变更是合法有效的。除双方协商一致后进行的合同变更外，在实践过程中，用人单位及劳动者如遇特殊情况，也可以单方面请求进行合同的变更。

就用人单位而言，如发生下列情况，可以请求进行合同变更。

由于不可抗力使得原有的合同无法履行而导致其失去意义；由于国家政策变化，原有合同因涉及违法而无法执行；由于劳动合同订立时的客观情况发生重大变化而导致虽然合同仍然可以执行，但是要花费较大代价而失去经济价值。

就劳动者而言，如果劳动者发生了重大变故，无法履行原有合同，劳动者也可以请求进行合同变更。

在进行合同变更的过程中，如使当事人一方的利益受到影响，受影响的一方可以向对方提出合理要求作为合同变更条件，但同时应当出示相应证明，并获得对方的同意。

（2）劳动合同的解除

劳动合同的解除，指合同当事人在不违反法律法规规定下，提前终止劳动合同的法律效力。劳动合同可以是在用人单位与劳动者协商一致的情况下解除，也可以是用人单位或劳动者单方面提出解除劳动合同。

第一，对于劳动者而言，如单方面解除劳动合同，需要提前三十日以书面形式通知用人单位，方可解除劳动合同。在试用期内提前三日通知用人单位，可以解除劳动合同。对于劳动者单方面解除劳动合同，用人单位有下列情形之一的，劳动者可以解除劳动合同。

未按照劳动合同约定提供劳动保护或者劳动条件的；

未及时足额支付劳动报酬的；

未依法为劳动者缴纳社会保险费的；

用人单位的规章制度违反法律、法规的规定，损害劳动者权益的；

法律、行政法规规定劳动者可以解除劳动合同的其他情形。

另外，用人单位以暴力、威胁或非法限制人身自由的手段强迫劳动者劳动的，或者用人单位违章指挥、强令冒险作业危及劳动者人身安全的，劳动者可以立即解除劳动合同，不需事先告知用人单位。

第二，对于用人单位而言，劳动者有下列情况之一的，用人单位可以解除劳动合同（过失性辞退）。

在试用期间被证明不符合录用条件的；

严重违反用人单位的规章制度的；

严重失职，营私舞弊，给用人单位造成重大损害的。

劳动者同时与其他用人单位建立劳动关系，对完成本单位的工作任务造成严重影响，或者经用人单位提出，拒不改正的；

被依法追究刑事责任的。

第三，对于用人单位不得解除劳动合同的情况也进行了详细的规定，要求劳动者有以下情形之一的，用人单位不得解除劳动合同。

从事接触职业病危害作业的劳动者未进行离岗前职业健康检查，或者疑似职业病病人在诊断或者医学观察期间的；

在本单位患职业病或因工负伤并被确认丧失或者部分丧失劳动能力的；

患病或者非因工负伤，在规定的医疗期内的；

女职工在孕期、产期、哺乳期的；

在本单位连续工作满 15 年，且距法定退休年龄不足 5 年的；

法律、行政法规规定的其他情形。

第四，综上所述可以看出，劳动合同的解除，具有两个特点，一是“解除”即为劳动合同的提前终止。一般情况下，劳动者和用人单位应当履行自己的义务之后才能终止合同，而合同的解除是在双方当事人都有能力履行的情况下，合同的提前终止。二是劳动合同的解除必须有当事人发出解除合同的意愿才能发生，在合同履行过程中，即使出现各种情况，当事人一方或双方只要未提出解除劳动合同，则劳动合同依然可以继续存在。

（3）劳动合同的终止

有下列情形之一的，劳动合同终止。

劳动合同期满的；

劳动者开始依法享受基本养老保险待遇的；

劳动者死亡，或者被人民法院宣告死亡或者宣告失踪的；

用人单位被依法宣告破产的；

用人单位被吊销营业执照、责令关闭、撤销或者用人单位决定提前解散的；

法律、行政法规规定的其他情形。

在合同期满后，如果实际情况中存在不能解除劳动合同的情况，则劳动合同应当延续至相应的情形消失时才可以终止，这种情况称为劳动合同的逾期终止。但是，当劳动者由于在用人单位工作过程中患职业病或者因工负伤并被确认丧失或者部分丧失劳动关系能力的情况下，应当按照国家有关工伤保险的规定执行。

劳动合同解除或者终止后，用人单位应当在此后出具解除或者终止劳动合同的证明，并在十五日内为劳动者办理档案和社会保险关系转移手续。

劳动者也应当按照双方的规定，办理工作交接，用人单位依照相关规定向劳动者支付经济补偿，并在办结工作交接时支付。

用人单位对已经解除或者终止的劳动合同的文本，至少应该保存两年备查。

4. 劳动合同的违约责任

劳动合同违约，是指劳动合同的当事人一方故意或过失违反劳动合同，致使劳动合同不能履行或不能完全履行的行为。劳动合同的违约责任是指劳动合同当事人违反合同的约定而应当承担的责任，违反劳动合同约定的行为，应根据法律、法规的规定承担相应的法律后果。劳动合同违约责任的形式主要分为三种。

第一种是实际履行，也称为继续履行。指违约方不履行合同，另一方要求其继续履行合同，其意义在于要求合同当事人不得任意以赔偿损失等方式替代合同的履行，而应当实际履行合同。

第二种是违约金形式。劳动合同可以约定一定数额的违约金，但对于劳动者向用人单位支付的违约金则进行了相应的限制，只有在用人单位与劳动者约定的服务期和保密条款中在能够约定违约金。

第三种是损害赔偿形式。赔偿金是这一形式的主要表现，赔偿金是合同当事人一方给另一方的权益造成损害时，需要支付的一定额度的经济赔偿，其目的在于弥补受害人由于违约方的违约行为而造成的损害，《中华人民共和国劳动合同法》对于赔偿金的规定是督促用人单位认真履行劳动合同、维护劳动者权益的重要措施。

（1）用人单位的违法违约责任

在实际情况下，用人单位常见的违反劳动合同的情况及应负的责任主要为以下几种。

第一种是用人单位违法约定试用期无效的责任。试用期是劳动者的权益比较容易受到伤害的阶段，劳动合同期限三个月以上不满一年的，试用期不得超过一个月；劳动合同期限一年以上不满三年的，试用期不得超过两个月；三年以上固定期限和无固定过期限的劳动合同，试用期不得超过六个月。同一用人单位与同一劳动者只能约定一次试用期。以完成一定工作任务为期限的劳动合同或者劳动合同期限内不满三个月的，不得约定试用期。试用期包含在劳动合同期限内，劳动合同仅约定试用期的，试用期不成立，该期限为劳动合同期限。一旦用人单位违法订立试用期，劳动行政部门内应责令改正。如，违法约定的试用期已经履行的，用人单位应当以劳动者试用期满工资为标准，超出试用期的期间应向劳动者支付赔偿金。

第二种是用人单位以担保或其他名义违法收取劳动者财物的责任。用人单位违反本法规定，扣押劳动者居民身份证等证件的，由劳动行政部门责令限期退还劳动者本人，并以每人五百元以上二千元以下的标准处以罚款；给劳动者造成损害的，应当承担赔偿责任。劳动者依法解除或者终止劳动合同，用人单位扣押劳动者档案或者其他物品的，应当承担赔偿责任。

第三种是未按照约定向劳动者支付报酬的责任。劳动报酬是劳动者的基本生活来源，因此用人单位最主要的义务是向劳动者支付劳动报酬，如果用人单位未按照约定向劳动者支付报酬，则可能直接造成劳动者生活难以为继。用人单位如未按照劳动合同的约定或者国家规定及时足额支付劳动者劳动报酬的、低于当地最低工资标准支付劳动者工资的、安排加班不支付加班费的、解除或者终止劳动合同未按照本法规定向劳动者支付经济补偿的，凡用人单位有如上情况，由劳动行政部门责令限期支付劳动报酬、加班费或者经济补偿；劳动报酬低于当地最低工资标准的，应当支付其差额部分；逾期不支付的，责令用人单位按应付金额百分之五十以上百分之一百以下的标准向劳动者加付赔偿金。

第四种是用人单位违法解除劳动合同的责任。如果用人单位违反法律规定解除或者终止劳动合同，应当按照法律规定的经济补偿标准的两倍向劳动者支付赔偿金。

（2）劳动者的违约责任

劳动合同签订双方一般为用人单位和劳动者。《中华人民共和国劳动合同法》在保障劳动者的自由择业权的同时，赋予了劳动者单方解除劳动合同的权利，但是，劳动者在解除劳动合同的过程中必须遵循法律程序，符合法定条件；否则，如因为单方面解除合同而给用人单位带来损失，则必须承担相应的赔偿责任。

同时，劳动者在履行劳动合同过程中不能违反保密条款，不能泄露用人单位的机密，一旦违反，必须赔偿因此给用人单位带来的损失。最后，用人单位为劳动者提供专项培训费用，对其进行专业技术培训的，可以与该劳动者订立协议，约定服务期。劳动者违反服务期约定的，应当按照约定向用人单位支付违约金。

5. 劳动合同的维权要点

大学生由于涉世未深、求职心切、法律观念不强等原因，在签订劳动合同时，往往容易掉入用人单位布置的“陷阱”，因此，毕业生一定要保持高度警惕，注意甄别。

（1）“陷阱”合同

规范的劳动合同能够保护劳动者的合法权益，但是某些单位设置的“陷阱合同”则有极大危害性。常见的“陷阱合同”主要有以下几种。

①口头合同：劳动合同应当以书面形式订立。某些用人单位往往对毕业生许下很多承诺，但是并未签订书面劳动合同，大学生在实际就业后，发现这些承诺难以兑现，在权益受损时，如没有书面劳动合同，造成取证难甚至无法得到法律的有效保护。

②格式合同：某些用人单位在未与劳动者协商的前提下，预先拟定合同内容，虽然这种合同多数都是按照有关法律法规和劳动部门订立的合同范本拟定，但是由于适用性广泛，在某些具体条款上含糊其词，甚至在解释上存在争议，如，“一定时限内”“一定数额”之类的词句，在劳动者签约过程中应当尽量避免并尽可能地明确，并在备注中标明，达成一致后方可签字。

③生死合同：在某些危险行业，用人单位在签订劳动合同时，往往会

要求劳动者接受合同中的“生死协议”。如，建筑行业是一个高度危险的行业，用人单位为了减轻或者免除自己的风险，往往在合同中标注“若发生意外，劳动者后果自负”，这种条款是没有法律效力的。因为劳动者在劳动过程中拥有受到劳动保护的权利，这是我国宪法和相关法律规定的劳动者最基本的权利，因此侵害劳动者劳动保护权的合同是无效的。

④“一边倒”合同：某些用人单位在订立劳动合同时，只规定了劳动者应尽的义务和违约责任，但对于用人单位应当承担的义务则只字未提，以此逃避用人单位违约责任，这种不公平的劳动合同在签署后的一年内可以通过申请仲裁或者诉讼的方式撤销或者变更。

⑤“两张皮”合同：为应对相关部门检查，某些用人单位通过签订两份不同合同的方式规避责任，一份用于应付检查，一份则是双方真正需要履行的合同，这种合同往往对于应聘者极为不利，毕业生在就业过程中一定要注意甄别，避免自己的合法权益受到损害。

（2）抵押金

在毕业生就业过程中，往往会在签订正式合同时，被要求缴纳抵押金，否则不予签约。毕业生不想错过机会，急于就业，在交纳保障金或证件后，某些用人单位会肆意侵犯劳动者权益，如，延长劳动时间、增加劳动强度，等等，而当劳动者被解雇或者辞职时，又找各种借口不予退还，导致劳动者权益受到侵害。根据劳动部订立的《关于贯彻执行〈中华人民共和国劳动法〉若干问题的意见》的相关规定，用人单位在与劳动者订立劳动合同时，不得以任何形式向劳动者收取定金、保证金（物）或抵押金（物）。对违反以上规定的，由公安部门和劳动行政部门责令用人单位立即退还给劳动者本人。如果毕业生已经缴纳这种费用，可以要求用人单位予以退还，也可以通过劳动争议仲裁，或向有关劳动监察部门投诉、举报。

（3）劳动报酬

劳动者的劳动报酬金额不得低于法律规定的最低工资标准，这是劳动合同中订立劳动报酬的最根本的原则。在规定劳动合同的报酬方面，除了要明确报酬的种类，包含基本工资、津贴、交通费用、住房补贴等，还应包含劳动报酬的计算方式、发放时间、加班费的计算，等等。在签订劳动合同时，某些用人单位会用“责任底薪”的概念来克扣或者拒付劳动者报酬，这是违法的，因为无论劳动合同中有无约定以及劳动者有无完成定额或承包任务，用人单位都必须向劳动者支付不低于当地最低工资标准的劳动报酬。

（4）工作内容

工作内容是劳动合同中一项重要的内容，主要指用人单位安排劳动者从事何种工作，包括工作岗位、性质、范围及完成工作所要达成的效果、质量指标，等等。毕业生在签订劳动合同时，一定要明确就业岗位要求，将就业岗位清楚、准确地写入补充协议当中，避免用人单位随时变更岗位的条款。

（5）社会保险

用人单位和劳动者必须依法参加社会保险，缴纳社会保险费。劳动者享受的社会保险金必须按时足额支付，用人单位必须依法为劳动者缴纳社会保险费。用人单位和劳动者所参加的社会保险一般包括养老保险、失业保险、医疗保险和住房公积金，即通常所说的“三险一金”。某些用人单位会在劳动合同中注明“除月工资外，不再提供其他福利待遇”等条款，这是违法的，因此即使用人单位与毕业生私下达成一致意见，也是不受法律保护的。

6. 劳动争议及处理

（1）劳动争议的定义及分类

劳动争议，是指劳动关系的当事人之间因执行劳动法律、法规和履行劳动合同而发生的纠纷，即劳动者与所在单位之间因劳动关系中的权利义务而发生的纠纷。根据争议涉及的权利义务的具体内容，劳动争议分为：因确认劳动关系发生的争议；因订立、履行、变更、解除和终止劳动合同发生的争议；因除名、辞退和辞职、离职发生的争议；因工作时间、休息休假、社会保险、福利、培训以及劳动保护发生的争议；因劳动报酬、工伤医疗费、经济补偿或者赔偿金等发生的争议及法律、法规规定的其他劳动争议。

（2）劳动争议的处理机构

在劳动双方产生劳动争议的情况下，可以协商解决，如不能达成一致，则需要借助劳动争议处理机构解决，可以依法申请调解、仲裁、提起诉讼。

①劳动争议调解委员会（简称调解委员会）

劳动争议调解委员会是依法成立的调解本单位发生劳动争议的群众组织。在用人单位内，可以设立劳动争议调解委员会，劳动争议调解委员会由职工代表、用人单位代表和工会代表组成，劳动争议调解委员会主任由工会代表担任。劳动争议经调解达成协议的，当事人应当履行。

②劳动争议仲裁委员会（简称仲裁委员会）

劳动争议仲裁委员会是指依法成立的行使劳动争议仲裁权的劳动争议处理机构。劳动争议仲裁委员会由劳动行政部门代表、同级工会代表、用人单位方面的代表组成。劳动争议仲裁委员会主任由劳动行政部门代表担任。

③人民法院

人民法院是指行使审判权的审判机关。劳动争议当事人对仲裁裁决不服的，可以自收到仲裁裁决书之日起十五日内向人民法院提起诉讼，劳动争议案件由人民法院的民事审判庭受理。

（3）劳动争议的处理程序

用人单位与劳动者发生劳动争议，当事人可以依法申请调解、仲裁、提起诉讼，也可以协商解决。因此，劳动争议在处理程序方面可分为以下四个方面。

①协商

当发生劳动争议情况后，当事人应当协商解决，但是协商并不是处理劳动争议的必须程序，如不愿进行协商的，可以直接申请调解。

②调解

劳动争议调解是指在用人单位与劳动者之间因劳动关系等发生争议时，由第三方（例如，专业性的人才机构、争议调解中心等）进行的和解性咨询，以此达到法律咨询、和解方式等的说明。

当发生劳动争议后，当事人不同意协商或者协商后没有达成一致的，可以向本单位的调解委员会申请调解，但是调解也不是处理劳动争议的必须程序。

当事人申请调解，应当自得知或者应当在得知其权利被侵害日起三十日之内，以口头或者书面形式向企业劳动争议调解委员提出调解申请，并填写《劳动争议调解申请书》，此申请可以是当事人双方，也可以是当事人一方提出，但前提是必须符合双方意愿。案件受理后，调解委员会应当做出相应调查，内容包括：查阅劳动双方订立的劳动合同或者集体合同，对争议所涉及的其他人员进行调查等。

调解委员会调解劳动争议，应当在当事人申请调解之日起三十日内结束，否则视为调解不成；如调解达成协议，双方当事人应当自行履行。调解不成的，应做好记录，并制作调解处理意见书，提出针对争议的处理意见。

③仲裁

劳动仲裁指劳动争议仲裁委员会对当事人申请仲裁的劳动争议居中公断与裁决，不同于协商与调解，劳动仲裁是劳动争议当事人向人民法院提起诉讼的必经程序。

劳动争议仲裁委员会由劳动行政部门代表、同级工会代表、用人单位方面的代表组成。劳动争议仲裁委员会主任由劳动行政部门代表担任。

劳动仲裁的过程，首先提出仲裁要求的一方应当自劳动争议发生之日起六十日内向劳动争议仲裁委员会提出书面申请。当事人可以委托一到两位律师或者其他代理人参加仲裁活动。仲裁委员会在收到申诉书的七日内做出受理或不予受理的决定。决定受理的，应将申诉书副本做出决定的七日内送达被诉人并成立仲裁庭；不予受理的，应说明相关理由。被诉人在收到申诉副本的十五日内提交相关证据和答辩文书，未按时提交或不提交的不影响案件审理。在案件审理过程中，仲裁庭需要在开庭前四日内，告知当事人仲裁庭组成人员、开庭时间、地点，当事人无故缺席庭审，或未经允许自行退庭的，如为申诉人则按撤诉处理，如为被诉人则按缺席处理。仲裁裁决一般应在收到仲裁申请的六十日内做出。对仲裁裁决无异议的，当事人必须履行。

④诉讼

劳动争议当事人对仲裁裁决不服的，可以自收到仲裁裁决书之日起十五日内向人民法院提起诉讼。一方当事人在法定期限内不起诉又不履行仲裁裁决的，另一方当事人可以申请人民法院强制执行。

集体合同争议处理，因签订集体合同发生争议，当事人协商解决不成的，当地人民政府劳动行政部门可以组织有关各方协调处理，因履行集体合同发生争议，当事人协商解决不成的，可以向劳动争议仲裁委员会申请仲裁；对仲裁裁决不服，可自收到仲裁裁决之日起十五日内向人民法院提起诉讼。

三、就业协议书与劳动合同的差异

就业协议书与劳动合同是不同的，究其区别，主要表现在以下几个方面。

（一）主体不同

就业协议书的签订主体主要是学校、用人单位和毕业生，也称为“三方协议”，而劳动合同的签订主体只有劳动者和用人单位两个主体，是劳动者与用人单位之间在依法依规遵循平等自愿的原则下签订的。

（二）依据不同

由于就业协议是依照国家关于高等学校毕业生就业的法规制定的，因此，如就业协议产生纠纷，则需要以《中华人民共和国民法通则》《中华人民共和国合同法》及相关的就业政策为依据；而劳动合同则完全依照《中华人民共和国劳动合同法》订立，产生纠纷也应以此作为依据。

（三）内容差异

就业协议一般不涉及具体的劳动关系，只规定毕业生的自身情况、就业意向，用人单位是或否同意接收及学校审核是否通过，是否可以派遣等；但劳动合同必须标明劳动的具体期限、内容、条件、薪酬、纪律、合同终止条件以及违背合同所要承担的相应责任等。

（四）签订时间不同

就业协议是毕业生和用人单位在正式确立劳动关系前签署，且签订之日起即为有效，一般在毕业生到用人单位报到前签署完毕；而劳动合同一般是在入职时签订，当毕业生与用人单位签订劳动合同后，原就业协议即终止。

第三节 大学生就业安全

一、大学生就业安全研究背景及重要意义

国家对教育投入的力度加大，高等学校逐年扩大招生规模，高等教育由原来的“精英教育”逐渐变为“大众化教育”高校毕业生的数量也逐年急剧增多，就业压力不断增大。随着每年就业人数的不断增加，社会所提供的就业岗位越来越难以满足就业的需求，另外高校毕业生就业还存在多方面的结构性矛盾，导致大学生的就业压力不断增大，就业焦虑也越来越大。

全社会都非常关注大学生就业问题，但目前人们的关注点多集中于如何促进大学生充分就业，对大学生们的就业安全问题重视明显不足。大学生就业安全问题是关系社会政治经济稳定的重要因素之一，刚走出校门或即将要走出校门的大学生，缺乏社会经验，他们在求职中往往处于弱势地位，尤其随着毕业人数的增长和就业压力的增强，他们的就业焦虑逐渐升高，许多

毕业生为了找到一份满意的工作，遍投简历，广搜信息，只要是符合自己意愿的招聘信息，就积极行动，降低要求，放松警惕，这也给一些动机不纯的用人单位造成了可乘之机，他们利用大学生求职心切的心理和社会阅历较浅的特点，巧设名目，设置种种陷阱，致使大学生经常会遭遇种种骗局。据公安部门统计，这类案件在近两年内呈急剧上升趋势。

就业骗局会给大学生造成经济损失、时间损失、机会损失，甚至是精神损失等巨大伤害，尚未踏入社会就遭遇种种不测，也会给大学生今后的工作和生活带来诸多不良影响。此外，就业骗局还会败坏社会风气，滋生不诚信行为，会给社会带来很多负面影响。面对这些问题，除了政府应发挥应有的作用及学校要加强安全防护措施外，大学生自身在求职过程中更要提高警惕，增强自我安全防范意识。研究大学生就业安全问题，旨在为大学生创建一个公平、安全、诚信的良好就业环境，具有非常重要的现实意义。

二、高校大学生就业安全的表现与危害分析

高校大学毕业生的就业安全主要分为自身安全和环境安全两个方面。

（一）自身安全

自身安全又分为人身安全、财产安全、信息安全、心理安全四个方面。

1. 人身安全

人身安全主要体现在四个方面。

第一，招聘时的安全，这也是就业安全中最大的隐患。有些大学生在求职过程中，参加一些安全措施不强的大型招聘会。过去，在北京、深圳等地都举办过大型招聘会，主办方为了强化宣传和扩大影响，在相关新闻媒体宣传上也频频使用“万人招聘会”的字眼，以吸引更多的高校毕业生和用人单位入场，来获取更多的经济利益。这些大城市举办的人才招聘市场，每天的入场人次都在6万以上，可以说是万人攒动，而人才招聘会场提供的职位数却远远低于求职人数，甚至出现了一个就业岗位却有上千名大学毕业生去应聘的情况，造成双选效果很差，并且也带来了一些安全问题，如，出现了毕业生与人才招聘市场的检票工作人员或者保安人员发生冲突，因拥挤造成大学毕业生被踩伤、撞伤的情况。所以，现在全国各地都吸取经验教训，一般不再举办大型的人才招聘会，改为举办一些分科类、分行业的中小型招聘会，以有效地解决参会人员过多带来的安全隐患问题。

有些企业在一些岗位上确实存在空缺，但由于这些岗位的工作内容实质上都是比较辛苦和枯燥的，如果按照真实情况发布信息，根本无法得到大学生的青睐，所以这些企业利用大学生虚荣和享乐的就业心理，将原本的基层工作岗位，描绘成工作内容轻松、薪资待遇高、发展空间大的“抢手”岗位。在他们的粉饰下，打字员变成了行政专员，跑业务的变成了市场总监，保险推销员变成了理财经理，原本的高薪待遇也变成了年底按业绩分红，在这些招聘广告中，学历不限、专业不限，只需沟通能力强，轻轻松松月薪便可上万，很多学生禁不住这类广告的诱惑，被引诱加入了传销、色情等非法机构，成为其犯罪的工具。这类就业陷阱利用大学生求职心切，以极富煽动性的新名词、新概念对企业和工作岗位进行虚假宣传，以招聘为幌子实现其不法目的。企业招聘时有的以交保证金、服装费、培训费等名目进行非法敛财；有的是利用招聘的形式盗取应聘者的个人信息，进行非法活动；有的干脆将应聘者当成了“免费”的劳动力，窃取其在应聘过程中所做的软件开发或创意策划项目；还有一些企业常年发布招聘广告，或以此储备某些岗位所需的人才，或借招聘提升自身企业的知名度、宣传企业品牌。这些招聘虽然不会侵犯大学生的合法权益，但仍然会耗费应聘者的时间和精力。

大学生社会经验不足，容易上当受骗，而一旦不慎进入带有传销性质的用人单位，毕业生的人身安全极易遭到不法分子侵害。有些大学生急功近利，对生活的期望值过高，很容易被那些宣称能暴富的传销组织“洗脑”，上当受骗。

大学生被非法传销组织所骗受困的原因主要有：一是大学生自身防范意识薄弱，轻信他人上当受骗；二是对同学、朋友的介绍过于信任，没想到熟人还会骗自己；三是就业压力过大，择业时放松了必要的警惕，轻信以用人单位身份出现的非法传销公司；四是个别学生存在不劳而获的思想，被非法传销组织宣传的高额回报引诱，甘愿从事非法传销活动。

第二，面试时的安全。因双向选择的需要，很多招聘企事业单位都要求必须与毕业生进行面试，只有面试通过才能被单位录用。这就要求大学毕业生必须事先明确具体的面试时间和地点。接到面试通知时，要问清对方的办公地址和固定联系电话，如果招聘单位只有手机单线联系方式，就要高度警惕，谨防上当受骗，切忌到不明确或存在安全隐患的地方进行面试。正规的单位一般都有固定的办公场所，若招聘单位面试地点选择宾馆等临时租借来的地方，要仔细鉴别真伪。面试前大学生要清楚地告诉家人或同学面试的时间和地点，保持手机等联系方式的畅通。面试最好有同学能陪同前往，尤其是女性，要避免夜间到荒僻的地点面试。如果无法结伴而行，至少要将自己的行踪告知辅导员或同学，最好是让辅导员或同学知道面试的时间与地点。面试前后随时与学校辅导员、同学、家长保持联系，并告知面试场所及电话号码。假如到了某个单位后，该单位声称为了你的安全或其他工作需要，要求你将手机、钱物上交保存，一定要当心，这就有可能是陷阱。千万不要激怒对方，要虚以推托应付，设法周旋，再寻机脱身。如果事态严重，一定要寻机报警。

如果需要到外地求职，必须向学院履行请假手续。在外地求职期间，要定时向辅导员汇报自己的情况。遇到特殊情况，及时向当地公安机关或110 报警，同时与学院辅导员联系。

第三，签订合同的安全。大学毕业生按要求与用人单位签订三方就业协议书，但就业协议书只是一个初步的就业意向，并没有详细的工作岗位、待遇等细节。某些用人单位就利用这一点，在签协议前给大学毕业生许诺各种优厚诱人的条件，等到毕业生去了单位签订劳动合同时，才发现用人单位根本达不到以前所承诺的条件——这时毕业生如果要离开的话又要承担违反就业协议带来的相应责任，只能陷入其事先设好的圈套。

第四，实习工作时的安全。面试通过之后，一些招聘单位会以让毕业生来实习或者以试用的名义让求职者来单位工作，实习期间大学生的衣着、态度、言行均应谨慎，不轻言允诺非公务以外的不当要求。刚到新公司应先熟悉环境，谨慎处理不熟悉同事的邀约，注意公司营运情形是否仅为空壳公司或别有意图。另外刚刚走上实习工作岗位的毕业生因缺乏工作经验，往往在生产安全意识上有所欠缺，再加上一些企业为了降低生产成本在生产规定和操作程序上降低要求，使之存在重大安全漏洞，毕业生实习工作期间的上岗生产安全情况令人担忧。

实习期或试用期满时，以实习期间表现不好或毕业生不符合岗位要求为由拒不签订正式用人合同，廉价使用大学生的劳动力。试用期是用人单位和毕业生双方约定的考察期，在此期间用人单位如感觉不太理想可以单方面辞退招聘人员，但《中华人民共和国劳动法》规定，考察期最多不得超过6个月，但同一用人单位与同一劳动者约定的试用期只能是一次，而很多企业短期用工现象严重，在试用期满时以工作不合格为由辞退毕业生，致使学生试用期间的劳动白白付出。更有甚者，有些企业为了显得“宽宏大量”，在毕业生苦苦哀求下“勉为其难”地给予毕业生第二次试用的机会，而结果却是毕业生白白辛苦了两个试用期也没能“转正”，时间和金钱同时打了水漂。在就业过程中，关于对试用期时间、权利和义务的约定，是大学生与用人单位签订就业协议以及劳动合同时非常重要的一部分。由于一直以来大学生群体对《中华人民共和国劳动合同法》普遍有所忽视，对其中的法律条款缺乏认识，维权意识不强。有些不良用人单位便利用这一漏洞在试用期上做文章，要么自行延长试用期的时间，要么在大学生提出辞职时要求其承担违约责任，或是在试用期结束后无故解雇毕业生。面对这类陷阱，大学生只要了解《中华人民共和国劳动合同法》中的试用期相关内容，就会不攻自破。

2. 财产安全

财产安全主要是在三个方面容易掉入陷阱。

一是中介陷阱。一些高校毕业生求职心切，眼前有没有合适的机会，就想通过中介获得一些就业信息。有些中介公司名不副实，他们往往提供虚假优惠政策吸引毕业生上钩，收取费用后，随意从网络报纸杂志上摘抄一些招聘信息提供给求职者，或者和一些小公司串谋让毕业生去面试，然后以毕业生自身能力不足为由，推脱其不能找到合适工作岗位的责任。

二是培训陷阱。在就业形势严峻的情况下，很多培训机构就打着“确保就业”“高薪就业”等旗号横空出世，而培训结束后的结果却是与毕业生的期望大相径庭，甚至还有一些用人单位要求新成员必须通过某某培训机构的培训及考核，否则不予录用，其间何种勾结不言而喻。

三是收费陷阱。部分企业在大学生进入试用期后，就巧立各种名目收取费用，如，保证金、押金、培训费、体检费、服装费等，一定要慎重，千万不要盲目交费。不排除有的用人单位要求毕业生交保证金的目的是为了防止毕业生违约，但实际上，如此用人单位是带有很强功利性的，应聘者交了费用，也不一定能确保被该单位录用。正规单位在招聘时是不会收取任何费用的，凡在招聘时收取财物的都没有法律依据。

政府有关劳动人事部门规定：用人单位招聘时，不得收取求职者任何形式的报名费、培训费、押金等费用。若招聘单位巧立名目，收取求职者各种形式的报名费、培训费、押金等费用，这些都是违法行为，求职者应提高警惕，坚决拒绝交纳各种费用。提醒毕业生根据相关法律规定，招聘单位录用人员时与劳动者订立的是劳动合同不是产品推销协议，毕业生要提高警惕，不要去签订以推广、促销为名的民事协议，更不要头脑发热盲目签字，随意交钱。一旦上当受骗，求职者可向当地劳动保障监察部门或公安部门报警，寻求法律保护。

3. 信息安全。

近期以来，套取并利用求职者信息进行诈骗的案件屡见不鲜。毕业生在求职过程中，往往要填写些表格，其中涉及很多个人信息，尤其是网上求职，要求填写的内容更是事无巨细，从个人电话号码，到家长姓名、家庭住址、父母情况一应俱全。许多毕业生粗心大意，随意填写，结果给骗子留下了可乘之机。

面对这些问题，大学生自身在求职过程中更要注意提高警惕，增强安全自我防范意识。不要将个人的所有联系方式都提供给招聘单位，一般提供手机号码和电子邮件即可，至于固定电话，可以提供学院负责就业工作老师的办公电话，最好不要提供宿舍或者家庭电话；接到陌生人的电话，不要轻信其花言巧语，应拨打114进行核实，或者与老师同学一起分析商量。对于各种渠道特别是互联网上的招聘一定要慎重核实，不要轻易填写过于翔实的个人信息；对自己不信任的、不规范的公司不要随便投递简历。

4. 心理安全

就业压力的加大促使部分毕业生的心理产生问题甚至是心理疾病，据相关部门统计，大部分毕业生的压力主要来自就业问题。就业过程中的不顺利让人性负面的心理显现出来，如，浮躁心理、焦虑情绪、攻击心理、自卑心理、自闭心理以及各种悲观心理等。高校毕业生要进行择业心态的自我调整，正确处理理想与现实的矛盾，使理想自我与现实自我统一起来，根据社会需求正确解决自己就业定位问题，确定自己的择业目标。特别要注意培养自身抗挫折能力和良好的心理素质等。

（二）环境安全

1. 就业公平性欠缺

就业公平性的欠缺主要表现为以下几个方面。

一是生源地域的不公平，很多单位和企业在招聘过程中，因为受到政府方面的压力或是自身的一些原因，对应聘人员的生源地或户籍所在地做出限制，一般要求企事业单位所在地的生源地学生优先；二是身体差异的就业不公平，虽然法律规定公民享有平等的劳动权利，但一些单位都在招聘中对高校毕业生身高、体重、相貌等方面提出明确的要求；三是性别差异的就业不公平，许多企业考虑到女性员工以后需要照顾家庭、生育儿女及哺育儿女为等，会明确在一些岗位上拒绝招聘女性员工。

2. 网络求职安全隐患多

所谓网络求职，是指求职者通过登录人才网等就业网站查看招聘信息，并根据个人意向投递、发布个人信息，以获取就业机会的求职方式。网络求职虽有查询方便，信息量大，可选择面广的优点，又可以免去奔波之苦，但随之而来的安全隐患也不容忽视。如，大多数人才市场都无法对发布信息的企业的资质真伪做出有效的鉴定，虚假招聘信息防不胜防。此外，许多网站提供高校毕业生求职登记简历，且在不需要任何身份认证的情况下任何用户都可以将求职者个人资料一览无遗。

3. 构建公平就业的法治环境

大学生就业一直是整个社会关注的一个重要问题，这个问题的解决标志着一个国家的政策先进性与法律的公平性。目前，我国维护大学生就业的法治环境尚不健全，大学生就业还存在很多的问题。毕业生要学会利用法律武器维护自身合法权益。在大学生就业过程中，许多大学生因不熟悉《中华人民共和国劳动法》及相关的法律法规，在遇到不公平待遇时由于缺乏法律意识，没有拿起法律武器维护自身合法权益，导致自身权益受到损害。因此，毕业生一定要加强对我国劳动法法律法规的学习，增强法律观念和维权意识，权利受到侵害时要勇敢依靠法律武器与违法现象作斗争，维护自身的合法权益。具体做法有以下五点：一是如果发现违反我国劳动法的情况及时向劳动主管部门举报用人单位的不法行为；二是提请劳动争议仲裁部门进行劳动争议仲裁；三是如果仲裁结果没有合理保护毕业生权益还可以向法院提起诉讼；四是可以依靠媒体的力量，向社会寻求帮助，得到广大群众的舆论声援；五是一旦发现违法犯罪事件，一定要及时向公安机关报案。

三、大学生就业陷阱的成因分析

目前，我国就业环境竞争激烈、就业难度逐年增大，伴随着巨大的就业压力，大学生就业陷阱频繁出现，主要成因有以下几点。

（一）学生对就业期望值过高，就业观念相对滞后

进入21世纪以来，随着大学的不断扩招，高等教育已经从以前的“精英教育”转变成了“大众教育”，与逐年增长的毕业生数量相比，大学生的就业观念并没有得到有效的更新。大学生在求职中缺乏对自己的准确定位，对就业环境没有客观的认识和评价，对就业的期望值还停留在工作轻松、体面、收入高上，因此“高不成、低不就”的现象极为普遍，并成为影响高校就业率的一个非常重要的因素。一些不良用人单位和中介，就是利用了学生们的这种心理，用高收入等理由编造出一个美好的“就业梦”，引诱其上当受骗。

（二）学生对就业相关的政策与法律缺乏了解

大学生想要顺利实现就业，了解国家和地方对于促进大学生就业的相关政策和法律是一个重要前提。在校期间，大学生对就业的相关政策缺乏了解，对相关法律的认识也相对比较浅显，他们中的大多数对法律知识的理解还停留在感性认知上。虽然各个高校都在加强对于学生劳动政策法规的教育，开设专门的就业法律课程，但学生往往重视程度不高，觉得和自身关系不大，学习积极性差。这些大学生一旦步入社会，在面对与用人单位签署劳动合同、运用法律维护自身合法权益等诸多法律问题时，充满了困惑与彷徨。再加上对就业政策的半知半解，直接导致大学生在就业过程中，容易成为不法用人单位的侵害对象，掉入就业陷阱。

（三）就业相关制度不完善，缺乏法制保障

目前，我国处于重要的社会转型期，就业市场相关制度的建立还不完善，对于大学生就业并没有专门针对性的法律法规作保障。于是导致了用人单位钻法律漏洞、用不正当手段侵犯大学生就业权益的现象大批出现。如，某些用人单位为了降低自然附着成本而限招女大学生，设定工作经验的门槛用以拒收应届毕业生，将试用期无限延长以换取低成本劳动力等。在就业过程中，

学生自身权益受到侵害后，往往投诉无门，最后只能忍气吞声、不了了之——这在一定程度上，助长了用人单位的不良气焰。

第八章 大学生创新创业基础

第一节 大学生创新创业概述

当前，针对大学生积极开展创新创业教育，培养大学生拥有创新创业的基础知识和能力，将大学生培养成为国家创新发展的生力军，是当前高等教育人才培养中的重要组成部分。

当前，世界各国纷纷加强创新投入，通过政府战略发展规划推进创新型国家建设，增强国家竞争力。

一、关于创新的概述

（一）创新的内涵

“创新”是指新技术、新发明在生产中的首次应用，是指建立一种新的生产函数或供应函数，是在生产体系中引进一种生产要素和生产条件的新组合。创新包括五个方面的内容。

引入新产品或提供产品的新特性；

开辟新的市场；

获得一种原料或半成品的新的供给来源；

采用新的生产方法（主要是工艺）；

实现新的组织形式。

熊彼特认为，用创新所获得的超额利润是合理的，是企业家应得的合理报酬，因为创新推动了社会的进步。在大学生创新创业教育中所指的创新，一般是指以现有的思维模式提出有别于常规或常人思路的见解为导向，利用现有的知识和物质，在特定的环境中，本着理想化需要或为满足社会需求，而改进或创造新的事物、方法、元素、路径、环境，并能获得一定有益效果的行为。

（二）创新的类型

为了加深对创新的理解，有必要对创新进行分类。创新分类的参考指标很多，不同分类指标得出不同的分类形式。

根据创新的表现形式进行分类：如，知识创新、技术创新、服务创新、制度创新、组织创新、管理创新等。

根据创新的领域进行分类：如，教育创新、金融创新、工业创新、农业创新、国防创新、社会创新、文化创新等。

根据创新的行为主体进行分类：如，政府创新、企业创新、团体创新、大学创新、科研机构创新、个人创新等。

根据创新的方式进行分类：如，独立创新、合作创新等。

根据创新的意义大小进行分类：如，渐进性创新、突破性创新、革命性创新等。

根据创新的层次进行分类：如，首创型创新、改进型创新、应用型创新。

以上内容意在说明：创新不只是少数专门技术人才、行业专家、企业家才能做的事，而是人类特有的认识能力和实践。

1. 科技创新

科技创新可以看作是原创性科学研究和技术创新的总称，是指创造和应用新知识和新技术、新工艺，采用新的生产方式和经营管理模式，开发新产品，提高产品质量，提供新服务的过程。我们将包含了知识创新、技术创新和管理创新的系统称为科技创新体系。

科技创新体系由以科学研究为先导的知识创新、以标准化为轴心的技术创新和以信息化为载体的现代科技引领的管理创新三大体系构成，三个体系相互渗透、互为支撑，推动科学研究、技术研发管理与制度创新的新形态。

2. 知识创新

知识创新是指通过科学研究，包括基础研究和应用研究，获得新的基础科学和技术科学知识的过程，包括科学知识创新、技术知识创新和科技知识系统集成创新等。知识创新是技术创新的基础，是新技术、新发明的源泉，是促进科技进步和经济增长的革命性力量。

一般企业的核心竞争力主要就是核心运营力和核心知识力，核心运营力指企业能高速高效生产高品质产品和高满意度服务的能力；核心知识力指企业对某种特定领域和业务而言独一无二的专长、技术和知识。因此，知识创新对大学生灵活掌握和运用所学知识，对于企业创立、生存和发展至关重要。

3. 技术创新

技术创新是指生产技术的创新，包括开发新技术，或者将已有的技术进行应用创新。它是以现有知识和物质为出发点，在特定的环境中，改进或创造新的事物并能获得一定有益效果的行为。

4. 管理创新

管理创新是指组织形成一种创造性思想并将其转换为有用的产品、服务或作业方法的过程。一般包含管理思想、理论、知识、方法、工具等方面的创新。

实际上，对各种产品、工作方法、商业模式、服务模式的改进等都属于创新。创新的目的一定是能解决实践中的现实问题，创新的本质是突破传统、打破常规，做出有效改变。创新是一个相对的概念，其价值与时间、空间有关。同样的事物在今天看来是创新，明天可能是追随，后天大多数人都接受了，可能就是传统了。创新必须在一定范围内具有领先性，有的是世界领先，有的是地区领先。创新可以在解决技术问题、经济问题和社会问题的广泛范围内发挥作用，它是每个人都可以参与的事业。创新以取得的成效为评价尺度。有成效才能认为是创新，根据成效，创新可以分成若干等级。

有的是划时代的创新，例如，北大方正的汉字激光照排系统，淘汰了铅字，使全国印刷业告别了对铅与火依赖的时代。有的不过是时尚创新，例如，电子宠物曾为厂商带来丰厚利润，但不久就失宠了。总之，创新是人类特有的认识能力和实践能力，是人类主观能动性的高级表现，是推动民族进步和社会发展的不竭动力。一个民族要想走在时代前列，就一刻也不能没有创新思维，一刻也不能停止各种创新。

二、创业的概述

（一）创业的含义

《现代汉语词典》对“创业”的解释是：创办事业。而“事业”是指人所从事的，具有一定目标、规模和系统而对社会发展有影响的经常活动。

《辞海》对“创业”的解释是：创立基业。“基业”是指事业的基础。由此可见，创办事业是创业的本质。

创业有广义和狭义之分。广义上指所有具有开拓性和创新性特征的、能够增进经济价值或社会价值的活动，其功能指向是成就国家、集体和群体的大业。狭义上讲的创业概念源于“Entrepreneur（企业家、创业者）”一词，因而对其理解通常带有经济学的视角。美国学者布鲁斯·R.巴林格认为，创业是不拘泥于当前资源条件的限制下对机会的追寻，将不同的资源组合以利用和开发机会并创造价值的过程。

创业是一个发现和捕捉机会并由此创造出新颖的产品或服务，实现其潜在价值的过程。可见，狭义的创业特指个人或团队自主创办企业，我们将其定义为：创业是个人或创业团队通过识别和把握商业机会，调动配置相关资源，为消费者提供产品或服务，进行价值创造的行为过程。

因此，创业的内涵可以这样理解：

创业是一个创造性的过程，具有创新性；

创业的关键是商业机会的发掘与把握；

创业过程必然要求创造价值、转移价值和获取价值；

创业是创业者自觉与磨砺的行为过程。

（二）创业的要素

创业是一项十分艰辛而又极其复杂的活动，在创业的过程中，影响的因素有很多，但核心的要素是创业者、商业机会和创业资源。

1. 创业者

创业者是创业的主体。创业者既可以是一个单独的个体，也可以是一个团队。创业者既是新创企业的意志主体，又是行为主体，在创业的过程中起着关键的推动作用和领导作用。

2. 商业机会

商业机会是指存在于某种特定的经营环境条件下，企业可以通过一定的商业活动发现、分析、选择、利用，并为企业创造利润和价值的市场需求。它是指没有被满足的市场需求，是市场中现有企业的市场空缺。没有机会，创业活动就成了盲目的行动。

3. 创业资源

创业资源是指新创企业在创造价值的过程中需要的特定的资产，包括有形与无形的资产，如，厂房、机器设备、专利、品牌等。它是新创企业创立和运营的必要条件，主要表现形式为：创业人才、创业资本、创业技术和创业管理等。

总之，创业就是具有创业精神的创业者、商业机会、资金、人力等资源相互作用、相互配置，以创造产品和服务的动态过程。

（三）创业的过程与阶段

创业一般情况下起源于一个好的创意想法，当创业者发现这种创意能够带来商业机会，获得利润时，就可以着手创业了。从产生创业的想法到创建新企业或开创新事业并获取回报的整个过程，可大致划分为机会识别、资源整合、创办新企业、新企业的管理四个主要阶段。创业者如果能够理解、遵循并执行这四个阶段的基本步骤，就可以提高创业的成功率。

1. 机会识别

识别创业机会是对可能成为创业机会的各种事件的分析和对创业预期结果的判断。其核心活动包括：创新并勾画愿景、进行市场分析与研究、竞争评估、商业模式开发等。

2. 资源整合

资源是创业的基础性条件，整合资源是创业者开发机会的重要手段。其核心活动包括：流程与技术调研、确定价格、市场与营销模式、保障启动资本、管理资金、制订成长期资金计划、投资谈判等。

3. 创办新企业

创建新企业需要进行大量的准备工作，其核心活动包括：创业计划、创业融资、注册登记等。

4. 新企业的管理

企业管理是创业过程中的重要环节，确保新创建的企业生存是创业者必须面对的挑战，但是创业者对于企业不能仅仅考虑生存，同时还要考虑成长。其核心活动包括制订企业发展的计划、寻找合作联盟、出售或并购、继续管理或退出等。

三、创新与创业的关系

（一）创新是创业的灵魂

没有创新，你的创业就是无源之水，无本之木，创新就是企业发展的原动力。没有创新的企业，生存空间就会不断缩小，就不可能产生自己的核心竞争力并获得必要的竞争优势。创业本质上是人们的创新性实践活动。

无论是何种性质、类型的创业活动，它们都有一个共同的特征，即创业是主体的一种能动的、开创性的实践活动。

（二）创新的价值在于创业

创新本质上是属于思维、观念、方法、模式等上层建筑，但它并不能从根本上解决经济基础的问题，唯有通过创业才能将创新落到实处。从某种程度上讲，创新的最终价值就是在于将潜在的知识、技术和市场机会转化为现实生产力，实现社会财富增长，造福社会；否则，创新也就失去了意义。

（三）创业推动并深化创新

创业可以推动新发明、新产品和新服务的不断涌现，从而进一步推动和深化科技创新。创业是创新成果的载体和呈现，并在创业活动过程中不断优化资源配置、总结提炼，以实现创新的更新与升级。创新带动创业，创业促进创新。

四、大学生创业的类型

所谓大学生创业，是指大学生在学习期间创办事业或者毕业后不选择就业而直接成立公司创业，是大学生主动参与社会竞争的一种尝试。

大学生创业的方式主要表现为，大学生利用自己的知识技能，以自筹资金、技术入股、寻求合作等方式创办企业，面向市场，面向社会，为社会创造价值的同时，使自己的价值得到充分的体现。

五、大学生创新创业的环境与政策

（一）创业环境

1. 政策支持

随着我国加快落实创新驱动发展战略，主动适应和引领经济发展新常态，大众创业、万众创新的新浪潮席卷全国。一些经营手续办理程序得到简化，企业自主经营范围变得更为宽泛和自由。

2. 社会环境

首先，资本市场日趋健全和活跃。在融资方面，银行贷款、金融支持、融资担保、风险投资、产权交易等业务不断推陈出现。为解决创业过程中融资难的问题，很多地方政府设立了专项资金扶持和贴息贷款等业务。

其次，各种创业载体和服务机构也加快了发展的步伐。如今各类企业孵化器、工业园区、企业服务中心、风险投资机构、担保服务机构、信用评级机构、顾问咨询机构等正在快速地发展，更加有利于创业的启动和发展。

最后，第三产业已经成为我国一个极具魅力的投资领域。总体来看，我国的第三产业仍然比较落后，特别是一些新兴的第三产业还远远跟不上时代的步伐。随着我国市场经济的进一步发展，第三产业可以为创业者提供许多大显身手的舞台。

（二）创业政策

1. 简化注册流程

凡高校毕业生（毕业后两年内）申请从事个体经营或申办私营企业的，可通过各级工商部门注册大厅“绿色通道”优先登记注册。其经营范围除国家明令禁止的行业和商品外，一律开放核准经营。对限制性、专项性经营项目，允许其边申请边补办专项审批手续。对在科技园区、高新技术园区、经济技术开发区等经济特区申请设立个体私企的，特事特办，除了涉及必须前置审批的项目外，实行“承诺登记制”。申请人提交登记申请书、验资报告等主要登记材料，可先予颁发营业执照，让其在 3 个月内按规定补齐相关材料。凡申请设立有限责任公司，以高校毕业生的人力资本、智力成果、工业产权、非专利技术等无形资产作为投资的，允许抵充 40% 的注册资本。

2. 减免各类费用

除国家限制的行业外，工商部门自批准其经营之日起 1 年内免收其个体工商户登记费（包括注册登记、变更等级、补照费）、个体工商户管理费和各种证书费。对参加“个私协会”（个体劳动者协会、私营企业协会）的，免收其 1 年会员费。对高校毕业生申办高新技术企业（含有限责任公司）的，其注册资本最低限额为 10 万元，如资金确有困难，允许其分期到位；申请名称可以“高新技术”“新技术”“高科技”作为行业予以核准。高校毕业生从事社区服务等活动的，经居委会报所在地工商行政管理机关备案后，1

年内免予办理工商注册登记，免收各项工商管理费用。

3. 提供创业融资服务

加大高校毕业生自主创业贷款支持力度，对于能提供有效资产抵（质）押或优质客户担保的，金融机构优先给予信贷支持。有关高校毕业生，创业贷款，可以高校毕业生为借款主体，担保方可由其家庭或直系亲属家庭成员的稳定收入或有效资产提供相应的联合担保。对于资信良好、还款有保障的，在风险可控的基础上适当发放信用贷款。

4. 实行税费优惠

持人社部门核发“就业创业证”的高校毕业生在毕业年度内创办个体工商户、个人独资企业的，3 年内按每户每年 8000 元为限额依次扣减其当年实际应缴纳的营业税、城市维护建设税、教育费附加和个人所得税。对高校毕业生创办的小型微利企业，按国家规定享受相关税收支持政策。

5. 其他政策

（1）员工聘请优惠

对于大学毕业生自主创办的企业，自工商部门批准其经营之日起 1 年内，可在政府人事、劳动保障行政部门所属的人才中介服务机构和公共职业介绍机构的网站免费查询人才、劳动力供求信息，免费发布招聘广告等；参加政府人事、劳动保障行政部门所属的人才中介服务机构和公共职业介绍机构举办的人才集市或人才、劳务交流活动给予适当减免交费；政府人事部门所属的人才中介服务机构免费为创办企业的毕业生、优惠为其员工提供培训、测评服务。

（2）人事档案

对自主创业的高校毕业生，政府人事行政部门所属的人才中介服务机构免费为其保管人事档案（包括代办社保、职称、档案工资等关系手续）两年。

（3）社会保险

高校毕业生从事自主创业可在各级社会保险经办机构设立的个人缴费窗口办理社会保险参保手续。

六、创新与创新能力

（一）知识经济创新的趋势

知识经济时代是经济加速全球化的时代。在知识经济条件下，创新学的理论和实践必然突破国界的限制，成为具有跨国性、普遍性、通用性的学科。在知识经济时代，人类创新变革的十大趋势如下。

趋势一：创新——营销的主旋律。创新是知识经济时代营销管理进步的表现，也是知识经济时代管理发展的动力。创新始终贯穿于整个管理发展的过程之中。

趋势二：知识——最重要的管理资源。知识经济时代突出表现为以下特征。

①知识成为主导资本；②信息成为重要资源；③知识的生产和再生产成为经济活动的核心；④信息技术是知识经济的载体和基础；⑤经济增长方式出现了资产投入无形化、资源环境良性化、经济决策知识化的发展趋势。知识既是知识经济时代的主要资源，也是管理中的最重要和主要的资源。知识经济时代的管理是知识化的管理。

趋势三："学习型组织"——知识经济时代的成功管理的模式。

知识经济是相对于农业经济、工业经济而言的，它是建立在知识和信息的生产、分配、交换和使用基础上的经济。知识用于经济，知识成为经济发展的主要动力。学习是接受新事物、发展新管理和提高软产品功能的一个重要途径。知识经济时代管理实质上就是增加管理知识成分，发展知识管理创新系统。

趋势四：快速的应变力——知识经济时代的新要求。管理快速反应的应变能力是管理效率的体现，也是赢得管理主动权的关键。

趋势五：权力结构转换——变正金字塔为倒金字塔。这是知识经济时代管理体制的改革，也是公司管理的一次飞跃。知识经济一方面促进世界新时代的到来，加速经济全球化的进程，使知识化取代工业化；另一方面促使全球面临新的国际分工。知识经济发达国家将成为"头脑国家"，而知识经济发展滞后者将沦为"躯干国家"，听"头脑国家"驱使。从地缘经济的角度看，管理者要服从这一经济模式所带来的国际发展趋势需要。

趋势六：弹性系统——知识经济时代的跨功能、跨企业的团队。这是知识经济时代管理一种变通战略的实施，而管理则成为一种特殊的知识财富。

趋势七：全球战略——知识经济时代公司营销决战成效的关键。

知识经济时代，是全球实现运作一体化的时代。全球化的大浪潮将以惊天动地的速度和力度，向人类社会的一切领域挺进，且无论是深度还是广度，都将登峰造极。在知识经济时代，管理协作已成为全球化的问题，管理体系向全球体系发展，将逐步演变成一个全球的大系统。

经济全球化是当今世界经济发展的最重要趋势，现代化大生产本身的客观规律必然要求实现全球化分工。在这一经济规律的驱动下，各国公司和产品纷纷走出国门，在世界范围内寻求发展机会，许多产品都已成为全球产品，许多支柱产业也已成为国际支柱产业，而不是某一国的产品或产业。特别是一些实力雄厚的跨国公司，早已把全球市场置于自己的营销范围内，以一种全球营销的观念来指导公司的营销活动。例如，可口可乐公司在世界几十个国家都有生产点并在 100 多个国家拥有市场，成为一个总部设在美国的全球公司；空中客车公司早已不是法国公司而是欧洲公司，并把营销触角伸向各国市场，这些公司都把眼光放在世界地图上开展全球营销活动。

趋势八：跨文化管理（管理文化的升华）。在知识经济时代，管理成了一种人的艺术，成了全球的一种新文化现象。管理科学的发展过程也是管理科学跨地域、跨国界的传播过程。

趋势九：实现"忠诚目标"——即顾客满意、员工满意、投资者满意、社会满意，这是公司永恒的追求。知识经济时代的管理是重视市场和用户的管理。

趋势十："没有管理的管理"——管理的最高境界。在知识经济时代，管理向制度化、规范化和智能化发展，一种全新的软管理形式将出现。

（二）知识创新的概念

知识和知识创新是知识经济时代新的资源，这就是知识经济新资源配置的定位。知识经济是以知识创新、智力等无形资产和软产品等资源为第一要素。

1. 知识创新的特征

（1）知识创新是力量的源泉

知识工程是 21 世纪人类发展的核心工程；同时，它也是人类进步的动力。知识是人类社会之根本，是可以为人类带来超额利润的资源。随着第三次知识革命的兴起，知识产业已形成为凌驾于农业、牧业、工业、商业服务业之上的新兴产业，它与信息产业构成了超工业的第四产业。因此，知识财富已构成比土地、资本、公司更为关键的社会文明。第一次知识革命和农业革命曾形成了伟大神奇的东方文明，第二次知识革命和工业革命则形成了无比强大的西方文明，而第三次知识革命和信息革命将融合东西方文明，形成前所未有的全球文明，也就是地球文明。在 21 世纪里，知识在社会生产力增长和社会文明进步中将发挥更大的作用。

（2）知识创新是各国角逐的重要资源

人类社会的知识化是 21 世纪世界的潮流，这股潮流的几个支流如下。

①产业知识化

知识在产业中的作用越来越大。知识和知识创新是一种无形的产品，也可以说是软产品。21 世纪，创造和运用管理知识将成为一个新的综合软产品产业。软产品产业包括智能产业和其他知识产业，它们共同组成了大知识产业集群——第四产业群，也称脑业群。

②管理知识化

经济管理已让位于科学管理，以至于创立了人工智能管理科学。

③社会知识化

科学技术向政治、经济、文化以及生活等各个领域渗透，迫使人们不断吸收新知识，以适应社会发展的需要。

④企业知识化

企业知识是企业发展的一个重要因素。独特的创意是 21 世纪企业在竞争中制胜的法宝。企业经营和生产是建立在创新基础上的，要求“人无我有，人有我新，人新我奇，人奇我绝”。因此，21 世纪企业的知识是创新的知识，如知识产权和商标是企业财富的象征，谁有驰名的商标和品牌，谁就拥有广阔的市场，企业的无形资产也随之不断升值。

2. 知识创新的价值

21 世纪是知识价值社会和全球知识资本体系出现的世纪。在 21 世纪里，知识创新价值大大提高，知识资本成为世界最主要资本和最有价值的资产。

所谓知识和知识创新的价值，是指用知识创造出来的价值。其定义是，由于反映社会结构和社会主观意识，被社会所承认的带有创造性的知识价值。它大都体现在物质形态或服务之中。例如，两台硬件相同的计算机，一台虽是另一台的 1.5 倍价格，可还是有不少人购买，这就是说人们承认这台高价的计算机的价值，这个价值即计算机的品牌价值、服务价值等，因此使这台计算机具有比另一台更高的“知识价值”。由于计算机和通信网络的飞速发展，信息和知识的储存、加工、交流变得极为方便，“知识价值”的创造机能，如，开发新技术和新产品、计划新事业、创造新的艺术形式等因此而大大加强，“知识价值”将成为社会产品价值构成中的主要部分。

3. 知识创新领域

在知识经济时代，知识创新将全部占领陆地、海洋和太空三个领域。

第一大知识创新领域是人类生活的主要栖息地——陆地和大陆架，它既是创造文明、发展科学技术的主要基地，又是人类研究和开发的第一大知识领地。

海洋在人类的知识创新活动中也日益重要。海洋是一座知识创新的宝库，在人类现代文明的进程中，海洋活动、海洋文化、海洋科学、海洋生命和海上建筑、海洋实验室等成为人类社会知识创新的第二战场，形成了又一座文明宝库和知识殿堂，海洋产业的兴起，将人类真正带入了大海洋的世纪。

4. 知识创新引发知识的革命

21 世纪的知识核爆炸现象是 20 世纪知识创新大爆炸现象的延续。人类对知识的认识表明，由于知识的增长方式取决于知识晶体结构的改变。知识的增长或呈“指数型”或呈“S”形。知识的交叉，新学科群的不断产生，老学科知识的渐趋淘汰和改进，均是知识的单元结晶即知识的集聚形态的先决条件。知识晶体的变化，即由“多晶体”变为“单晶体”，其原因在于在知识的“多晶体”系统中，有一种知识的智能极高，它能迫使其他的知识晶体改变自己的晶型。因此，我们可以看到，随着时间的推移，人类的知识出现了五大奇特的现象：知识爆炸的间隔时间越来越短；知识更新的周期越来越短；知识的深度随时间发展越来越深；知识的精度随时间发展越来越精确；知识的交叉性随综合学科的大量出现越来越广。

（三）创新能力概述

1. 创新能力的定义

创新能力是指在前人发现或发明的基础上，通过自身的努力创造性地提出新的发现、发明或改进革新方案的能力，也是指怀疑、批判和调查的能力，是研究者运用知识和理论，在科学、艺术、技术和各种实践活动领域中，不断提供具有经济价值、社会价值、生态价值的新思想、新理论、新方法和新发明的能力。创新能力主要包括以下五个方面：创新意识、创新基础、创新智能（包括观察能力、思维能力、想象能力、操作能力等）、创新方法和创新环境。

创新能力的定义主要强调几点：①在前人发现或发明的基础上。任何人的创新、创造、发明和发现都离不开人类已有的知识和信息。人类社会的发展就是通过不断的继承、批判、发展和创新实现的。②通过自己的努力。对于创新者要有强烈的创新动机、创新精神和良好的创新素质和品格。③创造性地提出发现、发明或改进革新方案的能力。创新能力是在创造过程中体现出来的，创新能力的种种特征均涵盖其中。

2. 创新与创新能力的关系

（1）创新与创新能力

创新与创新能力的关系表现在两个方面：①创新能力是创新、创造活动中最积极、最活跃的因素，它贯穿于创造性活动的始终。创新能力既是推动创新活动的动力，又是开展创新活动的基础。没有创新能力的参与，创新活动就没有生机和活力；②创新成果是创新能力作用的结果。没有创新能力的作用，就不会有新事物的诞生，创新能力通过创新活动和创新成果而显示出来。在创新活动中，创新能力能得到激发和加强，并以创造成果为归宿。

因此，创新能力与创新、创新活动有着不可分割的联系，创新能力对创造性成果的生产具有重要作用。一个人的创造力强，创新能级高，创新性发挥得好，则生产的创新性成果多，生产速度快，创新效率高，创新价值大，带来的影响也越深远。

（2）创新能力开发与创造学

创新性成果的生产必须具备三个要素，即创新能力（素质）、知识经济和环境条件。从某种意义上讲，创新能力比知识更重要。在现实生活中，经常有一些学历不高、书本知识很少却成果累累的人。而有的人学历高、书本知识多，却一辈子没有搞出什么属于自己的创造成果。例如，科技史关于电灯发明的案例记载，英国斯旺和美国爱迪生都研究电灯。斯旺先着手搞，经过 32 年的奋斗，发明具有实验价值的电灯，获得 1 项专利。美国爱迪生在此之后，用了 4 年多时间，发明出有实用价值的电灯，获得有关电灯的专利 100 多项。论学历，斯旺比爱迪生高；论书本知识，爱迪生没有斯旺多，但在生产创造性成果的能力上，爱迪生却远远超过斯旺。造成逆差的原因何在？就在于爱迪生在创新能力方面比斯旺高出一筹。

自 20 世纪 30 年代以来，人们越来越多地认识到创造力开发的重要性，积极研究开发、应用创造力的对策。实践表明，创造力可以通过开发而得以提高。创新学是指导创造力开发的重要理论基础。

3. 创新能力的特性

（1）创新能力是从时时处处皆有的能力

①创新能力人人皆有

创新能力是人人皆有的一种能力，即创新能力具有普遍性。它并不分年龄大小、正常人和不正常人，也不分智商高低，更没什么内外行，条件好坏之分。也正因为它是人人皆有的一种能力，创新理论，包括创造学、成功学、人类潜能学才有其存在的必要和意义。

在实际生活中，不要因为自身的条件有些不足而认为无法创新，应克服下面一些常见的认识误区。

a. 生理残疾无法创新

事实上有些生理有残疾的人，往往会有惊人的创新成果，常常令生理健全的人为之汗颜和羞愧。例如，自幼失聪的美国残疾女孩海伦·凯勒，以她坚韧不拔的毅力，竟然学会了说话、读书和写作，成为著名的教育学家和作家。我国家喻户晓的张海迪，胸部以下都瘫痪了，但她以坚强的毅力和百折不挠的进取精神，克服了人们难以想象的困难和阻力，发表了大量著作和译作，成了青年人的楷模。有一位科学家，因患脑疾，大脑切除了 1/4，可是他依然有不少发明问世。这样的实例不胜枚举。

b. 智商不高，难以创新

不少人认为自己智商不高与创新无缘，事实上影响创新最主要、最关键的因素并不是人的智力因素而是人的非智力因素，即情商。例如，有些智力有所障碍的人对数学、音乐、绘画却有超常的能力。智力并不等于创新能力，高智力更不等于高强的创新能力。

c. 文化水平不高，难以创新

具备一定的知识当然是创新的基础，但并不少见的是，高学历未必能创新，过多的知识反而会抑制人的创新能力。

发明家爱迪生，只上了三个月的学，被老师以“笨蛋”为由赶出校门。伟大的科学家爱因斯坦，初中毕业考不上中等学校，而只能进瑞士的一所补习学校学习。比尔·盖茨大学辍学后靠从事软件开发起家，短短的时间内便成为举世瞩目的人物。这样的例子举不胜举，学历并不能代表实际的创新能力。当然每个人也必须要好好学习，只有具备一定的专业知识才能更好地实施创新。

d. 岁数大了，不能创新

创新与年龄没有直接关系。发明家爱迪生 81 岁取得第 1 033 项专利；奥地利科学家弗贝希 87 岁荣获诺贝尔奖；萧伯纳 93 岁完成大作《牵强的故事》；我国的大画家齐白石 90 岁之后还天天作画；科学家钱学森 90 多岁还在病床上撰写科学论文。

e. 外行，不可能创新

但事实不是这样，发明电机的莫尔本人是个画家；发明电话的贝尔是语言教师；发现了天体运动规律的开普勒是一个职业编辑；近代遗传学的奠基人孟德尔是位神父；等等。这些例子告诉我们，创新并不直接受行业或专业知识的影响，有时外行人的创新更令行家惊叹。

②创新能力时时皆有

创新本身不受时间和空间的限制，每个时期每个人的创新能力表现都不一样。至于在什么时间能产生创新和创意，也是因人而异。也许在白天，也许在晚上，也许在淋浴过程中，也许在闲聊的过程中……创新虽然没有什么严格的时间限制，却有公认的最佳创意时间。

我国古代就已经对什么时间是最佳的创意时间有了深刻研究，古代欧阳修认为，骑在马上、睡在枕上、坐在马桶上这三个时间阶段为最佳创意时间。美国创意顾问集团主席查里斯·奇克汤姆森做了一个权威的测试，结果位居前 10 位的最佳创意时间是：①坐在马桶上；②洗澡或刮胡子的时候；③上下班坐公共汽车的时候；④快睡着或刚睡醒时；⑤参加无聊会议时；⑥休闲阅读时；⑦进行体育锻炼时；⑧半夜醒来时；⑨上教堂听布道时；⑩从事体力劳动时。

③创新处处皆有

创新表现在各个领域、各个行业，它涵盖了社会上所有的职业，所有的方方面面，无一例外。曾有哲人说过：在每个国家里，太阳都是早晨升起的。这句话很有道理。我们也可以这样认为，一个人只要有心创新，那么创新的机会处处都有，它对每个人都是均等的。

由此可见，创新和创意，它能给人们带来成就、快乐和财富。工作、生活和学习中无数的事实证实了一个浅显、普通、深刻却本质的道理：人人、事事、处处、时时都可体现创新。

（2）创新能力是可以激发和提升的一种能力

人的创新与创新能力是可以通过教育、训练、实践激发出来和不断提升的，即创新的可开发性。创新能力的差异是客观存在的，也是开发的前提，它的差异不表现在人的潜能上，而表现在后天的差异上。把创新能力由弱变强，迅速提升人的创新能力，只能通过教育、培训、开发、激励和实践达到。

（3）创新能力是一种综合性的能力

创新能力是在创新过程、创新活动中所体现出来的，是各种创新能力的合成。就创新能力本身而言，创新思维是创新能力的核心，创新能力构成如下。

①探索问题的敏锐力

任何人都有创新的禀赋。善于发现问题、提出问题的能力首先表现为敏锐力。

②统摄思维活动的能力

创新思维过程总是从推论的一个环节过渡到另一个环节。创新能力在此就体现为要把握事物整体和全貌，以及从第一步到最后一步的全部推论的过程。为什么在学习过程中要重视对概念的理解与认识？因为概念具有统摄的功能。人们运用抽象的概念就能不断地向知识的广度和深度拓宽和延伸。

③转移经验的能力

当我们把解决某个问题取得的经验转移用来解决类似的其他问题时，这就是运用转移经验的能力。

④形象思维的能力

用表象进行的思维活动叫作形象思维。创新不仅要用逻辑思维，同时也要运用形象思维，创新是逻辑思维和形象思维的整合。

⑤联想的能力

世上不存在不相联系的事物，创新的本质在于发现原以为没有联系的两个和两个以上事物之间的联系。创新思维的本质在于发现这种联系，联想在其中起着极其重要的作用，联想是由事物想到另一事物的心理过程。

⑥侧向思维能力

能够从离得很远的领域中的状态、特点和性质获得启示的思维方法。这往往是创新思维获得灵感的一个特征。

⑦灵活思维的能力

思维能迅速地、敏捷地从一类对象转变到另一类内容相隔很远的对象的能力，称之为灵活思维能力。主要表现为思路开阔，妙思泉涌。

⑧评价综合的能力

评价综合的能力，在创新活动中主要体现为从许多可能的方案中选定一个最优越的方案的能力，而不是对某一个方案的优缺点的列举，是对诸方案进行综合、比较的综合评价能力。

⑨联结和反联结的能力

联结能力是指人在知觉的时候，把所感知到的对象联结起来，并把这些新的信息同以前的知识和经验结合起来。反联结能力是使知觉和以前积累的知识相对抗，避免以前积累下来的知识的负面影响，把观察到的东西能够纯净化的能力。这两种对称的能力对创新都具有重要的意义和作用。

⑩产生新思想的能力

思考是人生命的重要部分，要获取创新的成果，就要学习、研究和探索，就必须有形成新思想的能力、评价思想的首要准则是其思想的现实可行性，另一准则就是新思想的广度和深度，即能够概括和解释各种各样的大量事实的能力。

⑪ 预见的能力

预见是人通过想象来推测未来的能力，对未来的发展趋势能进行预测。

⑫ 运用语言的能力

运用语言的能力是对事物进行准确的、客观的、规范的描述的能力。

⑬ 完成任务的能力

完成任务的能力是按照预定的目标，不畏艰难险阻，达到目标获取成果的能力。

就创新思维能力来看，它是一种综合性的能力，把创新能力作为一个能力系统来看，它是由众多子系统构成的。

创新能力具有综合性，是创新者应具备的各类能力的综合。但是，就以上诸项能力来看，不可能均衡发展，其中有的强些，有的弱些，正因为如此，才形成了特点各异，在不同领域的杰出的创新者。

（4）创新能力是一种具有乘数效应的能力

大量的实践证明开发和提升人的创新能力是可以创造出比传统经济时代超出多倍的效益。

（四）创新人才的培养

21 世纪必将充满各种竞争，无论是经济竞争、科技竞争，还是政治竞争、军事竞争，其实质都是综合国力的竞争。这些竞争归根结底又是人才的竞争，尤其是创造性人才的竞争。因此，我国要培养大批的创造性人才，这也是关系到社会主义建设事业兴旺发达的大事。培养和造就自身成为创造性人才，首先必须超越创造力开发的各种心理障碍，继而通过培育创新精神，培养创新素质来完成。

1. 知识经济人才的特征

在知识经济时代人才优化过程，就是不断创新。知识经济人都具备着创新时代人、电子空间人、知识国际人、复合智能人和网络系统人五种特征。

（1）创新时代人

21 世纪是一个伟大的创新时代，每个人都处于这一时代的大潮中，所以创新经济人才首先是具有创新时代人的特征。管理行为的目标之一是将自己锻炼成为可以进行创新和开拓的智能人，即创新时代人。

（2）电子空间人

21 世纪，电子技术和网络将全球所有的人联结在一起，每个人都生活在一个巨大的电子空间之中，每个管理者都生活在高度信息发达的国际社会里，具有电子空间人的特征，任何人不论是从事什么活动，不管是营销活动，还是学习、管理等，都与电子技术息息相关。人才需要掌握各种专业知识和电子运用技术，才可以活跃于国际舞台上。学习行为目标之一是锻炼自己可以自如地通过运用先进的通信和智能设备，如，国际互联网络、智能型终端等设备，穿梭于“地球村”的各个角落。

（3）知识国际人

21 世纪，是知识和智能主导社会的时代，知识结构已进入多维化、边缘化、综合化和交叉化的阶段，知识资源共享化是知识经济时代的特征之一。知识国际人素质是每个管理者应具有的素质，这需要掌握一定的知识理论和应用技术，其中，社会科学、自然科学、思维科学、数学以及智能技术、耗散结构学、突变论、协同论等跨学科综合知识和专业知识，使自己成为具有超越国界的全球观念和超前的创造思维以及超常规的意识以及多元知识技能的人。

（4）复合智能人

21 世纪的特点是要善于综合，把有益的知识和有效的经验有机地联系在一起，精心组织综合就能获得突破，就能实现创新。21 世纪，社会人才结构将进行重组，需要的人才是国际型、综合型、复合型和高能型的知识人才。面对综合的世界，每个现代人必须树立综合观念，掌握综合知识，发挥综合人才的优势，进行综合开发。运用综合能力去综合集体的优势，在创造性的综合中实现综合性创造。智能是指人在学习、工作中解决实际问题，对自己所属文化提供有价值的创造和服务的智慧与能力。人的智慧存着一个不断开发、不断充实、不断提高、不断完善的动态发展过程。

（5）网络系统人

知识经济时代是数字化学习时代。信息产业的兴起和信息处理价格的降低，以及信息和计算机技术的“数字趋同”，国际网络化加快进程，所有这一切已使知识的创造、存储、学习和使用方式发生了巨大的革命。网络化消除了人们之间的隔阂，使世界联系成了一个巨大的网络系统，而每个管理者都将成为网络系统世界的一分子。因此，管理目标之一就要将自己锻炼成为网络系统人。

2. 培养创新人才的途径

（1）培育创新精神

创新精神不是与生俱来的，而是通过后天的培养逐步塑造的，创新精神是创造发明的前提。没有创造的愿望和动机，绝不可能做出创造行为。一般说来，创新精神通过动机、信念、质疑、勇敢、意志和情感表现出来。所以，培育创造精神就是培育顽强的创造动机，培育坚定不移的成功信念，培育顽强的创造意志，以及培育健康的创造情感。

①培育顽强的创造动机

培养和激发创造动机，最根本的是要有强烈的事业心和社会责任感，这是激发创造动机产生的思想基础。优秀的发明家总是把献身发明创造活动、造福人类作为自己的崇高理想。诺贝尔也终身实践着自己的诺言。他一生中对人类最大的贡献是发明了硝化甘油炸药。在试制炸药的过程中，多次发生爆炸，甚至一次严重爆炸，工厂被炸毁，诺贝尔的弟弟和 4 名工作人员一起丧身。尽管诺贝尔也多次被炸得浑身是血，但他从不灰心，从不退缩，勇敢地面对死神。因为诺贝尔心里十分清楚，炸药一旦用于生产，将给人类创造极大财富。今天，我们只有树立为祖国繁荣昌盛而努力奋斗的崇高理想，才能献身现代化建设大业，把自己的生命融于这一事业中，从而产生创造的强大动力。

②培育坚定不移的成功信念

培育坚定不移的成功信念就是要培养自信心，坚强的自信心是取得成功的基本前提。凡是成功的人，都具有很强的自信心。巴尔扎克说过："我唯一能信赖的，是我狮子般的勇气和不可战胜的从事劳动的精力。"正是这种自信，支撑他写出了《人间喜剧》这一传世巨著。

③培育顽强的创造意志

意志不是先天的。意志是在实践中、在奋斗中逐渐被培养和锻炼出来的。创造活动困难重重，本身就是一个很好的锻炼环境和机会。意志品质的培养可从以下几方面进行：一是树立远大的奋斗目标，激发达到远大目标的强烈愿望和必胜信念；二是在创造实践活动中获得意志品质的锻炼和体验；三是针对自己意志品质的特点，有目的地加强自我锻炼；四是依靠纪律的约束力加强自律，以规范自己的行为；五是多参加磨炼意志的体育活动，在锻炼身体的同时培养自己的意志品质。

④培育健康的创造情感

因为情绪是情感的外部表现，情感是情绪的本质内容，因此培育情感就是掌握控制情绪的心理方法。控制情绪的心理方法主要有：一是意识调节法。人们以自己的意志力量来控制情绪的变化，用社会规范和理性标准来约束自己的情绪，使自己成为能驾驭情感的人。二是语言调节法。语言是体验和表现情绪强有力的工具，通过语言可引起或抑制情绪反应。即使是不出声的内部语言，也能调节自己的情绪。例如，挂在墙上的条幅，摆在案头、床边的警句、对控制紧张情绪大有益处。三是注意转移法。注意转移就是把自己消极的情绪转移到有意义的方面。如在烦恼时，欣赏一些能唤起内心正向力量时的音乐，就能收到良好的效果。创新精神的内容同时体现一种创造人格，而创造人格决定人的生存品位。我们平时应保持愉快的心境和积极的情绪，遇到失意之事要保持豁达的态度，自我解脱困境，要有幽默感，从而调节好自己的情绪。

⑤培育质疑精神

疑问、矛盾和问题常常是开启思维的钥匙。创新学鼓励人们敢于疑别人之不疑，善于想别人所未想。实践表明，不敢提出问题、不善于提出问题和缺乏怀疑精神的人，是决不会取得创新成果的，质疑精神可从以下几方面进行培养：一是要勤思。俗话说“勤思则疑”。尤其在遇到问题时，要善于自觉地进行独立思考，多问几个“为什么”，要有寻根究底的习惯。二是理智地控制自我，在未发现自己错误前，尽量做到坚持己见而不随波逐流。三是在争论问题时，尽力避免从众心理，不要屈从于群体压力。四是要有坚强的自信心，敢于提出问题。五是不要满足于现状，要保持追求创造的“饥饿感”，这样就一定能提出大量的问题。六是要有“吹毛求疵”的精神。因为，在人们熟视无睹的地方往往会找到问题的症结，从而做出创造发明。

⑥培育勇敢精神

勇敢被誉为创新者的第一素质。进行创造活动，就是要去做别人没想过、没做过或没做成功的事，因此没有勇敢精神是不行的。创新是有风险的探索活动，而创新的最危险敌人就是胆怯。在创造过程中，胆怯往往会磨灭想象力和独创精神，胆怯常常会使一个正在叩敲真理大门的人失去发现真理的机会。著名数学家高斯早在1824年前就创立了非欧几何，但由于胆怯，怕发表后遭人嘲笑，一直到去世也不敢公布该项研究成果。英国工人史蒂文森制造的第一列火车，仅能拉30吨煤，时速也仅4英里（约6.4公里），而且声音很大。很多人都对史蒂文森的火车不屑一顾，讥笑史蒂文森的车子虽不用马拉，但吼起来却比几千匹马还要响，然而史蒂文森并没有因此而退却。他又用了 11 年时间，终于制成世界上第一辆客、货运蒸汽火车“旅行号”，时速达到 12 英里（约 19.3 公里），完成了人类交通史上的伟大创举。因此，我们要有不怕失败的精神，要有坚强的意志和敢于向逆境抗争的决心，要有百折不挠、坚韧不拔的毅力。

（2）培养创新素质

创新素质包括智力素质因素和非智力素质因素。智力素质因素包括吸收能力、记忆能力、想象能力、观察能力和实际动手能力。而与创造开发最为密切的非智力素质因素有自信、质疑、勇敢、勤奋、热情、好奇心、兴趣、情感和动机等。培养创造性人才，就是要提高他们的智力素质因素和非智力素质因素，非智力因素的培养，即创造精神的培育。在这里，再简单介绍一下智力素质因素的培养。

1）吸收能力包括学习能力和信息收集能力。

①创造性自学能力

现代科技发展极为迅速，人类知识总量急剧增加。据联合国教科文组织的统计，现在几年的人类知识总量超过以往所有知识的总和，知识老化周期则缩短为 5 ~ 10 年。这使人们深刻地认识到，未来的文盲不是识字不多的人，而是没有自学能力的人。没有较强的自学能力，在从事创造活动过程中，就会感到知识陈旧，方法过时，技术落伍，手段单一，就不能胜任时代赋予的重托。古今中外无数发明创造的成功事例都告诉我们，自学能力是创新者披坚执锐的有力武器。因此，培养创新素质首先必须强化自学能力，特别是创造性的自学能力。这种能力可使创新者不断获得新知识，增强自身的创新素质。培养创新性自学能力可从以下方面入手。

第一，顽强与勤奋。古人云：“书山有路勤为径，学海无涯苦作舟。”我国古代就流传着“头悬梁、锥刺股”的故事，古人为追求功名刻苦读书。同样当代也有许多有志者，他们克服重重困难，通过刻苦努力地学习，最终获得成功，我国数学家华罗庚就是其中的一位。华罗庚小时候天资并不好，有点“笨头笨脑”，功课勉强及格，后来患伤寒病左脚残疾。然而，“顽强与勤奋”终于使他成为举世闻名的大数学家。因此，华罗庚将自身的成才之道总结为“勤能补拙是良训，一分辛劳，一分才”。

第二，勤学好问，多思善疑。在“学”和“思”之间，“学”是基础，只有在勤学的基础上好问，才能学有心得，学得深入。学、问、思、疑是学到知识、练好本领、有所创新的重要环节，而多思善疑是其核心。古人云：“学而不思则罔，思而不学则殆。”疑点、问题常常是学习中的难点和重点，在关键处抓住这些问题，深入思考，则会使学习不断深入。多思善疑就是要不断思索，一问到底，举一反三，学以致用。

第三，科学的读书方法。读书要掌握科学的方法。首先要掌握泛读又称博览与精读交叉的方法。古今中外善读书者，都善于将泛读与精读巧妙结合。泛读就是用较少的时候，浏览大量的书刊，用以扩大知识面，开阔眼界，更快地掌握新科学、新知识、新动向。精读就是对自己正从事研究的有关资料，专心致志地深入研读。

②信息收集能力

创造离不开信息，处处都有创造的基本素材。作为一个创新者，对信息、情报需要有十分敏锐的感知能力，有收集、整理和分析信息的能力。现代几乎所有做出发明创造的人，大都是具有情报获取优势的人。精通情报、信息的收集和运用方法，对提高创造效率具有极大帮助。必须通过信息窗口，了解社会上已取得的创造成果和继续创造的动向。

2）记忆能力

记忆力是人脑对所经历事物的反应能力。记忆是智能的仓库、学习的基础。

凭借记忆力，人们才能不断储存和提取知识，发挥才智，使人聪明起来。记忆力是创造性人才工作、学习和创造所不可缺少的基本条件，是人脑储存和调用过去经验知识的能力。据粗略统计，人的大脑可储存高达几百万亿比特的信息，相当于5亿本书所包含的信息总量。正是由于人脑的记忆潜力非常强大而又神秘，因此人们必须尽可能地开发和利用它们，掌握先进的记忆理论，运用科学的记忆方法，为创造服务。

①记忆品质

良好的记忆力具有六项特性：a. 敏捷性。即记得快，能在较短的时间内记住尽可能多的东西。b. 正确性。即记得准，能把该记忆的东西准确无误地保存到头脑中。c. 持久性，即记得牢，能把头脑中已经记住的东西长期稳定地保持住。d. 灵活性。即记得活，需要时能把记住的东西，灵活、准确地从头脑中提取出来加以运用。e. 系统性。按照事物的严格体系有意识地去记忆并命名并且有条不紊。f. 广阔性。就是在博学的基础上去记忆多方面的事物。

②提高记忆力的诀窍

a. 有明确的记忆目标。学习时记忆目标明确，大脑细胞就会处于高度活跃状态，大脑的记忆痕迹就清晰，就容易记忆。b. 注意力高度集中。学习时注意力高度集中，输入的信息在大脑就会形成特别强烈的兴奋点，接受事物的印象就会深刻。c. 坚定记住的信念。越是相信自己能记住，就越容易记住。d. 在理解的基础上记忆。记忆活动与思维活动是密不可分的。在记忆过程中，多思、多想，就会增进记忆。e. 及时进行复习。不少心理学实验都证明，复习对提高记忆力十分必要。根据心理学研究，人的记忆遗忘率一般为 20 分钟内 47%，2 天以后 66%，6 天以后 75%，1 个月以后 80% 以上。及时复习，可使遗忘率的增长变缓。心理学的另一项实验表明，人要想记住一件事，必须经过 8 次反复记忆才行。f. 讲究记忆卫生。就是说只有在劳逸结合、身心放松的情况下，大脑才能保持良好的记忆能力。记忆有最佳时区，此刻的记忆效果最佳。

③科学的记忆方法

科学的记忆方法，能使记忆效果事半功倍。不仅能提高记忆效率，而且有助于改善大脑的功能，挖掘大脑的工作潜能。创造性人才不但应掌握行之有效的记忆方法，而且应根据自身特点，形成独具特色的记忆习惯。常见的几种记忆方法有：a. 系统记忆法。它把复杂的、有着内在联系的事物，经过归纳整理，找出规律，使之系统化，条理化，便于记忆。b. 重点记忆法。抓住事物本质的、最关键的部分，起到“纲举目张”的效果、c. 形象记忆法。把要记忆的事物，特别是那些抽象、难记的事物形象化，用直观形象去记忆。而且，这种形象越离奇、越新鲜越好。d. 联想记忆法。记忆与联想有着密切关系。客观存在的事物是处在复杂的关系和联系之中的。人们在回忆某个客观事物时，总是不自觉地按照它们彼此的关系和联系去识记、保持和重现的。采用联想记忆法进行记忆，通常的做法是将需要记忆的事物与原先已记忆在脑中的一些事物之间建立起联想，并把新旧记忆之间的相同、相近、相似或相关之处有机地串联起来，一环紧扣一环，使之条理化，这样十分便于记忆。e. 归类记忆法。就是按照事物的同一特点或属性，把它们分类，使分散趋于集中，零碎的构成系统，杂乱的形成条理。这样更容易强化在大脑皮层中形成的条件反射，使之牢固地保持在记忆中。f. 回忆记忆法。利用睡前或空闲时间进行回忆和复述。g. 练习记忆法。通过把知识运用到实际工作中去来记忆。h. 趣味记忆法。把要记忆的事物编成口诀、故事、顺口溜，以提高自己的兴趣，强化记忆效果。

④记忆的规律

掌握记忆的规律，对增进记忆十分有益。这些规律主要有：a. 记忆的根本——背诵；b. 记忆的益友——争论；c. 记忆的基础——理解；d. 记忆的窍门——重复；e. 记忆的媒介——趣味；f. 记忆的捷径——联想；g. 记忆的动力——应用；h. 记忆的助手——简化；i. 记忆的仓库——卡片。

3）想象力

想象力即人的形象思维能力，是在记忆的基础上，通过思维活动把对客观事物的描述构成形象，或独立构思出新形象的能力。想象力的培养可通过以下几种途径。

①积累丰富的知识和经验

丰富的知识和经验是想象力的基础。通过想象，把过去的知识和经验加以加工、改造和构思，形成新的印象。人们的知识和经验越丰富，想象力越强，就越能发挥想象力的作用，创造成功的可能性也就越大。

②强化好奇心

好奇心是一种对自己尚不了解的事物，能够自觉地集中注意力，想把它弄清楚的心理倾向。好奇心可以使人产生兴趣，促进创造，但好奇心容易激发，却难以保持。要强化自己的好奇心，重要的是要善于向深处发展，不断提出新问题、新疑问，不断激发新的好奇。

③培养创造激情

人的情绪对想象的丰富性、想象的强烈性、想象的倾向性都有影响。

④观察能力

观察是一种有目的、有组织的知觉，是全面、正确、深入地认识事物特点的能力。观察是创造的源泉，创造性人才的培养必须增进其观察能力。培养观察能力的主要途径是养成良好的观察习惯和掌握一定的观察方法。

①养成良好的观察习惯

所谓良好的观察习惯，是指乐于观察、勤于观察和精于观察。乐于观察是指对周围的事物有强烈的兴趣；勤于观察和精于观察是指坚持进行长期的、系统的观察，在观察过程中，要注意事物的细枝末节，注意留心偶然发生的意外现象，从中寻找出有价值的、富有启发性的线索。

②掌握一定的观察方法

a. 整体观察。整体观察是指对一件新事物，通过归纳和判断，了解事物的主要属性和特征，形成最基本概念的观察过程。观察前，可选择一个常见的事物作为观察对象的参照物，观察时注意观察对象与参照物之间的区别。b. 重点观察。重点观察是指对某一事物的具体特征做进一步观察，以获得更深刻、更全面的认识过程。在观察前，应确定好观察顺序，按一定的顺序进行观察。也可以将观察对象，分割成若干局部的事物，然后逐个按局部进行观察。

总之，观察能力的培养不是一个独立的过程，它与思维和知识，尤其是与经验的积累密切相关。知识渊博、经验丰富、思维敏捷，才能“目光敏锐”“独具慧眼”。因此，观察能力的培养必须不断积累经验，丰富知识。

5）分析能力

分析能力是通过思维认识事物的各种特性，特别是认识事物本质的能力。创新活动的根本在于寻求解决问题的新方法以及创造发明新事物。就创新活动的整个过程来看，应包括觉察需要、找出关键问题、提出最佳方案及最终实现创造。提高分析能力的主要途径是经常、主动地积极分析各种事物，即通过实践来加以提高。此外，经常参加一些解决问题的分析研讨会、在会上倾听别人对问题的分析以及别人对自己分析的评价。平时，多看一些分析文章和材料，从中吸取别人的分析方法，也都是一些有效的途径。

6）实际动手能力

创新者在产生某个设想后还需完成这个设想，即把设想变为现实。因为一个完整的创新应有制成的样品，并经过实验验证已达到预期目标，随时可以投入市场或使用。在创新者把设想变为现实的过程中，需要创新者具有一定的实际动手能力，如，绘制加工图、制作样品模型，以及进行相关的实验等。因此，实际动手能力是创造性人才所应具备的基本技能之一。

七、大学生创新能力的开发

（一）自我创新能力的开发

社会创新文化、创新环境、创新机制十分重要，但作为社会中的成员，更重要的是提高独立自主开发的意识，把个人的创新潜能转化为创新能力。

1. 自我开发创新能力的两个方面

（1）自我表象

自我表象，又称心理表象，这个概念的确认和运用，是20世纪心理学对人类做出的最杰出的贡献之一。自我表象就是指一个人采取关于自身的信念系统和它所产生的对等的思维形象。全部的思维，都产生于自我概念，而反过来又形成所谓的自我心理表象。

人人都有提升自我表象的能力，这种能力来自人的本性，但是由于很多人没有认识到这一点，他的创新能力就不可能发挥出来。

自我表象的另一面是对“理想自我”的思考。我们希望成为什么样的人，具有什么样的品质和能力，它通常是我们成长过程中知道的某个人，即我们最崇拜的人的组合。

大脑中自我的位置和形象是开发自己潜能的决定性因素，我们每一个人实际上都比自己想象的要伟大得多。优质的自我表象（或者叫自我心像）不管创新者的出身、现状如何都会引爆出巨大的能量。反之，劣质的自我表象，创新者的条件再好，学历再高也不会有什么作为。

（2）自我精进

自我精进是管理者进行创新的一个基本素质。根据心理学的研究发现，当一个人面对问题时，若无法有效地理清问题产生的原因，或是对解决问题束手无策时，内心就会产生压力，因此管理者必须具备保持冷静思考的能力，让自己的心境可以得到纾解并保持平静，才能避免让自己陷入窘境。

2. 创新能力的自我开发步骤

（1）克服思维定式

思维定式是随着人的知识、经验的积累，形成的固定的思考问题、解决问题的方式。思维定式对解决一般问题、老问题是有效的，但对新的问题而言，往往就成了障碍。突破思维定式的主要途径与方法有以下几点。

①要有创新意识

创新意识表现为决不满足于现有的东西，哪怕它在目前看来还很完美，而应该对现有的东西不断加以改进，探索创造出更新的东西。与那种小胜则喜、故步自封、保守自大的观念截然相反，创新意识是一种强烈进取的意识，积极主动寻求变革，对新事物、新技术、新理论怀有浓厚的兴趣和敏锐的嗅觉，善于汲取并接受最新的技术和方法。

②大胆质疑

巴尔扎克有这样一句名言：“打开一切科学的钥匙都毫无疑问的是个问号；我们大部分的发现，都应归功于‘如何’。而生活的智能大概就在于逢事都不得不问个为什么。”独立自主的思维，而不是心怀依赖，依赖心理只有靠独立自主的思维去根除。

③立体思维

人类生活在宇宙中的一个星球——地球上，所以正常的思维应有宇宙观、环球观、宏观、中观、微观、渺观。无论大和小，它存在的方式是立体的，而不是以点、线、面这种形式存在的。具有本应属于我们的立体思维，可以充分发挥我们的空间想象力。

④暂时抛开书本

贝尔实验室的经验是在进行新课题研究时，可以采用故意不去查看资料，先由自己设法探索实验，以避开现成结论造成的思维局限。

⑤建立自己的原则

以解决问题为目的，不要拘泥于任何条条框框，建立自己的处事原则就可化难为易。

⑥多角度思考

同一事物从不同角度去观察思考就会有不同的认识，或能发现问题，或能启迪思路。

⑦模棱两可思考法

在创新活动中，答案的模糊性、非唯一性可以给思维留下更多回旋余地与可能性。

⑧求异思维

有意识进行非常规思维的思考，如，从逆向、侧向进行与众不同的思考。

以上八个方面有助于我们破除思维定式，使自己的思维具有创新性。

（2）贯穿创新精神

创新精神就是一种强烈进取的思维，人生定律就是不进则退，这表现在以下几个方面。

①首创精神

首创是创新的重要本质特征。首创就是要有敢为天下先的理念，有这样的精神就有了创新之魂，否则再好的方法也是无济于事。

②进取精神

强烈的、永不休止的进取精神就是勇于接受严峻的挑战。成功最大的动力是要有野心。野心，反映了他对准目标采取进攻的态势、不达目的誓不罢休的心态。进取精神通常包含四种意识：强烈的革新意识、强烈的成就意识、强烈的开拓意识、强烈的竞争意识。

③探索精神

人们的探索欲望，常常表现出强烈的好奇心，表现为对真理执着的追求。为此，也会产生强烈的求知欲。而强烈的求知欲，就要靠顽强的毅力、拼搏精神才能得到满足。

④顽强精神

没有百折不挠的毅力、不怕困难、不怕失败、不畏风险和抵抗压力的精神就不可能获取创新的成果。

⑤献身精神

杰出的成功者不是天生的，他们是后天成就的。关键的因素是心理表象和核心信念。观察所有杰出的成功者，无一例外地都拥有崇高的理想和献身精神。我们任何人都拥有与杰出成功者一样的潜能、一样的时间和一样的机会，问题在于心理表象的不同，即在开发潜能、利用时间、对待机会等一系列问题上均表现出了不同心态。

⑥求是精神

实事求是就是科学精神。我们提倡的创造精神，既不同于墨守成规，又不同于乱撞乱碰。人们越是能够实事求是，思想行动越是合乎实际情况和客观规律，他们就越能够发挥创造精神。有了实事求是精神，就可排除一切干扰，向着既定的目标，奋然而行。

（3）培养自我的创新品格

培养自我的创新品格，可从以下几个方面着眼、着手。

1）自信心的培养

①利用心理暗示，提升心理素质

利用心理暗示，提升心理素质有一个比较简单的方法就是经常默念简洁的、明确的、正面的、充满自信的口号。“每天，在我生活的每一个方面我都越来越好。”你每天都大声地重复这句话一百次。每天都带着强烈的信念和愿望为自己鼓劲和加油，每天都这样做的人必定会成为某个领域里的专家。心理学认为，没有任何一个简单的口号可以在一夜之间改变人的人格，不能指望一次就改变所有的东西，但问题的关键是有多少人天天坚持这样的自我暗示。

②改变自己、分析自己

改变自己是最难的事，创新者改变自己就改变了创新者外部的世界。改变自己当然要靠自己。一是看创新者读什么书，读成功人物的传记和成功自励的书可以帮助人们找到信心、勇气和力量。许多成功人士也有信心不足、迷茫、挫败、失望甚至绝望的经历。如，《钢铁是怎样炼成的》的作者奥斯特洛夫斯基曾一度想开枪自杀结束自己的生命。当他克服了因失明、肢体残缺的障碍时，在他大脑里充满了光明的世界，为了激励自己和青年，他奋笔疾书，写下了不朽的名著。二是看创新者接触什么人，接触成功人士，拜成功人士为师就会使自己获得自信，更加相信自己。

③树立必胜的信念

创新者的核心信念是指杰出的创新者所持有的信念。如果创新者拥有了这些信念并把它作为创新者生活中思考的内容，创新者就会有积极的、健康的思维方式。核心信念将促进创新者具有优质的自我表象，这是创新者必须具有的自我表象。

2）树立民族责任感和强烈的事业心

鲁迅最初是研究地质的，后来出于对病人的同情和拯救中华民族的志向，他立志学医并留学日本。当他看到中国人被日本军人砍头，一群人围观看热闹时，强烈的民族责任感使他感到拯救中国的关键是要“唤起民众”，于是便毅然弃医从文，很快对文学产生了浓厚兴趣，成为世界闻名的大文豪。著名植物学家蔡希陶原先对动物十分喜爱，他被安排搞植物学研究时，只是勉强应允而已。后来他在实际工作中，特别是看到英、法、德、美等国家多次派专家到云南采集植物标本后，他的民族责任感促使他对植物研究产生了浓厚的兴趣，最后终于在植物学研究上取得了显著的成就。在实际生活中我们大家都可以找到自己的兴趣爱好，每一个人的兴趣爱好都不一样，所以你要自己发掘你自己喜欢什么，想干什么，把这种思想加深，成功的那一天也就离你不远了。

3）强化培养兴趣的主观意识

每门学科、每项技术都有其特有的魅力，都值得品味，体验到其中的乐趣和内在的美，就会培养出浓厚的兴趣。人对越感兴趣的东西，就越觉得有吸引力，自然就会对接触的事物产生兴趣，形成创新的思想基础。

4）经常保持好奇心

好奇心是创新能力开发的一个重要因素。好奇心可以使人产生兴趣并驱动创新和创造。但是在一般情况下，人们的好奇心容易被激发，却难以保持。所以培养兴趣的一个重要的方面是经常保持已有的好奇心。追求创新有三个层次，第一层次，掌握知识；第二层次，发展能力；第三层次，形成良好的人格品质。好奇心对形成良好人格品质具有极为重要的作用。培养好奇心的方法主要包括以下几种：a. 选择适宜的环境刺激。人类周围的环境刺激是丰富多彩的。在学习中选择适宜的环境刺激主要是学习观念转变的问题。问题是好奇的“心”，只要可以激发好奇心，选择适宜的环境刺激的空间是巨大的；b. 要学会自己寻找答案。对周围事物和现象感到新奇，要有意识地启发他们积极思考，寻找答案。积极参加各种可以引起好奇心的探索活动；c. 可以充分运用各种感官，自己观察，自己动手操作，体验自我成就感；d. 培养好问的习惯。有了好奇，就会提出新问题，或者从新的角度去思考老问题，往往能得到新的发现与突破。“问题”产生于“好奇”与“质疑”，要形成一个真正具有科学价值的问题，则还需要多种条件和多方面的努力；e. 培养好奇心的新理念，不仅要“释疑、解惑”，而且要启思、设疑，引而不发。“释疑、解惑”并非是将疑惑全部“冰释”，在明了旧疑的基础上，要思考新的、更深层次的问题，有时甚至要“设疑”，还要决不掩饰自己在某些问题上的失察甚至无知。创新人才的产生，需要十分自由、宽松地探究问题的环境，不能让问题（思考）止于自己。

创新、创造和发明具有无限的魅力。有志于开发自己创新能力的人，及早地进入新境界，让创新完善和充实自己的人生才是无愧无悔的人生。创新可以使创新者拥有快乐的人生、通过开发创新的活动，创新者会具有创新思维，并逐步提升自己的创新能力，当创新者获得了发明和创造成果的时候，创新者的价值观、人生观、世界观就会发生根本性的变革。

（4）意志品质的培养

意志是人们在社会实践中坚持不懈，长期保持的一种毅力，是创新者最可贵的品质，是创新者勇往直前、顽强克服困难、险阻的心理品格。意志是创新者不可缺少的心理素质。创新者要培养意志品质，可从以下几个方面着眼、着手：①树立远大有为的奋斗目标；②在创新活动实践中获得意志品质的锻炼和体验；③针对自己意志品质的特点，有目的的加强自我锻炼；④依靠纪律的约束力来加强自律，以规范自己的行为；⑤多参加有助于磨炼意志的体育活动，如长跑、攀岩、登山、游泳等，在锻炼身体的同时，培养自己的意志品质。

（5）质疑精神的培养

创新的智慧源于问题的提出，也就是质疑，提出“为什么”。正是“为什么”，才能激发创新欲望，想象出一种较有创新性的行为，培育出创新能力。杰出的创新成功者，敢于疑人所不疑，善于想人所未想，干别人所不干的事。成功的经验表明，通过质疑，才会培养具有独立思维的品格。质疑精神的自我培养可从以下几个方面进行着眼、着手：①可以与信心的培养相结合。有了自信，有一个良好的心情，才会独立思考，质疑精神就会自然产生。不自信就会盲目顺从、迷信权威、甘于平庸；②保持注意力。注意力是人智力的有机组成部分，心理学研究表明，有意记忆的效果比无意记忆的效果好，保持注意力的高度集中是有效分析问题、解决问题的必要条件；③遇到问题，坚持从多方面、多角度设问；④理智地控制自我，在未发现自己错误之前，要坚持己见而不随波逐流。

3. 培养创新能力的途径

能力是靠教育、培养、训练、磨炼和激励出来的，创新能力就更是如此。根据以往的摸索、实践和总结，可用四个字予以概括，即“学、练、干、恒”。

（1）学

学习创新的基本知识，提高自我表象，增强责任感，强化创新动机。

天才、伟人、科学家、发明家、革新家之所以获得成就，是因为他们都有独特的思维方式，与常人的差别仅仅在于一个是创新的思维，一个是复制性和常规性的思维。创新的思维是完全可以学习到的。开展思维的训练，学会在工作、学习和生活中运用创新的思维方式，把创新的思维方式转化为自己的思维方式。

学习并掌握常用的个体创新技法和群体创新技法。方法就是世界，采用了什么样的思维方式和方法就决定了创新者有什么样的结果。从某种意义讲，社会的发展，取决于方法的进步，而个体与群体的创新技法是创新思维转化的工具。在什么情况下，面对什么样的问题，选用什么样的创新技法会决定创新活动的速度和获取创新成果的频率。

（2）练

学了就练，学练结合。要成为一个具有创新能力的人，日常的训练是十分必要的。头脑通过不断的运作，才会更加灵活并富有弹性。

练什么？练习想象力，练习思维的扩散能力、联想能力和变通能力，练习创新的构想，要做到“量”中求“质”，先是“量”后是“质”。因为具有创新性的构想往往是从众多的构想中产生的。

（3）干

干就是实践，就是用创新的思维、创新的技法，通过创新活动，创造性地解决各类问题。

用创新思维去观察事物就会发现大量的问题有待解决。如，日本一家柴油机厂开展“一日一构想”活动，把企业的生存和发展寄托在员工的创新活动上，要求每个员工每年提出可采纳的构想 100 条，结果员工每年每人平均提出 300 条以上。企业靠员工的“一日一构想”活动，每年的经济效益递增 20% 以上，企业不断兴旺发达。

（4）恒

恒就是经常化、制度化。把开展创新活动、迅速提升人的创新能力作为一项长期的战略任务来抓。无论对于企业界还是教育界，生存和发展是硬道理。如何发展？唯有创新，不创新就死亡，也是硬道理。

（二）预测决策能力的开发

预测决策能力，是现代管理者要进行创新所必备能力中的核心。

1. 预测能力

预测能力是指对未来做出估计的能力。预测是创新决策的前提，要做出正确的创新决策，必须有科学的预测。

（1）预测技术

预测技术是指对事物的发展方向、进程和可能导致的结果进行推断或测算的技术。预测技术是在调查研究事物历史和现状的基础上，通过各种主观和客观的途径及其相应的方法，预测事物的未来，并为最优决策提供科学依据。

超前和预见意识的本质就是创新。谁的超前意识强，科学的预见能力强，谁的创新性就强，就能在社会的激烈竞争中争取主动，获得成功。

（2）预测方法的内容

①预测方法

预测方法分为定性预测方法和定量预测方法两类。a. 定性预测方法大都侧重于质变方面，回答事件发生的可能性。定量预测方法侧重于量变方面，回答事件发展的可能程度，主观预测大多属于定性预测。在实际应用中，一般多采用定性预测和定量预测相结合的方法。定性预测方法主要有专家调查法（特尔斐法）、想定情景法、主观概率法、相互影响分析法和对比法等。b. 定量预测方法主要有对比法、趋势法、因素相关分析法（如回归法、弹性系数法）、机理模型法和平滑法等。

②预测实施步骤

a. 明确预测任务或目标；b. 确定预测的时间界限；c. 掌握事物的发展规律和有关的数据、资料等信息，分析历史上发生的偶然事件，预估未来偶然事件发生的可能性；d. 选择适当的预测途径和方法；e. 建立相应的预测模型，如概念性的、结构性的或系统性的；f. 分析模型的内部因素及其相互关系；g. 分析模型外部因素及其想定情景；h. 进行预测；i. 对预测结果进行灵敏度分析；j. 对多种方案预测结果进行分析评价，最终为有关部门提供预测和分析结果。

2. 决策能力

决策是指为最优化达到目标，对若干个准备行动的方案进行的选择。就创新决策的重要程度而言，可划分为战略决策和战术决策。管理者要进行创新实践，尤其需要具有做出战略决策的胆识、气魄和能力。这种决策正确与否，决定着创新工程成功与否，直接影响着管理效益。因此，战略决策是管理者进行创新实践的首要职责。

决策包含决策工作和决策行动两个阶段。决策工作是指从确定目标到拟订备选方案的整个过程，一般是由领导者委托咨询机构的专家们进行的。决策行动是指领导者根据咨询机构提出的方案进行选择，纯属领导者的任务。决策是领导者的基本职能，无论行政管理、科技管理，还是企业的经营管理活动，都贯穿着一系列的决策。科学地进行决策（简称科学决策）是保证社会、政治、经济、文化、科技、教育、卫生等各项工作顺利开展的重要条件，也是一个人创新水平的重要标志、决策能力的标志。

3. 科学决策程序

科学决策程序一般可分为八个阶段：①发现问题；②确定目标；③价值标准（评价指标）；④拟定方案；⑤分析评估；⑥方案选优；⑦试验验证；⑧普遍实施。科学决策程序中的各项工作并不是都需要管理者亲自去做，大部分工作可委托咨询机构的专家们去完成。管理者的职责是严格遵循科学决策程序和充分发挥专家们的作用，其中，发现问题、确定目标、价值标准和方案选优则是管理者必须亲自过问的。

4. 开发创新决策能力的途径

①开拓创新，慎重果断。只有具有开拓创新的意识，有改革现状的迫切性，才能敏锐地发现和提出问题，面对复杂情况，拟定各种方案，深思熟虑，谨慎选择。但在创新关头，要“当机立断”。在实施中，要坚定不移，不要轻易放弃原先的创新理念；②谦虚博学、实事求是、知识渊博并巧于运用，使自己在创新时足智多谋；③善于深入实际，吸取群众的智慧，支持群众的

首创精神，广泛征求各种意见，包括听取反面意见，集思广益，发挥创新决策组织的作用。一旦发现失误，应敢于否定原先的决策，具有一定应变能力；④按科学程序进行创新。这是科学决策的重要保证，一般要经过调查研究、确定决策目标、制定方案、方案选优、方案实施、信息反馈、休整调整等阶段，防止个人独断专行；⑤注意采用先进的科学决策方法。科学决策常常采用定量分析与定性分析相结合的方法。常用的科学决策方法包括调查研究、咨询技术、预测技术、环境分析、系统分析、决策分析、可行性分析、可靠性分析、灵敏度分析、风险分析、心理分析、效用理论等。决策者在选择最优方案时，情况非常复杂，最后选定的方案不一定每一个指标都是最优的，这就要求决策者运用自己的知识、经验和智慧，做出正确的决策；⑥追踪决策。若决策实施的结果表明原来决策将无法实现预定目标而需要对目标或决策方案进行重大修正时可采用追踪决策。追踪决策实质上是对原来的问题重新进行一次决策。追踪决策要改变原有决策，易使人们产生感情冲动，失去公正、客观的评价。

（三）应变能力的开发

在现代化大生产和科学技术进步的条件下，决策的综合性、复杂性和动态性更加明显，这些特征决定了管理者担任的管理工作基本都是创新性的活动，必须有创新能力。例如，在经营管理方法，要不断树立新的经营意识和经营观念，引进新的生产方式，开拓新的市场，控制新的原料来源，改进新的组织与管理。

管理者要在管理实践中不断创新，积极进取，应该注意开发创新应变能力，其具体的开发方法如下。

1. 培养敏锐的观察力

优秀的管理者富于理想，兴趣广泛，能深刻了解社会现象和管理现状，能敏锐地发现问题，并预见不解决这些问题会对管理和创新带来的影响和后果，能掌握管理对象心理和要求，激励自己去思考、探索和解决问题的方法和途径。

2. 形成立体思维和辩证的能力

只有善于学习，知识丰富，思想流畅，才能开发潜在意识，培养丰富的想象力，才能在遇到问题时，善于举一反三，触类旁通，出点子，想办法，提得出解决问题的最佳方案。

3. 学会独立思考、巧于变通

对自己充满信心，在各种议论面前，能独立思考，决不盲从，并善于运用综合、移植、转化等创新技法，排忧解难。

4. 要脚踏实地、敢作敢为

决不优柔寡断，思前虑后。面对复杂环境，能迅速提出意见，并把它变成计划，付诸行动。还要敢于负责，工作踏实，不达目的，决不罢休。中国人常讲一句话，“计划不如变化快”，好的执行力还需好的应变力来配合，即在工作中不断的修正，以保证计划得以实现。应变力的属性和水的属性相似，遇弯则弯，遇直则直。

5. 随机应变，因势利导

随机应变的战略是必要的。组织内外形势和条件是变化的，要适应变化，就必须适时调整政策和战略，审时度势，随机应变。根据情况和形势的变化科学地调整己方的策略方法。

随机应变要注意发现问题所在。创新的内涵是指反映于创新概念中对象的本质属性的总和。创新内涵包括对事物的全面认识、对旧事物进行批判、创造新事物和开拓新领域等。从其扩展意义上看，创新内涵则包括了创新意识、创新精神、创新机遇、创新工程和创新模式等。

（四）处理信息能力的开发

信息，是现代管理的一种特殊的“无形资源”，是管理活动不可缺少的要素，也是创新和发展的基础。处理信息能力是管理者进行创新活动，如管理控制、协调关系的关键，也是进行创新决策的前提。一个管理者吸收、消化和处理信息的能力大小，将直接影响到创新工程的发展程度。开发管理者处理信息能力的途径包括以下几个方面。

1. 搜集信息

派谁搜集、搜集哪些信息和怎样搜集信息，必须有明确的安排。布置信息的收集工作，应有完整的计划，计划包括确定问题或目标、决定所需信息的种类，确定信息来源，选择搜集的手段和方式，明确信息方式与结论。

2. 分析信息

分析信息的首要环节是分类，把繁杂的信息加以科学分类，也是应具备的能力。信息的分析过程，往往是管理者做出创新决策的酝酿与准备过程。

3. 分配信息

信息经过分析和分类，必须及时、准确地分发给有关工作部门，否则就失去信息的效益，甚至造成失误。分配信息是处理信息能力的重要标志。

4. 检查监督

工作中将信息分发给有关部门后，必须检查各部门对信息的消化、运用情况。

5. 沟通

信息是决策的基础，而沟通则有利于信息流动和共享。沟通的主要因素包括信息发送者、信息传递渠道和信息接收者。

（1）沟通的作用

沟通是统一组织活动的手段。组织内部上、下级及成员之间的沟通是组织员工、联络成员以实现共同目标的必要手段。沟通是联结组织与外部环境的桥梁。

（2）沟通的方式

在现代组织系统中，信息的流动速度要比过去任何时候更迅速。要成为一个有效的管理者，他就需要以一定的信息作基础，去履行管理职能，开展管理活动。获取信息、传递信息的过程就是沟通，领导者在管理中，主要采用的沟通方式有以下几种。

①从信息流向的角度来分

向下的沟通：传统管理中，管理者主要从事一种向下的单向沟通，信息表现为指令，从高层组织层发出，逐级向下流动。

向上的沟通：员工向管理者请示、汇报工作。

平行沟通：同级员工之间工作上的互相交流与学习。

②以信息传递的媒介来划分

书面沟通：它有提供记录、参考、重复阅读等优点。

口头沟通：它是由说和听构成的，既可以传递信息，也可以联络情感。

非语言沟通：它是通过非语言符号来传递信息、交流思想情感的方式。非语言符号包括辅助语言、体态、表情、空间运用等。

（3）有效沟通的基本要求

要实现有效的沟通，首先要认清沟通中的各种障碍并予以排除，这是沟通的基础。

①沟通过程中的障碍及其克服方法

沟通障碍主要来自四个方面，要排除障碍也必须从这四个方面努力：a. 由信息发送者造成的障碍。由于发送者对信息传送的目的未经思索，对发送的内容未经计划、整理就发表意见，这就容易出现沟通障碍。b. 传递信息中的障碍。信息从一方传到另一方的过程中，由于损失、遗忘、误解等带来信息的失真。c. 由接收者造成的障碍。由于每个人的兴趣不同，心理准备相异，他们往往有选择地接收信息，即只接收自己喜欢听或喜欢看的信息，这就造成信息的大量遗失。d. 人际关系对信息沟通的影响。信息沟通是发送者和接收者之间的“给”与“受”的过程，这是个双向互动过程。e. 过量的信息造成的障碍。信息量过大来不及处理会导致的有用信息拥塞，丧失有效性。

②沟通的要求

首先，沟通双方所使用的符号应当是彼此熟悉的，这是有效沟通的前提。其次，沟通过程中不可唱独角戏，应注意协商，交流，以获得支持。再次，传递对接收者有所帮助或有意义的信息。最后，通过沟通，实现相互理解。

（五）控制协调能力的开发

1. 开发控制能力

控制就是用组织要求对照员工的操行实际，据此做出相应的调控，以保证组织目标圆满实现的管理过程。关于这个定义我们可以从两个方面来理解：控制是主体向对象有目的地施加的主动影响；控制的实质是使对象状态符合组织要求。

（1）控制的要素

控制系统由以下三个要素组成。

①控制主体

由施行控制的管理人员组成。他们负责制定控制标准、决定控制目标、向受控者发出指令。控制主体在控制系统中处于主动地位，起主导以及支配作用。

②控制客体

它是由人、财、物、时空、信息、组织等构成的，受控系统必须执行控制主体的指令，将一定的物质、能量和信息进行合理的配置，创造出合乎控制主体要求的业绩。控制客体在控制系统中处于被支配地位，并反作用于控制主体。

③监控系统

由专门负责监测员工操作实际的专业人员和机器、机构组成。其职责不仅要检查控制客体的作业结果和作业过程，而且将其监测结果反馈到控制主体，作为调整组织运行的依据，使整个组织行为不断趋近并达到预定目标。它在控制系统中处于辅助地位，是监测和调整控制主体与控制客体相互作用的中间环节。

（2）控制的前提

①控制必须以计划为依据。计划越清晰、越完整，控制就越有效。②控制以明确的组织结构为保障。控制是通过人起作用的，若组织责任不明确，我们就不知道确定偏离计划的责任由哪个部门、由什么人承担，也就不能采取相应的调控措施。③控制必须客观。控制是以反馈信息为基础的，这里的信息主要是指管理人员对员工工作业绩的评价情况。④控制应该灵活机动。组织内部环境是不断变化的，外界条件也在不断发展，组织为迎接这两方面的挑战，就有必要修订计划，完善控制标准，调整控制方式。因而控制系统应该具有足够的灵活性以适应变化着的内外条件。⑤控制应该经济有效。要提高组织的效益，需有两个条件作为保障：一是决策正确；二是效率提高。⑥控制必须及时。一般来说，发现工作失误是比较容易的，将控制标准与员工的工作实绩进行比较，就可以及时发现问题。⑦控制应放眼于全局。组织是由各相对独立的而且彼此关联的子系统构成的。

（3）控制的类型

①事先控制

又称前馈控制，指为事先预计可能出现的问题采取预防性控制。例如，某企业的销售量预计将下降到比原计划更低，企业的主管人员就制订新的广告计划、推销计划，以改善预计的销售状况。事先控制位于运行过程的初始阶段，投入与运行过程的交接点是控制活动的关键点。

②现场控制

指管理人员在工作现场指导、监督下属工作，以保证计划目标的完成。现场控制，就是正在运行过程中的活动的控制。

③事后控制

又称反馈控制，指根据已取得运行结果的信息，对下一步运行过程做出进一步纠正的控制。

（4）控制方法应用步骤

①确定标准。标准是工作成果的规范，是对工作成果进行计量的关键点。②衡量成效。即衡量、对照及测定实际工作与标准的差异。③采取措施，纠正偏差。

（5）开发控制能力

①紧紧抓住主要问题

管理者对影响全局的问题要严格控制，对一般问题则需进行弹性控制，不必样样都控制在自己手里，这叫作“抓大放小”的控制艺术。例如，对企业经营管理时，管理者一般要严格加以控制的主要问题是各种计划编制和实施，投入、产出的比例，产品质量、成本、人、财、物的平衡，资金收支平衡，供产销平衡等。

②加强基础工作，制定控制标准

一定要做到事先控制，在问题刚冒头时就加以控制。平时，要注意做好基础工作，对经常产生问题的环节，制定切实可行的控制标准，用绝对数、百分率等下达到有关执行部门，作为考核的标准。

③发挥各职能部门的控制体系作用

关键是提高各职能部门和管理者的责任心，通过他们去了解情况，发现和解决问题。同时，要重视计划、报表、专业会议的作用，从中了解、掌握情况，研究分析产生问题的原因，及时做出决策，采取措施，并进行有效控制。

2. 开发协调能力

协调，就是处理各种关系，解决各方面的矛盾，实现理想配合。协调关系，就是处理企业内部和企业同外部的各种关系，共同和谐发展。

（1）抓住机会来协调

企业外部环境和内部环境条件都在动态之中，经常会出现“内外”的不平衡，也经常会有“良机”出现。管理者的任务就是善于捕捉这些良机，不断开发内部关系，开垦外部环境，建立新的“内外”平衡。

（2）对工作职责的协调

企业应当明确各职能部门、各管理人员分工和职责。当出现职能不明、互相扯皮时，管理者要果断裁定，不要含糊。让每个人都了解自己的工作目标和担负的责任，协调地开展工作。

（3）对人力、财力、物力的协调

人力、财力、物力的来源和分配上出现问题，往往会影响纵向的贯通和横向的配合。管理者应当严格按计划办事，合理分配，积极平衡。

（4）倡导相互支持

各部门领导之间在强调自己工作地位和作用时，不能贬低其他部门的地位和作用。工作的配合与支持不能仅是单向的企求，还应成为双向的给予。

（5）促进合理竞争

要求部门之间形成一种正常的竞争关系，求同存异，互相支持，密切合作，最大限度地发挥积极性和创造性，努力实现组织系统的整体目标。

（六）思维能力的开发

1. 突破思维障碍

思维是一种复杂的心理现象，是人的大脑的一种能力。当代的心理学家认为，思维是人脑对客观事物的概括的、间接的反映。从字面上考察，“思”就是思考；“维”就是方向或次序，因此思维也可以理解为沿着一定方向、按照一定次序的思考。思维障碍阻碍了我们创造性地解决问题，对于创新是非常不利的，我们要进行创新思维，必须突破思维障碍。具体来说，必须做到：第一，对问题提出多种设计，产生多种多样的联想，以求获得多种不同的结论，筛选择优；第二，思维要根据各种不同客观情况灵活变化，及时纠正自己的思维偏差；第三，还要特别注意克服思维过程中的直线式思维方法；第四，要注意思路的拓展，当思维之路受阻时，要及时调整，有时可进行必要的反向思维。

2. 扩展思维视角的方法

（1）改变万事顺着想的思路

从古到今，大多数人对于问题的思考，都是按照常情、常理、常规去想的或者按照事物发生的时间、空间顺序去想，这就是所谓的“万事顺着想”。

①变顺着想为倒着想

在顺着想不能很好地解决问题时，倒着想也是一种创新的选择。

②从事物的对立面出发去想

新的思路，能取得意想不到的新结果。在解决实际问题时遇到了困难，不是在原来的思考点上转圈子，而是敢于跳到对面去，在事物的对立面上重新找切入点，这是扩展思维视角、实现创新思维的重要途径。

③改变自己的位置

如果创新者是思考社会问题，创新者可以把自己换到其他人的位置上，特别是创新者考察对象的位置上。如果创新者研究的是科学技术问题，创新者可以更换观察的位置，从前后、左右、上下等各个方向去分析问题。

改变位置，就是使原来构成事物的排列顺序变了，或者在新的位置上思考，采取变革，就可以产生新的结果。其实，这也就使创新者有更多的机会来引导事物向有利于自己的方向发展变化。

（2）转换问题获得新视角

①把复杂问题转化为简单问题

聪明人可以把复杂的问题越搞越简单，不聪明的人可以把简单的问题越搞越复杂。事实上，在解决复杂问题时能够化繁为简就体现了新的视角。

②把自己生疏的问题转换成熟悉的问题

对于从未接触过的生疏的问题，可能一时无法下手，找不到切入点，但不要望而却步，试着把它转换成自己熟悉的问题，可能就会有新的视角，也许还会有出色的成果诞生。

③把不能办到的事情转化为可以办到的事情

世间有些事情是能够办到的，有些是难以办到的，有些根本就是不能办到的。但是，不能办到的，就不能转换成能够办到的吗？如果能够，我们就多了一种新的观察和解决问题的视角。

（3）把直接变为间接

①以退为进

这在军事上是很重要的一种策略。好的军事家，都不会在条件不具备时和敌人硬拼。消灭敌人，是军事家的目的，可是，这个目的不是简简单单就可以达到的，尤其在敌强我弱的情况下，必须有巧妙的策略。

在解决其他问题时，“退一步海阔天空”的道理同样有效。如果遇到了困难，暂时退一步，等待时机，就可能使情况朝着有利的方向转化，这时再前进，问题的解决就要容易得多。退，绝不是逃避，而是积极地转移，是以最小的代价去取得最大的胜利。

②迂回前进

退一步是为了前进。有时，为了前进，也可以转弯，兜圈子，在军事上，叫“迂回前进”。实际上在各个领域，为了克服困难，解决问题，都需要从迂回前进的角度去改变思路。

③先作铺垫，创造条件

在面对一个不易解决的问题的时候，有时要先设置一个新的问题，作为铺垫，为解决问题创造条件，这也是采取的变直接为间接的新视角。

一切事物都是互相联系的，而任何问题的解决也都是有条件的，解决一个小问题，就可能为解决下一个大问题创造条件。在创新者动手解决问题之前，可以先想一想，是否有创造解决这个问题的条件，寻找这种条件，就是扩展视角的过程。只要有扩展视角的意识，掌握了扩展视角的方法，我们解决问题的办法就会多起来。

3. 实施创新能力开发系统工程

创新是一项艰巨的系统工程，也可以说是人的创造工程。人，是创新工程的主角，具有创新素质的人，才能实施创新事业。一个人要进行创新，要具备以下的一些条件。

（1）克服心理阻力

人的创新心理品质是创新活动的前提，看一个人是否能进行创新活动，在很大程度上看这个人是否具有创新心理品质。

历史上不少有建树的人都是思维活跃、敢于标新立异的人。伟大的科学家爱因斯坦所取得的巨大成就，就在于他敢于对现成的理论质疑和突破，不迷信权威，不盲目从众，不受条条框框的束缚，他自称是“最彻底的怀疑主义者”。正是由于他对传统的、绝对时空观的“同时性概念”产生怀疑，才有“狭义相对论”的成果。因此，要克服不敢变通的思维习惯，不断地拓展自己的思路。

（2）建立创新机制

建立创新机制是实施创新的重要条件之一。这一点主要针对组织者而言。对创新者来说，创新没有进行合理的评价和鼓励，是阻碍创新思维能力提高的另一重要因素。创新能力的发挥既有赖于个人的主观因素，也与其所处的环境有很大的关系。人的智慧、想象力、创新力的充分组合，也需要合理的评价机制和激励机制。组织和领导体制中缺少一种对创新者政绩的促进机制，没有形成一种创新的氛围，人的创新能力就很难发挥。因此，我们在组织创新活动时，要注意建立创新的机制。

（3）打好知识基础

丰富的知识是创新的基础，每个人都要重视知识的积累。有的人提出，在现代社会，需要的是善于交际，猎取信息，而不是知识。宁做开拓型，不做知识型，这种看法犯了一个致命的错误：把能力和知识割裂开来，以为创新是一种信手拿来，不需要条件的东西。殊不知，人的一个基本要求就是知识素质，而素质的一个重要内容是知识修养。

（4）善于提出问题

创新力的重要素质就是善于提出问题。要开创工作新局面，就必须不断开阔眼界并且不断探索，善于发现问题、提出问题、创造性地解决问题。

第二节 大学生创新思维创业能力和创新精神

在这样一个经济飞速发展的社会环境中，传统知识不断贬值，新的职业、新的商业、新的生活方式都快速变化，唯有坚持创新才能保持事业快速发展，才能引领社会发展潮流。青年是整个社会力量中最积极、最有生气的力量，国家的希望在青年，民族的未来在青年。因此，培养新时代大学生拥有创新思维、创业能力与创新精神才能为人才强国战略提供高质量人才，为创新驱动发展战略培养生力军，为社会各项事业发展提供新鲜活力。

一、大学生应拥有创新思维

（一）什么是创新思维

创新思维是一种具有开创意义的思维活动，即开拓人类认识新领域、开创人类认识新成果的思维活动。创新思维是以感知、记忆、思考、联想、理解等能力为基础，具有综合性、探索性和求新性特征的高级心理活动。创新思维是大学生所必须具备的基本素质。心理学认为，创新思维是指思维不仅能提示客观事物的本质及内在联系，而且能在此基础上产生新颖的、具有社会价值的前所未有的思维成果。

（二）创新思维的类型

根据需要解决的问题不同，创新思维也有多种类型，不同类型的创新思维发挥不同的作用。

1. 发散思维

为启发创新思维，通常使用最多的就是发散思维。发散思维是创新思维最基本的形式，发挥着思维方向性指针的作用。曲别针案例就是发散思维带给我们思维方式的震撼，属于扩散思维的一种方式，同时也是最容易自我培养发散思维的方式，被广泛应用于创新思维教学和训练中。发散思维是指面对问题沿着多方向思考，产生出多种设想或答案的思维方式，也有人称其为“扩散思维”“求异思维”“辐射思维”。联想思维、逆向思维，既是常见的几种创新思维的类型，也可以理解为是发散思维的具体表现。

2. 收敛思维

收敛思维是指以某个思考对象为中心，尽可能地运用已有的经验和知识，将各种信息重新进行组织，从不同的方面和角度，将思维集中指向这个中心点，从而达到解决问题的目的思维方式。收敛思维又称为“聚合思维”“集中思维”“求同思维”“综合思维”“辐辏思维”等。收敛思维也是创新思维的一种形式，与发散思维不同。而收敛思维也是为了解决某一问题，在众多的现象、线索、信息中，向着问题一个方向思考，根据已有的经验、知识或发散思维中针对问题的最好办法去得出最好的结论和最好的解决办法。

3. 质疑思维

质疑思维是指创新主体在原有事物的条件下，通过不断索源追问原因或假设，质疑现有问题解决方案，寻求更优方案改变原有条件而产生的新方案的思维。

4. 组合思维

组合思维又称“连接思维”或“合向思维”，是指把多项貌似不相关的事物通过想象加以连接，从而使之变成彼此不可分割的新的整体的一种思考方式。具体过程就是从头脑中某些客观存在的事物形象中，分别抽出一些组成部分或因素，根据需要做一定改变后，再将其构成具有自己的结构、性质、功能与特征的能独立存在的特定事物。

5. 逻辑思维

逻辑思维，就是人在感性认识的基础上，以概念为操作的基本单元，以判断、推理为操作的基本形式，以辩证方法为指导，间接地、概括地反映客观事物规律的理性思维过程。

（三）培养创新思维

经创新创造学者研究，科学技术的发明创造有一定的规律可循，它们大多是以原则、诀窍、思路形式来指导人们克服心理和思维的障碍，改善思维的灵活性和流畅性，促进联想、想象和直觉等非逻辑思维的产生。因此，创新思维是在创造心理、创造性思维方法和认识规律基础上培养和训练的。

1.5W1H 法

通过连续提 6 个问题，构成设想方案的制约条件，设法满足这些条件，便可获得创造方案。对某种现行的方法或现有的产品，从 6 个角度做检查提问，将发现的疑点、难点列出，讨论分析，寻找改进措施，如下。

为什么（Why）：为什么发光？为什么要做成这个形状？为什么产品制造的环节这么多？为什么要这么做？

做什么(What)：条件是什么？目的是什么？重点是什么？功能是什么？规范是什么？要素是什么？

谁（Who）：谁来执行？谁不宜加入？谁是顾客？谁支持？谁来决策？谁来负责？忽略了谁？

何时（When）：各个时间节点是何时？何时需要完成？何时安装？何时销售？何时产量最高？需要多久最合适？

何地（Where）：从何处去买？卖到何处去？何地有资源？何处做才最

经济？

怎样（How）：怎样做最省力？怎样效率最高？怎样改进？怎样求发展？怎样扩大销路？怎样改善外观？怎样方便使用？

2. 和田十二法

我国学者在上海和田路小学试验后，结合青少年儿童的特点，提出“聪明的办法 12 条”。

加一加：与其他东西组合在一起，会有什么结果？可添加什么吗？需要加上更多的时间或次数吗？能把它加高一些、加厚一些吗？

减一减：可在这件东西上减去些什么吗？可以减少时间或次数吗？把它降低一些、减轻一些，行不行？可省略、取消些什么吗？

扩一扩：使这件东西放大、扩展，会怎么样？

缩一缩：使这件东西压缩、缩小，会怎么样？

变一变：改变一下形状、颜色、音响、气味、味道，会怎么样？改变一下次序又会怎样？

改一改：这件东西还存在什么缺点？还有什么不足之处需要改进？它在使用时是否给人带来不便和麻烦？有解决这些问题的办法吗？

联一联：某个事物（某件东西或事情）的结果跟其他的起因有什么联系？能从中找到解决问题的办法吗？把某些东西或事情联系起来，能帮助我们达到什么目的？

学一学：有什么事情可以让自己模仿、学习一下吗？模仿它的形状和结构会有什么结果？学习它的原理、技术又会有什么结果？

代一代：有什么东西能代替另一样东西？如用别的材料、零件、方法等，代替另一种材料、零件、方法等，行不行？

搬一搬：把这件东西搬到别的地方还能有别的用处吗？这个想法、道理、技术搬到别的地方也能用得上吗？

反一反：如果把一件东西、一个事物的正反、上下、左右、前后、横竖、里外颠倒一下，会有什么结果？

定一定：为了解决某个问题或改进某件东西，为了提高学习、工作效率和防止可能发生的事故或疏漏，需要规定些什么吗？

和田十二法应用在生活中，例如，一位中学生雨天与人合用一把雨伞，结果两人都淋湿了一个肩膀。他想到了“扩一扩”，设计出了一把“情侣伞”——将伞面积扩大，并呈椭圆形，结果这种伞在市场上很畅销；另外，通过变通把雨伞加大一点儿，成为海滨游泳场的晴雨两用伞；牙膏口扩大一点儿，减少消费者的使用时间，增加购买频次，也同样增加销量；海尔为了满足四川农民用洗衣机洗土豆需求，扩大过滤孔，创造出深受当地农民喜爱的产品。

二、创业者需要掌握的基本能力

创业能力是创业者在创新活动中，利用已有知识和经验，从独特新颖的角度切入，解决现实经济社会中存在的问题，进而产生有价值的新产品、新方法、新模式、新方案的一种综合能力，是创业者必须具备的承担直接影响创业前途的重要条件。创业者除需要拥有必需的知识储备和坚强的心理素质以外，还需要具备专业能力、知识能力和社会能力。

（一）心理素质

想要成为一个成功的创业者，需要有很强的心理素质。首先要热爱自己所从事的行业，要有与众不同的创新精神，理性的冒险精神，坚定的意志和执着的耐力，超强的领导力、良好的商业道德等综合素质。创业过程中会遇到来自社会、市场、资金、人际等各种困难和问题，需要创业者拥有这样强大的心理素质作为创业的基础准备。

（二）专业能力

专业能力是指企业中与经营方向密切相关的主要岗位或岗位群所要求的能力。创业要选择自己熟悉或擅长的行业，因为在这个行业，创业者往往具有丰富的专业知识。一旦进入一个行业，就必须尽可能多地掌握这个行业的专门知识。只有对本行业的供需状况、市场前景以及从事本行业的专业知识和技能了然于胸，才能避免盲目性和投机性，争取最大的成功概率。

创业如果能从自己熟知的领域入手，就能避免“外行领导内行”的尴尬局面，大大提高创业的成功率。创业者应具备的专业能力主要体现在以下三个方面。

创办企业中主要职业岗位的必备从业能力；

接受和理解与所办企业经营方向有关的新技术的能力；

把环保、能源、质量、安全、经济等知识和法律、法规运用于本行业实际的能力。

（三）方法能力

方法能力是指创业者在创业过程中所需要的工作方法，是创业的基础能力。创业者应具备的方法能力主要体现在以下方面。

1. 信息的接受和处理能力

创业者需要具备搜集信息、加工信息、运用信息的能力，随着科技进步和网络技术的普及，还应该具备从网络中获取信息的能力。

2. 捕捉市场机遇的能力

成功企业家都擅长发现机会、把握机会、利用机会、创造机会。

3. 分析与决策能力

通过消费者需求分析、市场定位分析、自我实力分析等过程，选择最适合自己的市场机会，做出正确决策，实现创业目标。

4. 联想、迁移和创造能力

从其他企业运营中得到启发，通过联想、迁移和创造，使自己的企业别具特色，并在同业市场中占有理想的份额。

5. 申办企业的能力

需要掌握创办一个企业的基本准备和主要流程，需要什么证明材料，需要到哪些部门办哪些手续，怎样办等信息。

6. 确定企业布局的能力

企业的选址、产品定位、内部布局、企业性质等，都是创业过程中不可回避的问题。

7. 发现和使用人才的能力

如何选择雇员，如何有效地发挥人才作用和优化组合，如何运用群体目标建立群体规范和价值观，形成群体的内聚力。

8. 理财能力

创业实践中的资金筹措、分配、使用、流动、增值等环节，还涉及采购能力、推销能力、财务制度等。

9. 控制和调节能力

企业管理的规划、决策、实施、管理、评估、反馈的全过程具有控制和运筹能力。

（四）社会能力

社会能力是指创业过程中所需要的行为能力，包含人际交往能力、谈判能力、企业形象策划能力、合作协调能力、自我约束能力、适应变化和承受挫折的能力等多个方面，是创业的核心能力。

三、创业能力的练成

（一）知识准备

现代社会的职业岗位需要的是具备科学合理的知识结构，并能根据社会发展以及职业要求，对自己所学知识进行综合运用的人才。所以，大学生要赢得职业发展，就一定要做好知识准备，建立科学合理的知识结构，丰富自己的知识体系，为自己赢得职业发展奠定坚实的基础。

1. 选择合适的知识结构模式

大学生可以根据自己的实际情况和需要选择适合自己的知识结构模式。一般来说，知识结构的模式主要可分为以下几种。

（1）幕帘型知识结构

幕帘型知识结构，是指特定的社会组织对其组织成员在知识结构上有一个总的要求，而该组织的个体成员，根据其在组织中所处的层次地位，表现出一定的差异性。这种知识结构强调个体知识结构与整体知识结构的有机结合。大学生在求职择业的过程中，要根据所选职业类型的要求，以及所选职业岗位的具体层次，对自己的知识结构进行调整。

（2）“T”型知识结构

“T”型知识结构的特点是，知识面的宽度与某一专业的深度相结合，专博相济。这一知识结构，强调的是知识的广度与深度的有机结合，大学生在职业发展中，应根据自己的发展方向，来决定自己的知识涉及面以及专业知识的精通程度。

（3）宝塔型知识结构

宝塔型知识结构是由基本理论、专业基础知识、专业知识、学科前沿知识等构成的体系结构。处于宝塔底部的是基本理论、基础知识，学科前沿知识则位于塔顶。这种知识结构要求大学生的基本理论、基础知识以及专业知识都要非常地扎实。

（4）复合型人才知识结构

复合型人才知识结构又叫蜘蛛网型知识结构，是一个知识网，网的中心是大学生所学的专业知识，枝干则是其他相近专业的知识，它们彼此联结成网。这种知识结构适应性较强，而且能够在较大范围内发挥作用。随着社会的高速发展，用人单位尤其是进入中国的外资机构，非常重视这类人才。

（5）壳层知识结构

壳层知识结构的特点是具有层次性，基础知识和理论知识分层分布。壳层结构主要侧重于科技人才吸收知识和创新过程。在求职择业的过程中，大学生也要根据职业的要求，注意自身壳层知识结构的形成。

2. 科学填充自己的知识结构

大学生做好知识准备，就是要以丰富的知识来填充自己的知识结构，尽量扩充自己的知识面，以丰富的知识来完善自己的知识结构。一般来说，大学生知识结构中应包括基础知识、专业知识、工具知识和方法知识。每种知识在大学生的职业发展中都发挥着不同的作用，具体分析如下。

（1）扎实的基础知识

无论大学生今后从事何种职业，往哪个方向发展，应对各种行业、专业以及职业调整，都要具备扎实的基础知识。

基础知识是指包括自然科学知识、社会科学知识和人文科学知识在内的宽厚广博的知识系统。

自然科学是对无机自然界和有机自然界进行研究的各门科学的总称，包括数学、物理学、化学、生命科学、地理等学科。

社会科学是对社会现象进行研究的科学，以研究和阐述各种社会现象及其发展规律为主要任务，包括社会学、教育学、政治学、经济学等学科。

人文科学是指对人的社会存在进行研究，进而揭示人的本质和人类社会发展规律的科学，主要包括心理学、思维科学等学科。

当今社会，知识更新换代的周期越来越短。在这一严峻的形势下，具有稳定性、能够长期为大学生学习和工作服务的基础知识就显得尤为重要。因此，大学生要将基础知识学得牢固扎实，以此来维持自己持久的学习能力，增强自己解决问题的能力，从而帮助自己在职业发展中获得成功。

（2）精深的专业知识

专业知识是指在一定范围内相对稳定的、系统化的知识。

作为大学生知识结构的核心，专业知识对大学生的职业发展具有非常重要的作用，可以说，它是大学生职业得以生存和发展的基础。因此，大学生的知识结构中一定要有精深的专业知识，要深入了解、把握该专业的理论体系、研究方法、学科历史和现状、国内外最新研究成果等，并熟悉与其他专业相关的知识，成为一名广博精深的高素质人才。

（3）广博的工具知识

大学生还要以广泛的工具知识来填充自己的知识结构，主要包括汉语言文学知识、外语知识和计算机知识等。

汉语言文学知识是大学生学习其他知识的基础工具，只有汉语言文学方面的知识扎实，阅读理解能力强，才能更好地掌握其他知识。而且，汉语言文学知识扎实的大学生通常也比较善于表达，会写各种应用文等，能更好地适应社会的需求，从而在职业发展中获得成功。

外语知识也是对大学生非常重要的工具知识，因为很多文献资料都涉及多个语种，甚至很多国外优秀的资料尚没有中文版本。因此，大学生要掌握扎实的外语知识，拓展自己的视野，为日后的科学研究以及设计工作奠定坚实的基础。

计算机知识也是大学生必须掌握的工具知识。当代是信息高速发展的时代，计算机越来越普及，越来越多的工作都是通过计算机来完成的，大学生要能够熟练运用计算机知识，这样才能更好地实现职业发展。

（4）有效的方法知识

方法知识是指有关学习方法的知识。这是大学生知识结构体系中的重要组成部分。面对日益激烈的社会竞争，大学生只有掌握了科学的学习方法，才能不断提高自己的学习效果，才能达到成才的目的，进而获得终身发展。

总之，大学生必须且至少要以上述四种知识来填充自己的知识结构，缺一不可。只有这样，大学生才能保持持久的学习能力，才能具备知识迁移能力和创造能力，并不断地提高学习效率，从而不断更新自己的知识，完善自我、发展自我，为自己的职业发展奠定坚实的基础。

3. 优化自己的知识结构

大学生的知识结构一旦建立，并不是一成不变的，而是长期发展的，要根据社会的实际需要和自己的发展需要，利用周围的各种资源，不断地、科学地、有目的地对自己原有的知识结构进行优化、完善。具体来说，大学生优化自己的知识结构，要从以下几方面入手。

（1）重新定位，选择自己的知识结构

大学生想要实现知识结构的优化，首先要对知识结构进行自我定位和选择。每个人的知识结构模式并不是固定不变的，而是可以根据自己的职业发展要求、发展方向不断变化的。因此，大学生在优化自己的知识结构时，可以根据自己的兴趣、专业、发展目标等，重新定位，选择适合自己发展需要的知识结构。

（2）建立合理的学习结构

优化知识结构的过程就是一个学习的过程，大学生要想建立合理的学习结构，不应死记硬背，而要注重对科学的学习方法的合理运用，进行研究性学习。一般来说，一个科学合理的学习结构主要包括补弱、提升、交叉、前瞻和循环五个方面。

a. 补弱，就是对自身的知识结构状况进行全面的分析，自觉克服薄弱的地方，努力地弥补不足。

b. 提升，就是运用科学的方法，对那些分散的、低层次的经验知识进行加工处理，使之在知识结构内部得到优化和提升。

C. 交叉，就是经常和同学、老师等人群探讨问题，或学习其他专业的学科知识，获取有价值的信息，进行开放式学习。

d. 前瞻，就是进行前瞻性、超前性的学习，不仅要学习和掌握自己专业领域的知识以及了解专业未来的发展前景，而且要接触一般性的未来预测学等学科知识，为自己创造更多的机遇。

e. 循环，就是充分发挥自己的主观能动性，不断完善自己的知识结构，使其成为良性的循环。

（3）理论联系实际

知识结构只有在实践中得到检验，才知道它是否合理，哪里有缺陷需要完善。因此，大学生要积极将理论运用于实践，通过参加各种与自己职业发展相关的实践活动，在动态中不断优化自己的知识结构，使其更为合理。

（4）充分利用各种知识资源

大学生要充分利用周围的各种知识资源，如，教师、同学、图书馆、互联网等，广泛涉猎各种资料，扩大视野，增加信息量，充实优化自己的知识结构。

（5）积累丰富的知识

随着科技的快速发展，知识之间出现了高度分化、高度综合、互相渗透的现象。因此，大学生要积累丰富的知识，将稳定扎实的基础知识和精深的专业知识、广博的工具知识等紧密结合，做到熟练运用、得心应手。

（6）培养创新思维能力

大学生要优化自己的知识结构，一定要培养创新思维能力，以激发潜意识、强化记忆和相似诱导等方法树立创新意识，自觉学习思维科学，强化训练，摆脱思维障碍的束缚，以实现思维方式与知识结构的创新互动。

4. 不同职业类型对大学生知识结构的特殊要求

一般来说，不同的职业类型对大学生知识结构的要求不同。因此，大学生在进行知识准备时，也要以自己所选职业类型为依据构建知识结构。

（1）教育类职业

教育类职业的特殊性决定了大学生需要掌握广博扎实的本学科基础知识，熟悉本专业最新研究成果及发展趋势，了解其他学科的发展情况；同时还要求大学生“一专多能”具有广泛的兴趣爱好，掌握教育科学的有关知识，具备较强的课堂教学组织管理能力、良好的语言表达能力和较好书法基础。

（2）管理类职业

管理类职业要求大学生具备较多的管理理论和管理知识，要求能够根据管理类职业的实际需要和管理科学的发展规律，掌握税务、工商等知识和国家有关的方针政策等。

（3）科研类职业

科研类职业要求大学生具有丰富、坚实的专业科学知识，具备严谨的科学研究态度，掌握并能熟练运用于实际研究中的科学研究方法以及大量的本专业当代研究的前沿信息。

（4）公关类职业

公关类职业要求从业者善于分析判断，善于协调各种关系，善于把握机遇，为领导提供高质量的决策信息。因此，想要从事公关类职业，大学生就要有广博的知识面、较高的语言表达能力、干练的办事能力以及广泛良好的社交能力。

（5）农林类职业

农林业科学技术的快速发展，促使农林学科的覆盖面逐步扩大，呈现多学科交叉渗透的趋势。农、林、牧、副、渔等生产过程都是综合多种因素在起作用；同时，农林职业主要面对农村、农民，分布在农林的第一线。因此，要求从事农林职业的大学生必须掌握一定的农业新技术，具有一定的生产、经济管理知识，适应综合性强的知识结构和各种知识的相互联系和应用。

（6）工程类职业

工程类职业要求大学生牢固地掌握所学的专业知识，能够熟练地应用现代技术解决较复杂的技术问题，具有较新的现代专业理论和管理才能。

（7）涉外类职业

涉外类职业要求大学生具备广博的知识，熟悉古今中外的政治、经济、文化等，有较高的外语水平，熟练掌握从事对外交流与往来工作的具体涉外业务。

（8）医药类职业

医药科学既有生物学因素，也有社会学、心理学等非生物学因素。医药技术的发展，要求从业者具有多学科知识和掌握新科技知识，有较强的实际操作能力、科研能力、精湛的医术以及高尚的道德情操。

另外，还有许多类型的职业对大学生的知识结构也具有各自不同的特殊要求。大学生建立合理的知识结构，应与其成才目标的确定相辅相成，因此大学生应适时地按照确定的职业目标，充分了解职业对从业者知识结构的具体要求，不断地、有目的地、有计划地学习和优化组合知识，逐渐形成符合职业要求的知识结构。

（二）能力准备

个体的能力对其职业发展的影响非常大，一个能力欠缺的求职者即使掌握再多的书本知识，也很难在工作中做出突出成就。因此，大学生一定要做好能力准备，才能获得职业发展。

1. 大学生能力准备的内容

（1）获取新知识、新技术的能力

我国社会主义市场经济体制改革和经济发展战略，加速了产业结构的调整，从客观上使社会形成劳动力全面流动的就业新特点，这对人才的知识结构与适应性提出严峻的挑战。与此同时，人类科技知识的高速发展、传播、转化，大大地缩短了知识更新的周期，使大学生在学校期间接受的知识显得陈旧过时，无法适应择业和职业发展的要求。研究表明，一个大学生在学校获得的知识有限，其余需要大学生在工作中不断获取。因此，大学生在校期间不仅要学好专业知识，而且要注重培养提高自己的学习能力，能够根据工作的需要不断调整自己的知识结构，善于获取新知识、新技术。

（2）创造能力和独立工作的能力

在社会主义市场经济条件下，人的创造素质成为企业经济发展不可或缺的动力。我国社会主义经济建设所需要的人才，既要具备学习、储存新知识的能力，也要有创新精神和创造能力。可以说，创造性人才是未来社会最受欢迎的人才。

创造能力是指利用所学的知识，主动参与科学研究和技术革新，或提出新的见解的一种业务能力素质，它是动手能力、观察能力、分析能力、思维能力的综合运用，是人才的本质特征。

革新、创造是企业生存的基础，也是企业选择人才的一个重要标准。从近几年人才市场收集到的企业对大学生的评价中我们发现，与内地大学生相比，经济发达地区的大学生普遍具备较强的创新意识，但相对欠缺科研创造能力，后劲往往不足。因此，人才能力培养的主导潮流应当是创造能力的培养。

（3）自我约束能力

大学生要发展自己的职业，一定要与周围的人建立良好的人际关系，而良好的人际关系的形成会受到主体、客体因素的影响，其中，主体因素是起决定作用的因素。大学生要充分发挥主观能动性，加强个人修养，增强自我约束力，严于律己，宽以待人，这是建立良好人际关系、增进团结的重要前提，也是选择职业和适应职业不可或缺的重要素质之一。

（4）表达能力

表达能力是大学生应该具备的基本能力之一，是指运用口头语言或书面语言阐明自己的观点、意见或抒发情感的能力，主要包括口语表达能力和书面表达能力。语言和文字作为人与人之间进行交流的重要工具，在人们的日常学习、工作和生活中发挥着重要的作用。

①口语表达能力

口语表达在大学生的学习、工作以及人际交往中具有重要的影响。例如，想要获得一份工作，仅仅靠简历是不够的，简历只能使用人单位对自己有一个简单的了解，而想要得到用人单位的认可，就必须自信地向其说出自己的长处，展示自己的优点。因此，大学生要抓住时机向招聘单位简洁、流畅并有选择性地介绍自己的优点和长处，以给用人单位留下深刻的印象。尤其像教师、公关人员等职业对口语表达有着较高的要求，这些用人单位在招聘时特别看重应聘者的口语表达能力，即使专业知识再丰富，专业成绩再突出，如果表达能力欠缺，也不会受到用人单位的重视。因此，大学生应该充分锻炼自己的口语表达能力。

②书面表达能力

书面表达能力在大学生求职择业过程中以及在社会工作中都发挥着十分重要的作用。例如，撰写求职信、自荐信等方面的能力是每一个求职者必须具备的，也是将来从事营销职业的人必不可少的。再如，工作计划、年终总结等文件起草，无不需要良好的书面表达能力。

（5）心理承受能力

当代社会各种竞争日趋激烈，这给大学生造成了很大的就业压力，同时也使大学生的心理素质面临严峻的考验。因此，大学生要学习和掌握一定的心理学知识，培养自信、乐观、坚强、果断的思想品质和意志品质，增强自我调节心理状态的能力，具备较强的心理承受能力，这样才能适应未来的社会竞争。

2. 大学生提升能力的方法

（1）培养科学的思维方式

思维方式是一个人各种能力素质的基础和关键，决定了一个人事业的成败。高等教育必须重视培养学生具备会思考探索问题的本领。人们解决世界上所有问题是用大脑的思维能力和智慧，而不是搬书本。因此，大学生必须特别重视科学思维方式的培养。

①科学思维方式的主要内容

a. 理性思维

理性思维有分析、概括、归纳、综合、抽象、演绎等基本方式，包括数学思维、逻辑思维、辩证思维等类型，又称哲学思维。一般而言，理性思维能力较强的人，思维呈现出严密性，善于独立思考，富有敏锐的观察力。

b. 独立思维

独立思维是人们进行创造活动的一个不可或缺的前提条件。一般而言，独立思维包含两方面：一是带有批判性地思考问题，表现为善于考虑事物正反两方面的因素，着眼于实际来分析评价事物；二是对各种问题有独立见解，表现为善于提出问题和解决问题。

C. 灵活思维

灵活思维表现为思维活动能依据客观情况的变化，灵活地采用新的方法、途径来解决问题，具有主动性、及时性和恰当性，经常运用于科学技术活动中。

d. 综合思维

综合思维指思维的横向和纵深的综合。横向思维与纵深思维是相互作用的，横向思维不仅能使人全面把握问题所涉及的范围，注意到问题本身，而且能使人注重问题的重要细节以及与此问题有关的一切因素；纵深思维则使人能抓住问题的本质及其规律性，善于分析事物的现象与本质、主要方面与次要方面。综合思维能使人对问题进行全面而深刻的思考，从而正确认识事物，得出完整、准确的结论，揭示事物内部的本质与规律性，预测事物的发展趋势与未来状态。

②培养科学思维方式的方法

a. 加强马克思主义哲学的学习

作为科学的世界观和方法论，马克思主义哲学也揭示了思维发展的一般规律。要培养大学生科学的思维方式、增强大学生哲学思维的素养、提高大学生的理性思维能力，必须强化马克思主义哲学的学习和运用。

b. 要独立思考问题

所谓独立思考，是指从头到尾、由理论到实践，用自己的头脑去思考每一个问题。独立思考需要大学生具备博学、多思、善问和刻苦钻研的精神。

C. 积累丰富的知识和经验

丰富的理论知识和有益的经验，是科学思维方式的基础。只有掌握丰富的知识和经验，思路才会广而深，思维的成果才会更加完整、准确。因此，大学生要努力学习科学知识，奠定扎实的知识基础，通过社会实践总结经验。

（2）积极进行实践活动

当前，许多用人单位越来越重视和强调人才效益以及工作实践经验，因为实践是培养员工各种能力的重要途径。具体而言，大学生在实践中锻炼提高能力的途径有以下几个。

①在学习中培养提高

由于大学生的主要任务是学习，就应当把学习变成培养提高自身择业素质与能力的重要途径。比如，大学生要从实际出发，客观分析自我，制订合理目标和学习计划，分阶段、分层次逐步完善自我。同时，大学生要善于科学利用时间，在学习期间积极磨炼，勤奋刻苦，注意通过听课培养自己的注意力和思维能力；通过实验和实习过程提高自己的观察能力、操作能力和组织管理能力。

②在课外活动和社团活动中锻炼

参加社团活动或在班级、学生会担任一定的社会工作，不仅可以充实个人生活，而且可以训练自己的表达能力，提高管理能力、组织能力和人际交往能力，增强合作精神，加强修养；积极参加课外活动，加强心理素质的训练，重视演讲、辩论等对语言文字表达能力的培养，在活动中培养独立工作能力和开拓精神。同时，这些活动还是培养大学生具有一技之长的重要场所，掌握技能的一个重要途径。另外，积极参加课外活动和社团活动，也可以在很大程度上提高推销自我的成功率。实践证明，大多数用人单位喜欢录用在学校当过干部或参加过社团活动的大学生，因为这些大学生能够很好地做到理论与实践相结合，具有较强的社会活动能力，能够应付和处理各种复杂问题。

③在实践中增长才干

一个人择业素质、能力的培养和提高，必须经过反复的实践和锻炼。知识的积累，只有运用到现实工作中，才不算“浪费”。社会实践不仅可以加深大学生对理论和知识的理解，锻炼大学生解决问题和处理事情的能力，而且能从实践中发现问题，反过来促进大学生的学习和研究。同时，社会实践也能使大学生增强社会适应能力，为就业准备奠定坚实的基础。因此，大学生要把每项学习、活动和岗位作为培养能力的实践场所，积极锻炼组织能力、演讲能力，从基础抓起，从小事做起，努力提高自身的综合素质与能力。

（三）职业素质准备

职业素质对大学生的职业发展起决定性作用，一个职业素质不强的大学生哪怕专业能力再强也不会受到社会的青睐。所以，大学生要想在职业发展中获得成功，一定要做好职业素质准备。

1. 大学生职业素质准备的内容

（1）职业意识

职业意识简单地说就是作为职业人的意识。职业意识既影响个人的就业和择业方向，又影响整个社会的就业状况。所以大学生要努力增强自己的职业意识。

从目前状况来看，大多数毕业生对未来职业没有规划，就业时往往感到压力很大。培养职业意识就是要对自己的职业生涯进行规划。每个大学生在大学期间，都应该对自己有一个明确的认识。例如，通过认识自己的个性特征以及个性倾向，确定与自己的个性相符的职业类型；通过对自己的优势和不足的认识，结合社会需要确定自己的发展方向和行业选择范围，并制定职业发展目标。

（2）职业品质

职业品质是指大学生在职业行为、工作作风方面表现出来的思想、认识、态度和品格等，属于隐性素质，它是大学生职业素质的核心内容。一个人无论选择何种工作，其态度、素养对于事业的成功都起着至关重要的作用。很多大学生就是由于职业品质的问题，错过了自己的前程机会。因此，大学生应有意识地提升自身的职业品质，如培养独立性，勇于承担责任等。

（3）职业技能

职业技能是支撑职业生涯的表象内容，属于显性职业素质，往往可以通过教育和培训获得。提高职业技能是大学生职业素质培养的落脚点。需要注意的是，知识教育是学习技能的基础，而要把知识转化为技能，还需要经过反复的实践。因此，大学生要想提高自身的职业技能，就必须学会整理自己的技能清单，明确自身的技能与职业目标之间存在的距离。

2. 大学生职业素质培养的方式

（1）通过专业学习培养职业素质

良好的职业素质需要正确的理论来指导，职业道德理论是形成职业素质品质必不可少的前提和基础。只有全面了解和掌握社会主义职业道德的基本原则、规范，大学生才能形成良好的职业素质。

大学并不是纯粹的专业或职业教育，它为学生提供了可以终身接受培训和学习的空间，为毕业生步入社会创造了条件。因此，高校的职业素质教育的主要目的是培养学生高尚的职业道德，向学生传授基础的职业知识与技能，铸造其优良的职业身心素质。

在专业学习中，大学生可以通过以下几方面提升自身的职业素质。

①价值观

价值观，是作为个体的人和社会需要之间的一种特定关系，是处理个人与社会关系的一种原则和态度。一个人价值观的确立，对其职业道德行为具有重要的影响。在处理个人与社会的关系问题上，大学生应该将个人价值和社会价值结合起来，并将社会价值的实现放在第一位，在为人处世和职业实践活动中要具备高尚的集体主义精神。

②义利观

“义”和“利”，即道义和利益，是每个人都会面临的基本的道德问题。每个劳动者在职业实践活动中都会涉及自己、他人及社会的利益和矛盾。面对这些冲突，大学生应该以义为重，树立正确的是非观念。

③荣辱观

一个人只有具有了正确的荣辱观，才能在任何情况下都不被利益所驱使，不为人情世故所困，能够时刻保持头脑的清醒，正确支配自己的行为，维护自己的“形象”。

④幸福观

幸福是人因某方面的需求得到满足而产生的一种美好的生理感受。幸福的标准是多样性的，每个人对幸福的定义也各不相同。但是，每个人在追求幸福时，都必须遵守伦理的道德底线，不能将个人的幸福建立在危害他人、危害国家的基础上。大学生应当尽量为社会做出贡献，将个人社会价值的实现作为最大的幸福。

此外，主人翁精神、职业责任感、使命感等职业道德理论，也是大学生提高自身职业道德修养的重要原则，需要认真学习。

大学生在校学习期间，思维活跃，精力充沛，具有较强的接受能力，是学习知识的黄金时期。大学生在专业课学习中，不仅要认识到学习专业课的重要性，掌握相关课程的知识点，还要在老师的引导下，对相关职业的要求有一个全面的了解，进而提高专业课的基本技能即职业技能。另外，大学生在专业学习中应不断将理论与实践、学习与应用进行结合，缩短“知识—能力—素质—运用”之间相互转化的时间，将知识内化为自己的能力和素质，培养自己的综合职业能力。

（2）通过日常生活培养职业素质

职业素质是职业人必备的思想、知识、技巧等，包括职业道德、职业礼仪、职业知识、职业技巧等。

职业道德在职业素质中占有首要位置，是职业素质的基础。职业道德评价，即“内省”，是人们在职业实践活动中，根据一定的职业道德原则和规范，对自己或他人的职业行为做出的判断，从而表明自己对某种职业道德行为态度的一种方法，它是从业者提高自身职业道德修养的重要方式。从形式上讲，职业道德评价主要分为社会舆论评价、内心信念和传统习惯三种。职业道德行为的最大特点是自觉性和习惯性。在社会生产实践活动中，每个人都会按照一定的职业道德标准对个人或他人的职业行为进行评判，这种评判对提高个人和整个社会的职业道德修养具有重要的影响。在职业素质准备过程中，大学生应从培养自己的良好习惯入手，切实按照职业素质的各种规范来严格要求自己，规范自己的言行，指导自己的实践。

职业礼仪是职业素质的具体表现。对于一个国家、地区、民族而言，礼仪水平的高低，可以看出其政治、经济、文化的发达程度；对于团体、个人而言，礼仪修养是其综合素质的反映。在日常生活中，大学生要形成整洁得体、积极向上的仪容仪表以及平和、宽容的处世态度，注重修身养性，完善自身的道德情操。

良好的职业道德和礼仪修养能够有效提高大学生的职业竞争能力，因此，大学生在日常生活中要不断加以培养。同时，专业知识的学习和技能的培养是职业素质的基础，身心健康是职业素质的保障，大学生也应对其引起重视。

（3）通过社会实践培养职业素质

与其他素质教育活动相比，职业素质具有较强的实用性和针对性。随着社会劳动分工的不断精细化，职业结构日趋复杂，但不管从事何种职业，每个人都必须具备一定的思想品德素质、科学文化素质、专业素质等。这些素质并不是每个人生来就具备的，而主要是在后天的学习、实践中获得的。

丰富的社会实践是人们成才的重要基础。大学生大部分时间是在校园里接受教育，而很少有机会能够与社会接触，因此，大学生应珍惜每一次教学实习和社会实践活动机会，将自己所学的专业知识、所掌握的专业技能与实践紧密地结合起来，并在社会实践中真正得到锻炼，对职业以及对自我有一个全面的了解。这就要求大学生要将职业道德的理论、情感、意志和习惯与自己的职业实践活动相融合，真正做到言行一致、身体力行，实现自身的职业实践活动与现实社会生活实践的统一。

大学生可以根据自身的需要以及对社会问题的了解，开展社会调查和服务调研活动，对一个地区的经济、政治、文化环境有一个清楚的认识；可以通过采访杰出校友、成功人士，积极借鉴他们的成功经验，获取更多的社会信息；积极分析本专业以往毕业生的就业流向，及时获取用人单位对毕业生使用情况的反馈信息，了解用人单位的需求，从而进一步补充学习和调整职业价值的取向。大学生通过实践，达到理论与实践相结合，不断提升分析问题、解决问题的能力。

（4）通过社团组织培养职业素质

大学作为培养人才的主要基地，集合了各种各样教育教学方法，并为在校大学生充分地发展自我、展现自我提供了充足的机会和空间，其中，社团组织就是一个重要的形式。

大学生社团具有组织自发性、发展动态性、目标趋同性、内容广泛性等特点，这些特点符合当代大学生的特质，适应了大学生成长、成才的需要，因此受到了他们的青睐。宽松的社团环境，有利于大学生思维能力、研究兴趣的培养，有利于大学生养成乐于学习、勤于思考、大胆创新的好习惯。因此，大学生社团逐渐成为培养大学生的职业道德、提高专业技术水平、锻炼较强的交际能力等的重要阵地。

随着高等教育的不断发展，大学生社团逐渐成为素质拓展的重要舞台。因此，大学生可以通过社团这个广阔的空间，不断提升自身的职业素质，提高职业适应能力。

（5）通过学习先进模范培养职业素质

先进模范，是指社会所标榜和推崇的道德理想或人格理想的化身。向先进模范学习，对整个社会职业道德风尚的进步具有重要的示范作用。大学生通过学习先进模范，激励自己提高职业道德品质，能够有效地提升自身的职业道德修养。

在社会主义条件下，大多数从业者尤其是青年人，都不同程度地向往和追求某种高尚的道德理想或人格理想，对先进模范充满敬佩，并渴望有所作为，以获得他人和社会的认可。因此，在社会生产实践活动中，应充分发挥先进模范的作用，以促进整个社会职业道德水平的全面提高。

通常大学生对未来充满了憧憬和理想，他们勇于开拓和迎接挑战。大学毕业生应顺应时代要求，把握历史机遇，不断提升自身的职业素质，以自己的聪明才智和良好的职业素养为自己今后的职业生涯开拓出宽广的道路。

（四）心理准备

大学生在做好职业发展的准备时，除了知识、能力、职业素质等，还要做好心理准备，主要包括端正职业态度、树立崇高的职业理想、解决职业选择中的心理矛盾几方面。

1. 端正职业态度

大学生要做好职业发展的心理准备，首先要端正自己的职业态度，纠正自己的认识偏差，确立合理的职业发展目标，并处理好职业发展中的几种关系。

（1）纠正认识偏差

当前，大学生对自己的职业发展方向，尤其是求职择业这一方面产生了严重的认识偏差，如，岗位和价值、专业和专长、文凭和能力等。对此，必须加以纠正。

①岗位和价值

关于岗位和价值，现阶段有很多大学生还认识不清，总是以为一个人处在一个好的岗位上，价值就高。其实不然，衡量一个人有无价值或价值高低，并不是看他处在什么岗位，关键是看他对民族、国家和社会的发展是否有利，是否做出了一定的贡献，对民族、国家和社会有利的程度越大，其价值就越高。也就是说，即使一个人处在平凡的岗位上，也可以实现自己较高的人生价值；即使一个人身居要职，如果只为个人着想，毫不考虑民族、国家和社会，那么是无法真正实现自己的人生价值的。

②专业和专长

从知识结构和知识体系来看，专业是一个人知识结构的主干，是知识体系的主体；而专长是知识结构的枝干，是知识体系的外延。

一个人就业的适应范围主要取决于知识结构的主干。大学生在选择职业发展方向时一定要先考虑自己学的专业，根据自己所学专业的特点来选择适合自己的职业，实现专业与职业的合理匹配。

在选择职业时，只考虑专业而不考虑专长，显然也是不妥当的。专长就是专门的学问技能。有专长的大学生更容易获得职位，也更受用人单位的欢迎。因此，大学生只有做到专业和专长相结合，对自我进行客观、正确的分析评价，准确定位，才不至于盲目追求环境舒适、收入丰厚的热门职业。

③文凭和能力

文凭是一个人在某一阶段、某一学科领域学习结果的证明，代表着一个人的受教育程度。能力是一个人顺利完成某种活动所必备的个性心理特征，其直接影响着一个人的活动效率。文凭虽然能在工作岗位上发挥一定的作用，但是它与能力不对等，也与文化不相同。因此，大学生一定要对文凭和能力有一个清晰正确的认识。

一个人的能力是多方面、多层次的，如，学习能力、观察能力、组织能力、沟通能力、表达能力、交往能力、创造能力、领导能力等，这些都不是文凭能全部包容的。此外，能力是通过实践锻炼取得的，并不是天生就有的。当一个人取得了某一文凭，只表明其具备了一定的能力，并不能反映一个人的全面素质。当前就有相当一部分大学生把文凭和能力简单地等同起来，认为有文凭就等于有能力。这种认识就很容易使他们把选择职业或职业发展过程中受到的挫折归因于自己没有好文凭，或归因于自己学历低，从而出现文凭主义、文凭造假等现象。

大学生一定要用辩证的眼光来看待文凭，要明白文凭不是衡量能力的唯一标准，只有全面提升自己的能力，方能在选择职业市场上谋得较好的职业。对于用人单位来说，也不应只注重文凭，而是要注重对一个人的能力做出完整的判断。

（2）确立合理的职业目标

职业目标的确立是选择职业的关键。而职业目标的合理与否影响着大学生是否获得适合自己的良好职业。因此，大学生在选择职业之前首先应当确立合理的职业目标。一般来说，选择职业目标应当注意满足以下两个方面的要求。

①服从社会需要

社会对劳动力有需求时，劳动者才可能从事生产劳动。也就是说，社会客观需要带给大学生职业发展的可能，因此，服从社会需要是大学生进行职业选择的前提条件。大学生在确定选择职业目标、职业发展方向时，首先，应当以社会利益为重，从社会需要出发；其次，应当根据社会经济发展的趋势，多考虑那些吸纳容量明显广阔的非国有企业、欠发达地区和艰苦行业，而不是只把目光放在待遇优越、工作轻松的国有企业上。

②适合自身特点

社会上有各种各样的职业，不同的职业对从业人员有着不同的要求，而大学生自身的素质、能力等也不同，因此，大学生在选择自己的职业目标、确定自己的发展方向时，要充分考虑自身的实际情况，选择适合自身特点的职业。那些忽视专业特点、盲目追求热门职业，忽视自身特长、盲目攀比、不屑到基层锻炼、盲目追求“高层高位”等的行为，都是不可取的。

（3）处理好职业发展过程中的关系

市场经济条件促使我国产生了以市场为导向的自主选择职业的政策，增加了大学生在职业发展中的主动权和自主权，而大学生在运用这一权利的同时，要注意处理好以下几种关系。

①个人与社会的关系

个人与社会的关系是人在生存与成长过程中的一个最基本的关系和矛盾。人是社会性动物，具有社会属性，因此，在现实生活中是不可能有孤立的个人的。同样，社会是由人组成的，它也不可能脱离个人而存在。由此可见，个人与社会息息相关。

在大学生选择职业的过程中，个人与社会的关系是必须处理好的一对关系。虽然大学生在职业发展中要注重发挥自己的才能，实现自己的价值，但是更要重视社会的发展，要将社会放在个人之前，要先向社会做出贡献，再向社会索取应有的报酬。

大学生处理好选择职业过程中的个人与社会的关系，需要注意以下几个方面。

第一，大学生要对“社会价值决定个人价值”有一个清楚的认识，要明白社会价值是个人价值的归宿。只有有了社会价值，才有个人价值，一旦没有社会价值，也就无所谓个人价值了。因此，大学生要从自己对社会所做的贡献的角度来看待社会对个人的满足。

第二，大学生在发展自己的职业时，要树立高尚的社会责任感，要主动为社会服务，自觉服从社会的需要，为社会做出自己力所能及的贡献。

第三，大学生在发展自己的职业时，不仅要考虑到个人才能的发挥，更要考虑到国家和社会的需要，要利用自己的专业和专长，到国家需要的地方去，充分发挥自己的创造潜能，实现自己的理想。

②竞争和风险的关系

在市场经济条件下，竞争是一个非常显著的市场特征。历史证明，竞争在社会经济的发展过程中发挥着极为重要的作用。它既是市场经济发展的推动力，也是个人发挥自身作用的推动力。然而，有竞争就有风险，风险往往内在地包含于竞争中。因为，竞争的基本动机和目标是实现最大化的利益，而受诸多不确定因素的影响，竞争者很有可能达不到预期的利益目标，这就形成了风险。

在大学生职业发展尤其是职业选择的过程中，竞争是经常出现的一个概念。对大学生就业来说，竞争是大有益处的，它不仅能够让用人单位公平地选拔人才，而且克服旧体制的弊端，使大学生在就业中变得积极主动，此外还能够实现优胜劣汰、人尽其才。

当然，参与竞争就不可避免地要受到挫折，这个挫折就是竞争所带来的风险。大学生应当认识到，在选择职业过程中，有人遭淘汰，甚至在较长一段时间内找不到合适的工作，这是很正常的事情。既然大学生享受了选择职业自主权所带来的好处，就应当承担一定的风险。要想处理好竞争与风险之间的关系，大学生一定要不断锻炼自己的意志，增强自己的能力，对选择职业过程中的挫折做好充分的思想准备；同时，要认真分析失败的原因，调整自己的心态和选择职业目标，勇敢争取新的机会。

③理想与现实的关系

理想与现实之间的关系也是大学生职业发展过程中的一个重要关系。大学生要想选择好自己的职业并在工作岗位上实现人生价值和做出应有的成绩，就应当辩证地、客观地认识和把握自己的主观理想和客观现实，简单地说，就是要把握好理想与现实之间的关系。这需要大学生具体注意以下几个方面。

第一，大学生要正确认识与把握自我，充分了解自己的人生态度、兴趣和成功的理想。

第二，大学生要对自己的素质、能力、特长、兴趣、个性等方面有一个正确客观的分析，以此来选择适合自己的职业。同时，大学生应当注意各个方面的提高与完善，以使自己在选择职业过程中有一定的竞争优势。

第三，考虑个人因素的同时也考虑社会的需要，要摆正国家、社会和个人理想之间的关系，将国家经济发展、政治形势、就业政策导向、行业发展前景、职业性质、岗位要求等客观要求与个人主观理想有机地统一起来，使自己成为社会真正需要的人才。

④主动与被动的关系

在选择职业过程中，大学生要想顺利找到适合自己的理想工作，就不能消极被动地等待，而是要主动出击，积极参与，靠自己的才华与良好的素质去争取，也就是要处理好主动与被动的关系。具体来说，大学生在选择职业过程中的主动主要体现在以下两个方面。

第一，大学生要主动收集需求信息和了解社会对人才的素质要求。随着社会经济体制的改革以及人们观念的转变，用人单位对人才的选择更加注重质量、能力和素质。这主要表现为：不再只是强调专业对口，更加注重大学生的政治素质和思想素质；考察的重点放在了大学生的专业知识水平、职业道德和工作作风上；开始考察大学生是否具备较强的工作能力、动手操作能力及一定的公关社交能力、组织管理能力等。

第二，主动分析自身条件和社会要求的差距，并努力完善自己，及时调整选择职业期望值。有一些大学生未能认清现实，固执地认为上了大学，就理所当然地拥有了一份工作，因而坐等用人单位上门或等待学校推荐。这就是不主动参与就业的表现，此种做法是不可取的。

⑤就业与再就业的关系

大学生在选择职业过程中要处理好就业与再就业的关系，就应当做到以下两个方面。

a. 树立正确的就业观

在当今社会转型与变革的背景下，大学生要顺应潮流，重新审视各项职业对经济和社会发展的地位和作用，树立科学的就业思想。

第一，树立灵活的就业思想。首先，要能上能下，打破某些职业框框，不人为地认定哪些就是大学生干的工作，哪些不是大学生干的工作。其次，打破一步到位、从一而终的旧的就业观，可以选择先就业后选择职业或者是流动就业，在流动中求生存求发展。

第二，树立全方位的就业思想。大学生在选择职业时只要职业适合，并能实现自己的价值，为社会做出一定贡献，可以跨地区、跨行业、跨所有制甚至跨国界。

第三，树立竞争就业的思想。在当今社会，人才的竞争更加激烈。很多企业都推广和实行“竞争上岗”，竞争对大学生选择职业就有重要的意义。因此，大学生要想顺利就业，就要不断学习新的知识与技能，提高自身的素质，把自己培养成为适应社会需要的人才。

第四，树立创造性就业的思想。当今多层次的市场需求使得社会上产生了各种各样的行业，这就增加了大学生的就业机遇。不过，机遇是需要大学生充分发挥自己的创造性思维与能力来抓住的。事实证明，近年来，有越来越多的大学生通过自主创业获得了成功。

b. 正确对待职业流动

在市场逐渐完善、人才流动逐渐加大、竞争加剧的今天，在如今双向选择的就业模式下，不可避免地出现了大学生想去的单位进不去、用人单位想要的大学生要不来的现象，也因此出现了大学生的待业和再就业现象。对于这种情况，大学生一定要正确认识，不要消极懈怠，要积极调整自己的职业期望值，积极提高自己的竞争能力，创造有利条件，尽快实现再就业。

2. 树立崇高的职业理想

大学生要在职业发展中获得成功，还要树立崇高的职业理想。职业理想是人们实现职业愿望和人生目标的精神支柱和力量源泉，是人生理想的一个重要组成部分。

（1）职业理想的层次

职业理想是人们对职业活动最佳目标的追求和向往，是人们的世界观、人生观、价值观在职业活动奋斗目标上的集中体现。它是形成职业态度的基础，是实现职业目标的核心动力。职业理想包括初级、中级和高级三个层次。

①初级职业理想

初级职业理想是指人们对未来职业的期待，主要基于提高物质水平的考虑。大部分大学生初级职业理想是维持自己和家庭的生存，过安定的生活。

②中级职业理想

中级职业理想是指人们希望未来的职业或工作能够适合个人的能力和爱好，充分发挥并提高自己的各种素质，即希望寻求和从事能够发挥专长的职业。

③高级职业理想

高级职业理想是指人们工作的目的是承担社会义务，通过社会分工把自己的职业与为社会、为他人服务联系起来，与人类的前途和命运联系起来。这种职业理想通常与个人的社会理想相联系，注重职业的社会价值，具有社会主义职业理想的本质特征。

（2）树立崇高职业理想的原则

大学生要树立崇高的职业理想，要遵循以下几个原则。

①客观性原则

大学生要树立崇高的职业理想，就要在全面、客观地认识自己的基础上，对自己进行合理定位，然后确立一个既有超前性又有现实可能性的职业理想，不盲从、不夸大。

②协同性原则

大学生要树立崇高的职业理想，就要正确处理好个人与社会之间的关系，在全面认识社会基础上把个人的发展与需求同社会发展协调统一起来。

③比较性原则

大学生要树立崇高的职业理想，就要遵循比较性原则，要对自己所学专业对应的职业群在经济建设中的地位和作用有一个充分的了解，并在此基础上进一步做相关对比。

④方向性原则

大学生要树立崇高的职业理想，就要坚持正确的政治导向，在树立正确的人生观和职业观的前提下确定职业理想。

3. 解决职业选择中的心理矛盾

当前，随着我国用人制度与大学生分配制度改革的不断深入，有一部分大学生为自主选择职业而欣喜，但也有很多大学生忧心忡忡，甚至因此产生了某些心理问题。大学生要想在职业发展中赢得成功，就一定要解决职业选择中的心理矛盾。

（1）大学生职业选择中的心理矛盾

所谓心理矛盾，是指两种或两种以上不同方向的动机、欲望、目标和反应同时出现时，引起的紧张心理状态。当代大学生在选择职业过程中主要存在以下几个方面的心理矛盾。

①多重选择的矛盾

在就业市场化的社会背景下，许多大学生在选择职业过程中会遇到多重选择的情况。多重选择有利有弊，有的大学生能果断选择适合自己的工作，而有的大学生则经常犹豫不决、举棋不定，这就往往容易失去良机。大学生出现的多重选择矛盾主要有以下几点。

第一，在本地工作，有熟悉的环境，且有通达的人际关系网，但缺乏新鲜感和挑战性；在外地工作，有新鲜感又有挑战性，但又人地两生。

第二，有的工作稳定，但收入不高；有的工作收入丰厚，但风险较大。

第三，有的专业对口，但地域不理想；有的很实惠，却不符合自己的兴趣；

有的单位可以立即签约，但也失去了别的选择机会。

第四，有的单位态度诚恳急切，有的态度不冷不热，态度诚恳的不一定是自己想去的地方，而态度不冷不热的恰恰是自己的理想追求。

这些都是大学生在选择职业过程中经常遇到的多重选择的矛盾，这些矛盾常常使大学生处于难以决断、左右为难的状况中。

②理想与现实的矛盾

大学生往往希望有一个理想的求职环境，能顺利地实现自己的愿望。

然而，由于他们才正式进入社会，涉世不深，还不善于客观地认识和面对现实，心中的理想往往脱离客观条件，与现实状况有很大的差距，因而理想与现实严重脱离，以致出现了理想自我膨胀与现实自我萎缩的矛盾。

相关研究表明，大学生的理想职业与现实职业是有一定落差的，而且近几年来，高等教育日益大众化，全社会就业竞争加剧，而大学生的就业期望值居高不下，现实的就业市场常常不能提供大学生所要求的工作，因此大学生在选择职业过程中经常会感到现实的残酷。

③渴望竞争与害怕竞争的矛盾

以市场为导向的自主选择职业的就业政策为大学生求职提供了更为公正、公平的竞争环境。这就满足了大学生渴望凭借自己的实力去撞击机遇大门，寻找属于自己的那片天空，施展抱负和才华，实现自我价值和社会价值的需求。不过，当真正面对激烈的市场竞争时，许多大学生又顾虑重重，信心不足，害怕竞争。这主要表现为：一些大学生在遇到困难时，不善于调整目标、调整自己，不做积极的主观努力，而是打退堂鼓，让出了竞争的权利；一些大学生怕丢面子，怕伤和气；一些大学生认为不正之风干扰太大，竞争肯定会失败，丧失了参与竞争的积极性。

④就业与深造的矛盾

当前阶段下，大学生毕业主要有两条道路：一是就业；二是深造。大学生在选择职业过程中，当看到严峻的就业形势时，往往就会产生就业与深造之间的矛盾。他们不知道自己到底是工作好，还是继续深造好。

通常而言，深造是为了满足自身内部的认知需要。一些平时就喜欢自己所学专业的大学生，对所学知识表现出极大的兴趣，并且有了一定的收获和见解，在学习过程中不断产生新的问题，渴望通过深造继续探讨钻研。此外，深造能够获得更高的学历，而学历也是用人单位选择人才的一个标准。这也就促使一些大学生选择继续深造，获得更高学历。

对于未准备好就业的大学毕业生而言，可以通过深造逃避或推迟就业。但一定要明确，当前高学历不再是毕业生参与就业竞争的唯一优势。用人单位并不欢迎高学历、低能力的毕业生，更何况就业市场变化大，现在选择深造，可是几年后的就业情况又难以预料。

就业与深造的矛盾容易出现在一些贫困家庭又是普通院校的大学生身上。因为他们一方面需要及早就业减缓家庭经济压力；另一方面又需要提高学历增强就业竞争力，但深造读研又会加重家庭经济负担，而且还要承担一定的风险。

⑤成才立业与贪图舒适的矛盾

在选择职业过程中，很多大学生都希望从自己的专业出发来选择职业，从而用所学的专业知识干一番事业，有所作为，对国家、社会有所贡献。但同时，他们又缺乏艰苦奋斗的心理准备，怕吃苦，贪图轻松舒适，把成才立业摆在了追求舒适的工作生活条件之后，一心向往条件优越的大城市，不愿到艰苦的地方去，不愿从基层工作干起，因此常常高不成、低不就，左顾右盼，失去了很多良机，也浪费了自己宝贵的青春。

（2）大学生职业选择心理矛盾的调适

所谓心理调适，是指个体为了达到某种目的，在思想或行动上进行自我调整，从而保持自身与环境之间和谐关系的过程。大学生在选择职业过程中往往会受到各种因素的影响，难免会出现诸多职业选择的心理问题。因此，大学生一定要掌握正确的心理调适方法，根据实际情况，积极主动地进行自我调适，从而培养自己良好的心理素质，以正确的心态来面对职业选择。具体来说，大学生可以通过以下两种方法来调适自己的心理矛盾。

①正确认识自我

正确认识自我可谓是大学生选择职业心理调适的第一步。常言道，“人贵有自知之明”，大学生只有正确认识自己，知道自身的优缺点，才能扬长避短，正确地待人处事，树立正确的职业目标。

a. 合理定位自我

合理定位自己，主要是大学生要全面评估自己的专业特点和能力特点。

首先，全面评估自己的专业特点。大学生要评估专业一般可从两个方面来进行：一是专业的性质；二是社会的需求。例如，如果所学的是中文专业，具备的长处应该是运用汉语言文字遣词造句和写作，那么就比较适合做文秘、宣传、策划、编辑和语文教学工作，社会需求量比较大；如果所学的是国际金融专业，可能之前社会需求较大，但后来需求量一般，那么就要重新看待就业，或者是适当降低自己的期望值，或者是根据自己的其他能力拓展选择职业空间。总之，大学生要抓住专业的性质和社会需求这两个方面，对自己所学的专业进行正确的评估，从而摆正心态，找寻适合自己的职业。

其次，全面评估自己的能力特点。大学生全面评估自己的能力，可通过两种有效方法：一是进行心理学的能力测试；二是充分结合自我评价与他人评价。后一种方法更为常见。这种方法具体是指，大学生先通过自我反省，对自己进行客观的评价，并把自己的长处和短处列出来；然后将别人对自己的评价和列出来的结果进行对比，以得到核实或修正；最后确定自己的能力倾向。

自己的能力倾向是确定选择职业目标的一个重要依据。一般情况下，如果大学生具有较好的组织能力和交际能力，善于与人相处和沟通，那么适合选择一些企事业单位的管理工作，可以把工作确定在诸如公关、秘书、行政人员、人力资源管理者等职位上；如果大学生具有较好的逻辑思维能力和创新能力，专业基础又扎实，那么可以选择科学研究，研究新课题，开发新产品；如果大学生具有较好的语言能力，性格活泼好动，外语水平高，那么可以选择翻译或从事旅游业工作。总之，大学生要通过对自己的能力的充分评估，明确自己所适合的行业。

b. 充分了解自己的个性特点

个性就是一个人总体的心理面貌，主要由个体的气质、性格、能力、兴趣、自我意识等构成。通常一个人的气质、性格和兴趣不同，所适合的职业也不同。大学生要想避免自己出现选择职业心理问题，就需要对自己的个性特点如气质特点、性格特点和兴趣特点等有充分的了解，从而针对自己的个性特点选择职业。

②正确运用心理调适方法

大学生在选择职业过程中难免会遇到失败和挫折，为了保持心理平衡，成功就业，大学生可采用以下方法进行心理调适。

a. 自我激励法

大学生在选择职业面试过程中容易出现胆怯、信心不足等现象，可以通过自我激励法进行调节。大学生可采用以下两种自我激励的方法。

第一，积极地自我暗示。大学生可以通过在心里默念“我能行”“我会发挥得很好”“我一定能成功”等语句，或写在纸上，或者找个旷野大声地喊出来，来调节自己的情绪，增强自己的自信心。

第二，大胆实践。这主要是说大学生可以通过主动出击，做一些自己本不敢做的事来激励自己，如，要求自己主动与用人单位的代表打招呼、握手问好，把心里的想法响亮地说出来等。

b. 自我安慰法

大学生在选择职业过程中遇到困难和挫折，可以进行适当的自我安慰，用“失败乃成功之母”这样的名言警句说服自己适当让步，将不成功归于客观条件和客观现实，同时要勇于承认并接受现实。

C. 注意转移法

所谓注意转移法，是指把注意力从消极的情绪转移到积极的情绪上。一般情况下，大学生都能够对自己的不良情绪进行有效的控制。然而，大学生在选择职业的过程中，很容易滋生一种难以控制的不良情绪。这个时候，大学生们就应该采取迂回的办法，把情感和精力转移到其他活动中去。

d. 松弛练习法

松弛练习法，是指一种通过练习学会在躯体和心理上放松的方法。大学生在选择职业面试时遇到紧张、恐惧、焦虑、失眠等状况，就可以通过松弛练习进行消除。常见的松弛练习法有肌肉松弛练习和意念放松练习两种。

第一，肌肉松弛练习的具体办法是：先紧张某些肌肉群，然后放松。例如，用力握紧拳头，坚持 10 秒左右，然后彻底放松双手，体验放松的感觉；将脚尖使劲向上翘，脚跟向下向后紧压地面，绷紧小腿的肌肉，坚持 10 秒钟，然后彻底放松，体会小腿放松的感觉。

第二，意念松弛练习的具体办法是：先稳定情绪，静下心来，闭上眼睛，排除杂念，把注意力集中到下丹田，用腹式呼吸法慢慢呼吸。腹式呼吸法是一种非常安全而有效的呼吸方法。吸气时，感觉气沉肺底，并一直把空气吸向腹部，感觉横膈下沉，并带动腹内的各种脏器一起下沉。肋骨向外和向上扩张。呼气时，横膈渐渐复位，小腹回落，要想象这股气从头顶向后顺脖子、脊梁直回丹田。一般反复几次，就能消除紧张状态。

e. 合理宣泄法

大学生在选择职业过程中遇到失败和挫折，处于焦虑、抑郁等消极状态时，可以进行合理宣泄。合理宣泄的方法有很多，常见的有以下三种。

第一，哭泣，可以找个适当场合大哭一场，使紧张的情绪得以缓解和消除。

第二，倾诉，可以向朋友、同学、家人、老师倾诉心中的烦恼和忧虑，也可以用写日记的办法倾诉不快。

第三，剧烈运动，可以进行打球、爬山、长跑等运动项目。

当然，宣泄情绪要注意场合、身份、气氛；宣泄要适度，不能伤害他人或破坏事物。

f. 理性情绪法

任何人都不可避免地具有或多或少的不合理的思维，但经常用不合理的思维去面对问题、去行动，就会使这些不合理的信念转化成为内化语言，则会导致无法排除的情绪困扰。因此，大学生只有接受自己的情绪，并用理性的思维去消除自己的不良情绪。情绪困扰经常是由个体对事件的非理性解释和评价导致的，如果改变个体的非理性想法，使其重新认识和评价诱发事件，领悟到理性观念，就能使情绪困扰得以消除。

大学生在择业过程中，一遇到挫折和失败，就出现各种不良情绪，主要是因为其总是认为择业不会很难，这种想法对大学生摆脱不良情绪极为不利。因此，大学生要学会利用理性情绪法，通过纠正不合理的想法来排除不良情绪的干扰，做情绪的主人。

（3）积极寻求必要的社会辅助

当大学生靠自己一个人的力量不能够独立应对选择职业过程中所遭遇的心理困境时，应当寻求社会辅助。

①寻求亲戚朋友的帮助

大学生可以将自己的基本情况和愿望告诉亲戚、朋友、同学和熟人，请他们留意有关就业的信息，帮助推荐，形成一个广阔信息网，从而使自己及早了解社会需求和用人单位的情况，选择较好的职业。当找到合适的工作后，那些选择职业心理问题自然就会得到解决。

②向就业主管部门咨询

当前阶段下，我国高校大学生的就业不再是过去的“统包统分”，而是大学生与用人单位的双向选择，主管部门与学校上下结合来制订就业计划。因此，大学生在选择职业时，可先认真阅读相关就业文件，了解就业政策，并及时向学校负责就业的部门和老师咨询，以便帮助自己顺利找到工作。大学生不了解就业政策，盲目地去寻找就业单位，就容易受到挫败，打击自己的自信心，从而出现诸多心理问题。

③寻求心理咨询机构的帮助

当前，很多高校都已建立了心理咨询机构，社会上的心理辅导机构也纷纷建立起来。因此，当大学生在选择职业过程中，因选择职业挫折而产生焦虑、烦恼、抑郁等不良情绪时，可寻求心理咨询与辅导机构的帮助。通常情况下，心理辅导老师或心理医生能帮助大学生迅速有效地消除选择职业挫折带来的不良情绪，帮助大学生更加客观正确地认识自我；同时，还能够使大学生通过心理训练，提高就业面试的技巧。

四、新时代需要的创新精神

产生创新思维的频率和数量与人们的创新精神有关，也与人们的知识和经验因素有美。创新精神指的是创新主体在创新认识基础上产生的一种创新态度和追求，它是一种精神状态，是一种非智力因素。随着经济社会的飞速发展，新的产品、技术、模式快速更新换代，当代大学生不论是否准备创业，都应该拥有创新精神才能紧随时代脚步，甚至走在发展前列，创新精神对大学生的个人成长和事业发展都将具有重要作用。大学生培养创新精神可从以下几个方面实践。

第一，大学生要保持一份好奇心，多提为什么。好奇心包含着强烈的求知欲和打破砂锅问到底的探索精神，不断地发现问题，思考问题的原因，尝试各种解决办法，是创新精神的不竭源泉。

第二，大学生要有批判辩证思维，换个角度想问题。马克思主义辩证法告诉我们要学会辩证地看问题，并非有人验证过的就一定是真理，现有的知识不一定没有任何缺陷和疏漏。许多科学家对旧知识的扬弃都是从批判辩证的角度反复思考得出的结论。批判辩证是发自内在的创造潜能，也是科学研究的重要方法，它激发人去钻研探索和尝试，适度地使用从而达到创新的目的。

第三，大学生要有追求创新的欲望，预设新目标。心中有目标有追求才能在遇到挫折时候坚持努力，才能在遇到困难的时候不断思考创新。

第四，大学生在创新过程中要有冒险精神，挖掘创新潜能。人们总是对否定现有旧知识、出现的新事物持有质疑、否定的态度，想要有所创新就需要有打破原有秩序的冒险精神，在合理化的范围内深度挖掘创造潜能。

参考文献

[1] 孙淑卿，邹国文，朱丹 . 大学生职业素养 [M]. 天津：天津科学技术出版社，2018.

[2] 陈彩彦，兰冬蓉 . 大学生职业生涯规划 [M]. 北京：航空工业出版社，2018.

[3] 吕明，张小嵩 . 大学生职业生涯规划 [M]. 西安：西北大学出版社，2018.

[4] 王兆明，顾坤华 . 大学生职业生涯规划 [M]. 苏州：苏州大学出版社，2018.

[5] 陈磊 . 大学生职业发展教育 [M]. 重庆：重庆大学出版社，2018.

[6] 刘晨，左小文，邬慰娟 . 大学生职业生涯规划与就业指导 [M]. 北京：中国商务出版社，2018.

[7] 张琳，李中斌，王杨 . 大学生职业生涯规划与就业指导 [M]. 上海：上海交通大学出版社，2018.

[8] 高红霞，陈敏云，皮凤英等编 . 大学生职业生涯导论 第 2 版 [M]. 上海：复旦大学出版社，2018.

[9] 吕博 . 大学生职业发展与就业能力培养 [M]. 天津：天津科学技术出版社，2018.

[10] 杨晋平，楼琴编 . 大学生职业规划与就业创业 [M]. 北京：台海出版社，2018.

[11] 张晓蕊，马晓娣，岳志春 . 大学生职业生涯规划 [M]. 北京：北京理工大学出版社，2019.

[12] 李晓波 . 大学生职业生涯规划 [M]. 镇江：江苏大学出版社，2019.

[13] 郭成良，范一媚，刘宝坤 . 张秀彬，姜大伟，徐琳 . 大学生职业生

涯规划 [M]. 郑州：河南人民出版社，2019.

[14] 李金亮，杨芳，周欣 . 大学生职业生涯规划 [M]. 长沙：湖南教育出版社，2019.

[15] 高阳 . 大学生职业生涯规划与就业指导 [M]. 成都：电子科技大学出版社，2019.

[16] 牛淑珍 . 大学生职业发展与就业指导 [M]. 上海：复旦大学出版社，2019.

[17] 李宪平，郭海峰，冯霆 . 大学生职业生涯规划与就业指导 [M]. 哈尔滨：哈尔滨工业大学出版社，2019.

[18] 任晓剑，杨东，李兵 . 大学生职业规划与就业指导 [M]. 北京：国家行政学院出版社，2019.

[19] 周清，何独明 . 大学生职业生涯规划与就业指导 [M]. 北京：北京理工大学出版社，2019.

[20] 何具海 . 大学生职业生涯规划与就业指导 [M]. 长春：吉林人民出版社，2019.

[21] 逄晓娟 . 大学生职业发展研究 [M]. 沈阳：辽宁大学出版社，2020.

[22] 石洪发 . 大学生职业生涯规划 [M]. 北京：北京理工大学出版社，2020.

[23] 张雪霞，李亚利 . 大学生职业生涯规划实训指导 [M]. 北京：北京理工大学出版社，2020.

[24] 金德禄 . 大学生职业生涯规划与就业指导 [M]. 南京：东南大学出版社，2020.

[25] 黄唯，冯小欢 . 大学生职业生涯规划与就业指导 [M]. 上海：上海交通大学出版社 , 2020.

[26] 施佩刁，宋新辉 . 大学生职业生涯规划与就业指导 [M]. 北京：北京邮电出版社，2020.

[27] 高洪，衣颖，刘昭薇 . 富东博，刘萍，于胜楠，杨慧玉 . 大学生职业发展与就业指导 [M]. 北京：航空工业出版社，2020.

[28] 吕春明 . 职业生涯发展与规划（第 2 版）[M]. 南京：江苏凤凰科学技术出版社，2020.

[29] 袁敏 . 大学生职业生涯规划（职业生涯规划篇）[M]. 北京：北京理工大学出版社，2020.

[30] 杜巍 . 职业指导与创业教育 [M]. 北京：北京理工大学出版社，2020.